병원에 의지하지 않고
건강한 아이 키우기

HOW TO RAISE A HEALTHY CHILD IN SPITE OF YOUR DOCTOR
Copyright ©1984 by Robert S. Mendelsohn MD
All rights reserved.

Korean Translation Copyright ©2025 by Moonye Publishing Co., Ltd
Korean edition is published by arrangement with McGraw Hill Education LLC
through Imprima Korea Agency.

이 책의 한국어판 저작권은 Imprima Korea Agency를 통해 McGraw Hill Education LLC 독점 계약으로 문예출판사에 있습니다. 저작권법에 의해 한국 내에서 보호를 받는 저작물이므로 무단전재와 무단복제를 금합니다.

병원에 의지 않고 건강한 아이 키우기

How to Raise a Healthy Child in Spite of Your Doctor

로버트 S. 멘델존
Robert S. Mendelsohn, M. D.
김세미 옮김

부모가 중심이 되는 ★ 아이 건강 관리 지침서

문예출판사

일러두기

- 단행본과 잡지는 《 》로, 논문 등은 〈 〉로 묶었다.
- 인명과 약물 이름, 국내에 출간되지 않은 단행본과 잡지의 제목은 원문을 병기했다.
- 의학 용어는 서울아산병원 등 국내 의료 기관에서 통용하는 표기를 따라 적었다.
- 의학·과학 용어가 개정된 경우 대체로 새 용어를 따라 적었으나, 옛 표현이 익숙한 몇몇 용어는 옛 표현 그대로 두었다(예: '머리뼈' 대신 '두개골').
- 각주에서 편집자 주로 표기된 것 외는 모두 옮긴이 주다.
- 본문에 실린 인용문에서 〔 〕의 내용은 저자가 글의 이해를 돕기 위해 추가한 것이다.
- 본문의 나이는 모두 만 나이 기준이다.
- 18장 중 현재의 정신의학 정보와 맞지 않는 일부 내용(1판의 〈의심스러운 뇌 손상 진단〉)은 저작권사의 승인을 받아 삭제했다.

들어가는 말

　이 책은 다른 여러 전문 영역에서와 마찬가지로 미국 소아과에서도 엄청나게 많은 해로운 의료 행위가 행해진다는 내 믿음을 반영하고 있다. 그렇다고 해서 의사들이 다른 사람들보다 고결한 마음이나 측은지심이 덜하다는 뜻은 아니다. 의학의 철학과 가르침에 결함이 있는 것이지, 배우는 사람들의 성격 때문에 그런 일이 벌어지는 것은 아니다.

　그리고 의사들이 전적으로 잘못한다고 말하려는 것이 아니다. 환자들처럼 의사들도 시스템의 희생자다. 이들의 머리에는 '예방보다는 개입'이라는 의학 교육에 자리 잡은 편견, 약물과 기술에 대한 심취, 그리고 융통성 없는 데다가 종종 무의미하기까지 한 교과 과정과 수련에서 살아남느라 생긴 변호의 여지가 없는 형식과 도덕관과 자기중심적인 태도가 아로새겨진다. 그 탓에 가장 먼저 손해를 입는 이는 바로 의사들 자신이다. 의사들이 그 과정에서 빠져나올 때는 이미 획일화된 어리석음으로 머리가 꽉 차 있어서 상식을 이용할 공간이 머릿속에 남지 않는다.

물론 다른 소아과 의사들에 대한 이런 비판에서 나 또한 자유로울 수는 없다. 나도 진료를 시작할 때는 그간 배운 지식의 대부분이 사실이라고 믿었기 때문에 내 환자들은 오랫동안 그에 대한 대가를 지불해야 했다. 다행스럽게도, 아마 내가 의대 학생들을 직접 가르치기 시작했기 때문이 아닐까 싶은데, 나는 내 머리에 주입되어 있던 의학적 원칙 중 많은 것에 의문을 제기하고 모든 신약과 수술 처치와 새롭게 출현하는 의학적 '혁신'을 의심하는 법을 배우게 되었다. 그러면서 곧 그 가운데 대다수가 엄밀한 과학적 평가에 맞지 않으며, 득보다 실이 많다는 사실이 발견되어 곧 사라져 버리는 '놀라운 약'과 '혁명적인 처치'의 비율이 믿을 수 없을 정도로 높다는 사실을 알게 되었다.

이전에 쓴 《나는 현대의학을 믿지 않는다》와 《여자들이 의사에게 어떻게 속고 있나》라는 두 권의 책에서 나는 독자들이 미국 의사에게 가지고 있을 맹목적인 믿음에 대해 주의를 환기하고자 했다. 그때나 지금이나 독자들에게 필요한 의학 치료를 받는 것마저 말리려는 의도로 이런 책을 쓴 게 아니다. 비록 의학 교육과 수련에 결함이 있지만 의사들은 정말로 생명을 구하고 있고, 정말로 아픈 사람을 낫게 만든다. 의사들이 최고로 능력을 발휘하는 경우는 응급 상황에 부딪혔을 때이며, 최악인 상황은 (배운 대로) 실제로 아프지도 않은 사람을 치료할 수밖에 없을 때다.

앞의 책들과 이 책을 통해 나는 의료의 결함에 대한 당신의 경각심을 일깨워서, 위험하고 부적절한 치료에서 당신이 스스로를 보호할 수 있게 되기를 바란다. 부차적으로 나는 많은 환자들이 의사가 처방하는 치료법에 대해 의문을 제기하기 시작하면 의사들 역시 그에 대해 의심하게 될지도 모른다고 생각했다.

우연의 일치일 수도 있겠지만, 또 지금 일어나는 진보에는 대부분 의료계 내부와 외부에서 활동하는 다른 비판가들의 덕이 크다고 생각하지만, 내 목표가 성취되어 간다는 강력한 증거가 있다. 많은 의사가 자신이 맡은 환자들에게, 그리고 미디어에 자극을 받아 기존에 가지고 있던 의학적인 믿음에 의문을 품게 되었다. 나는 그것이 진실임을 알고 있다. 내 동료들이 나에게 그런 사실을 빈번하게 이야기해주며, 조사 결과를 보아도 점점 더 많은 환자가 의사의 의견을 액면 그대로 받아들이지 않는다는 사실이 드러나기 때문이다.

환자들은 의사를 덜 경외하게 되었고 다루기 쉽고 고분고분하던 경향이 덜해졌다. 의사는 이제 (많은 환자의 마음속에서) 더 이상 과학적인 오류를 절대로 저지르지 않는 존재가 아니다. 대신 의사는 자기가 처방하는 약물과 지시하는 검사, 권고하는 수술에 관해 환자들이 묻는 어려운 질문에 대해서 그럴듯한 답변을 찾아내야만 한다. 의사가 있지도 않은 변명거리를 찾아내야만 하는 상황에 몇 번이고 계속해서 직면하게 되면 그가 겪는 충격은 엄청나다.

내가 아는 수많은 의사는 이런 변화를 환영한다. 하지만 과거에 자기들이 흔하게 처방해온 많은 처치와 약물을 변호하거나 설명할 수 없을 때 당황해서 어쩔 줄 모르는 의사들도 있다. 어떤 쪽이든 기존의 의료가 가진 결함을 새롭게 안다는 것은 건설적인 변화를 낳는다. 의사들이 자기의 행동에 의문을 제기하고 이전에 배운 것 가운데 상당 부분을 객관적으로 재고하며 개입보다는 예방으로 눈을 돌려야만 할 때, 환자들은 필연적으로 유익한 결과를 즐길 수 있을 것이다.

뒤늦은 감이 있지만, 치료하려는 질환 자체보다 그 약의 부작용이 더 위험한 경우가 많고, 긴급하지 않은 수술들은 종종 불필요한 것일 경우가 많으며 언제나 위험하고, 일상적인 테스트와 엑스레이와 검사에 수반되는 위험은 그를 통해 진단하고자 하는 질병보다 더 무섭다는 것을 의사들이 인식하게 된 많은 개혁이 지난 3~4년 동안 일어났다.

지난 몇 년 동안 의학에서 가장 신봉되던 처치 중에서 상당수는 그 처치가 적용되는 상황에 대해 공개적으로 정밀 조사를 한 결과 악평을 얻게 되었다.

- 미국 소아과 학회에서는 입원하는 아이들에게 일상적으로 실시하던 흉부 엑스레이 검사를 하지 말라고 권고했다. 이는 방사선이 축적되면 일어날 수 있는 해악을 암묵적으로나마 인정한 것이다.
- 또한, 소아과 학회에서는 결핵의 발생 비율이 높은 지역을 제외하고는 정기적인 투베르쿨린 검사 실시에 대한 입장을 바꿨다. 부디 이것이 환자보다 의사에게 더욱 득이 되는, 위험하고 불필요한 예방 접종과 집단검사를 없애나가는 첫 번째 단계가 될 수 있기를 바란다.
- 미국 의학 협회에서는 정기적인 연례 건강 검진을 폐지했다.
- 미국 암 협회에서는 더 이상 정기적인 연례 자궁 경부 세포 검사 Pap smear를 권고하지 않으며 정기적인 유방 엑스레이 촬영 검사 역시 권하지 않는다. (실직한 엑스선 기사들의 강력한 항의를 제외하면) 그 결정을 지지할 만한 설득력 있는 새로운 증거가 나타나지 않았지만 미국 암 협회에서는 또다시 입장을 바꿨다. 이제 협회에서는 1~2년마다 유방 엑스레이 촬영술을 받는 정도는 안전하며 40~50세의 증상이 없는 여성들에게 매우 권고되는 진료라는 입장을 내세운다. 이는 국립 암 연구소에서 1977년에 설정한, 이 연령대의 엑스레이 집단검사를 개인적으로나 가족 중에서 유방암 병력이 있는 경우로만 제한한다는 방침과 모순된다. 내가 보기에는 증상이 없는 여성들에게 매년

유방 촬영술을 실시하는 것은 일종의 자기 만족 진단이다. 족할 만큼 충분히 엑스레이를 쐬게 하라. 그러면 유방암을 탐지하기 위해 사용되는 엑스레이가 도리어 유방암을 만들어낼 것이다!

- 한때는 정기적 흉부 엑스레이 촬영이 필수라고 여겨졌기 때문에 검사를 위해 이동 가능한 기계까지 보급되었지만, 이제 위원회에 의해 사라지고 있다.
- 제약 회사들은 여전히 신약을 필요 이상으로 만들어내지만, 과다 투약에 대한 환자들의 저항이 점점 더 거세져서 약의 처방은 줄어들고 있다. 1980년에 발행된 처방전은 1974년에 발행된 숫자보다 1억 장이 적다. 아마도 그 결과 때문이겠지만, 제약 산업에서는 의사뿐만이 아닌 일반 소비자를 대상으로 한 약의 광고를 허용해 달라고 식품의약국에 엄청난 압력을 넣고 있다.
- 진정제 처방도 1974년 1억 450만 건에서 1981년 7080만 건으로 떨어졌다. 약물 과용으로 인한 사망의 주요 원인인 발륨의 사용은 1975년에 6200만 건으로 최고에 달했던 데 비해 절반 수준으로 떨어졌다.
- 수면제 처방은 가장 많을 때 4000만 건에 달했지만 1980년에는 2100만 건으로 떨어졌다.
- 점점 더 많은 여성이 내포된 위험 때문에 경구 피임약과 자궁 내 산아 제한 장치를 거부하고 있다.

- 모유 수유를 적극적으로 장려하는 많은 산부인과 및 소아과 의사들의 거듭된 실패에도 불구하고, 엄마와 아이에게 모두 득이 되는 모유 수유가 증가하는 경향이 보인다.
- 산부인과적 처치에 의문이 제기되고 수정이 가해지고 있으며, 자연 분만과 심지어는 가정 분만을 지향하는 방향으로 느리지만 점진적으로 움직이고 있다.

과거에는 절대적으로 신봉되던 의학적 진료와 처치에 이렇듯 주목할 만한 변화가 일어났다는 점을 통해, 의료계가 이구동성으로 제기되는 비판에 반응을 보인다는 사실을 확인할 수 있다. 그러나 지금까지도 상대적으로 고스란히 변하지 않은 채 남아 있는, 나의 전문 영역인 소아과에서는 그렇지 않다. 이 책에서 나는 앞서 쓴 책에서 의료계의 다른 분야에 기울인 것과 동일하게 비판적인 시각으로 소아과 진료를 엄밀하게 따져볼 생각이다. 동시에 소아과는 내가 25년 이상 진료하고 가르쳐온 내 전문 영역이기 때문에 그 결점을 지적하는 이상의 작업을 할 수 있다고 생각한다. 이 책은 아이들의 건강을 확실하게 책임질 보살핌을 제공하는 동시에 불필요한 개입으로 인한 위험과 비용 부담을 피하고 싶은 부모들에게 적절한 조언을 제공할 것이다.

나는 이 책을 백과사전식으로 만드는 대신, 당신의 아이가 수정되는 바로 그 순간부터 둥지를 떠날 때까지 맞닥뜨릴 수 있는 의학적인 문제에 구체적인 조언을 제공하려고 한다. 당신은 아이가 심각하게 아플 때를 구별하는 방법, 의학적인 치료가 필요하지 않은 문제에 대처하는 방법, 의사에게 전화해야 할 때를 판단하는 방법, 그리고 아이에게 처방된 치료가 적절하고 안전한지 확인하는 방법을 배우게 될 것이다.

이런 기본적인 지식을 갖추면 모든 부모가 아이의 건강을 유지하는 데 더 큰 역할을 맡을 수 있을 것이다. 그러나 그렇다고 해서 당신이 훌륭한 의사가 잘해낼 수 있는 임무를 억지로 서투르게 시도하면서 의사의 역할까지 떠맡아야 한다는 뜻은 아니다. 비록 의대에 이런저런 결함이 있으나, 의사는 부모가 직접 하려고 해서는 절대 안 될 전문적인 기술을 배운다. 이 책에서 당신은 아이를 괴롭힐 수 있는 질환 대부분을 돌보는 데 필요한 것뿐만 아니라, 의사의 기술을 이용해야 할 때가 언제일지 신중하게 구별하는 방법도 배우게 될 것이다.

이어지는 본문 내용을 주의 깊게 읽는다면, 아이의 건강에 대해 당신이 가지고 있는 의심과 걱정 대부분이 해결되고 당신의 아이가 오랫동안 건강하고 행복한 삶을 영위하도록 준비하는 데 도움이 될 것이다.

일리노이 에번스톤에서
의학 박사 로버트 S. 멘델존

차례

들어가는 말 • 5

1 **아침이 되면 나아진다** • 19
   의학적 치료가 항상 필요하지는 않은 이유

2 **부모가 의사보다 아이를 잘 안다** • 29
   아이가 진짜로 아플 때를 정확히 구별하는 방법

   진단을 위해 반드시 알아두어야 할 규칙 | 의사들은 영양의 중요성을 배우지 않는다 | 의사는 처방 약을 거의 연구하지 않는다 | 의사들은 실수에 이렇게 대처하도록 배운다

3 **건강한 아이도 아프게 만드는 의사** • 49
   불필요한 치료가 아이에게 끼치는 피해

   소아과 의사들이 위험한 이유 | 건강의 열쇠: 의사를 가까이하지 말라 | 왜 체중 차트는 현혹적인가

4 **태어나기 전부터 아이를 보호하라** • 69
   임신부터 산후조리까지, 아기의 건강을 위협하는 의료적 처치

   출산은 자연스러운 과정이 되어야 한다 | 병원에서 출산하는 아기는 어떤 상해를 입는가 | 포경과 기타 수술: 불필요한 조치

5 건강과 성장에 꼭 필요한 영양 보충 • 103
모유 수유와 자연식품의 중요성

고체 음식을 너무 빨리 시작하지 말라 | 아기의 식욕은 변화무쌍하다 | 아이들이 모든 것을 다 먹어야 할 필요는 없다

6 발달이 느린지 비교할 필요는 없다 • 123
아이의 성장에 관해 부모가 흔히 하는 걱정들

부모를 걱정시키는 신체적 행동 | 아이들은 문제가 있기 때문에 운다 | 체벌은 도움이 되지 않는다 | 아이의 행동에 관한 몇 가지 격언

7 열, 질병에 대항하는 방어 시스템 • 141
열의 정확한 역할과 적절한 대처 방법

8 두통을 다독이는 법 • 167
아이의 머릿속을 괴롭히는 진짜 원인을 잡아내기

두통의 원인을 알아내는 법 | 감정적인 두통이라도 실재한다 | 긴장성 두통 | 의사에게 질문하는 것을 두려워하지 말라 | 두통에 대한 멘델존 박사의 명쾌한 조언

9 엄마, 배가 아파요! • 185
알레르기, 중독, 충수염 등 복통의 원인 짚어내기

알레르기가 복통을 유발하는 경우도 많다 | 복통을 '치료'하려고 약을 먹여서는 안 된다 | 충수염 진단 | 복통에 대한 멘델존 박사의 명쾌한 조언

10 기침, 재채기, 콧물 • 201
무분별한 항생제 사용으로부터 내 아이의 기관지를 지키는 법

감기와 독감의 증상 | 독감을 아스피린으로 치료하는 데 따르는 위험 | 왜 항생제를 과도하게 사용해서는 안 되는가 | 기침과 감기, 독감에 대한 멘델존 박사의 명쾌한 조언

11 인후염, 근거 없는 협박 • 221
인후염의 원인과 주의해야 할 편도선 절제술

부모가 통제할 수 있는 인후염의 원인 | '인후염'은 심각한 상태가 아니다 | 인후 배양 검사와 페니실린 | 류마티스성 심장 질환은 대부분 걱정하지 않아도 된다 | 연쇄상 구균의 치료에 대한 3가지 시각 | 왜 편도선 절제 수술을 피해야 하는가 | 인후염에 대한 멘델존 박사의 명쾌한 조언

12 귀앓이, 아프지만 위험하지는 않다 • 249
귀에 이물질이 들어갔을 때, 염증이 일어났을 때

이물질 때문에 생기는 귀앓이 | 귀지 제거에 따르는 위험 | 압력 차로 생긴 귀앓이 | 대부분의 의사는 귀앓이를 어떻게 치료하는가 | 고막 절개술이 꼭 필요한 경우는 거의 없다 | 한밤중에 할 수 있는 일 | 귀앓이에 대한 멘델존 박사의 명쾌한 조언

13 아이의 시력 보호하기 • 271
사시, 약시, 결막염, 다래끼, 시력에 대한 일반적인 통념

사시는 보통 저절로 낫는다 | 시력 문제의 대부분이 과다 치료를 받는다 | 시력에 관한 미신 | 눈에 대한 멘델존 박사의 명쾌한 조언

14 사춘기의 저주, 피부 문제 • 285
약물 치료 대신 일상에서 해결책을 찾아라

여드름은 왜 생길까? | 여드름 치료는 대부분 큰 효과가 없다 | 아큐탄은 어떤가 | 사춘기 소녀들이 맞닥뜨리는 잠재적인 위험 | 안전한 접근법을 이용한 실험 | 다른 피부 질환 | 위험한 스테로이드 호르몬 치료법 | 일광 화상에 대한 몇 가지 사실 | 피부 문제에 대한 멘델존 박사의 명쾌한 조언

15 정형외과에서 벌어지는 탁상공론 • 321
아이의 체형에 관한 걱정과 과잉 진단

다리의 발달 | 신발은 중요하지 않다 | 과잉 진단되는 척추측만증 | 정형외과 문제에 대한 멘델존 박사의 명쾌한 조언

16 불의의 사고가 닥쳤다면 • 335
의학의 도움이 가장 필요할 때, 생명의 위협에서 아이를 지키는 법

벤 상처와 찰과상 | 화상 | 머리 부상 | 중독 | 염좌와 골절 | 질식 | 동물에게 물리는 사고 | 동상 | 자동차 사고 | 사고가 생겼을 때를 위한 멘델존 박사의 명쾌한 조언

17 천식과 알레르기 • 369
자연적이고 아이가 편안할 방법으로 이상 증상 달래기

알레르기가 일으키는 다양한 증상 | 심한 천식은 의학 치료를 받아야 한다 | 알레르기에 대한 멘델존 박사의 명쾌한 조언

18 가만히 있지 않는 아이 · 381
과잉 행동 장애에 관한 과다 진단과 조치

행동 교정을 위한 약물은 피하라 | 리탈린의 위험한 부작용 | 감정적인 압력 때문은 아닌지 찾아보라

19 예방 접종은 효과가 있는가 · 393
백신의 위험성과 가정에서 할 수 있는 치료

유행성 이하선염 | 홍역 | 풍진 | 백일해 | 디프테리아 | 수두 | 성홍열 | 뇌수막염 | 결핵 | 영아 돌연사 증후군 | 소아마비 | 전염성 백혈구 증가증

20 병원에서 병에 걸린다 · 433
병원에서 아이가 접하는 질병과 정서적인 상처

병원에서 걸리는 호흡기 질환 | 입원 때문에 받는 정서적인 충격

21 내 아이를 위한 훌륭한 의사 고르기 · 443
유능하고 양심적인 병원을 구별하는 기준

옮긴이의 말 · 450
참고 도서 · 454

1

아침이 되면 나아진다

의학적 치료가 항상 필요하지는 않은 이유

　이 책은 아이를 건강하게 기르는 데 필요한 조언을 얻고자 하는 부모, 의학적으로 필요한 결정을 소아과 주치의에게 모두 위임하지 않고 아이가 인생을 잘 출발하도록 격려해 주고 싶은 부모를 위한 책이다. 나는 당신이 아이들에게 의학적인 관심이 필요할 때를 판단하고, 득보다 실이 더 많을 수 있기 때문에 피해야 할 의학적인 처치를 알아두는 데 도움을 주고자 한다. 또한 당신의 소아과 주치의가 사용하려 들지 모르는 약이나 검사, 그리고 엑스레이와 기타 치료(실제로 당신의 아이들을 다치게 할 수 있는 여러 가지 의료 처치들)의 위험성에 대해서도 경각심을 일깨워주고 싶다.

　소아과 의사에게는 다른 분야의 전문의가 누리지 못하는 중요한 특권이 1가지 있다. 그것은 바로 부모 대부분이 자신의 건강보다는 아이의 건강을 더욱 중요하게 생각하는 경향을 유용하게 사용할 수 있다는 점이다. 잠시 생각해 보자. 당신이 한밤중에 머리가 쪼개질 것 같은 두통 때문에 잠에서 깨면 어떻게 조치하는가? 어른이라면 대부분 잠자리에서 일어나 아스피린Aspirin을 한 알 먹고 다시 침대에 누울 것이다. 그러면 곧 잠에 빠져들고, 아마도 아침에 일어나면 두통은 가실 것이다.

이제 당신의 아이가 한밤중에 잠이 깨어 똑같은 증상을 호소하면 어떻게 대처하는지 생각해 보라. 아마도 최대한 빨리 소아과 의사에게 전화를 걸어서 조언을 구하려 할 것이다.

운이 좋아서 자동 응답기 대신 의사와 직접 통화를 하게 되었다고 해도 의사의 반응은 뻔하다. 의사의 첫 번째 질문은 아마 "체온은 재어보셨나요?"일 것이다. 그에 대해 당신이 뭐라고 대답하건 간에 다음에 의사가 보일 반응은 이렇다.

"글쎄요, 그렇게 걱정하지 않으셔도 될 것 같습니다. 일단 아스피린을 1알 먹이시고 내일 아침 일찍 병원으로 데려오세요."

그러면 당신은 전화를 끊고, 의사에게 전화한 것을 후회하면서 아이에게 아스피린을 먹인다. 아이는 곧 다시 잠이 든다. 당신도 마찬가지고. 아침에 일어나면 열이 깨끗하게 내려서 최상의 상태로 건강하게 아침 식사를 달라고 열심히 보채는 아이의 모습에 당신은 마음을 놓게 된다. 아이가 아침밥을 다 먹을 즈음이면 과연 병원에 데리고 가야 할지, 아니면 의사의 말을 무시하고 시간과 비용을 아끼는 편이 낫지 않을지 고민하게 될 것이다.

아이가 아픈 상황은 흔히 위에서 이야기한 것처럼 전개된다. 하지만 그렇게 대처해서는 안 된다. 다른 증상이 없이 두통만 호소하는 것이라면 의사에게 전화할 필요는 전혀 없다. 다음 날 병원에 갈 이유는 더더군다나 없다. 아이가 심하게 아프다는 증후가 나타나지 않는 한 병원에 가는 것은 전혀 도움이 되지 않는다. 아니, 오히려 건강한 아이조차도 아프게 만들어버릴 수 있는 불필요한 의료 처치만 받는 꼴이 되기 십상이다!

당신이 어린이 건강에 관한 다른 책들을 이미 읽어봤다면 내 말이 기존의 주장들과는 상당히 다르다는 사실을 알아차렸을 것이다. 그 책 대부분은 의사들이 저술한 것이다. 자기 한정적self-limiting인 소아 질환의 특성을 솔직하게 인정한 책들조차도 1가지 관점에서는 다른 부류의 책들과 일치한다. 증상이나 질병이 어떤 종류건 간에 그 책들의 논지 밑바닥에 있는 핵심은 바로 '병원에 가라'다. 그러나 내가 거의 30년 동안 소아과에서 진료하고 가르쳐왔듯이, 이 책의 주제는 되도록 '병원에 가지 말라'다. 당신은 이런 말에 놀랐을지도 모르겠다. 하지만 내가 그 30년의 세월 동안 배운 것은 대부분의 소아 질병에는 의학적인 치료가 필요치 않으며, 불필요한 치료를 받으면 그 치료로 인해 얻는 것보다 잃는 것이 많을 수 있다는 사실이다. 오랫동안 다른 의사들의 행태를 관찰하고 몇천 명의 아이들을 치료하면서 나 자신이 경험한 결과를 바탕으로 한 최상의 조언은, '가능한 한 의사를 멀리 하라'는 것이다.

다음 장들에서 들려줄 조언과 추천의 바탕이 되는 다른 전제들을 더 살펴보자.

- 아이가 걸리는 질병 가운데 적어도 95퍼센트는 저절로 치료가 되며 어떤 의학적 치료도 필요치 않다.
- 부주의하거나 불필요한 의학 처치로 생기는 해악이 질병 자체로 생기는 위험보다 더 큰 경우가 많다.
- 소아과 의사들은 부모의 걱정을 돌보는 데 대부분의 시간을 소비한다. 아이에게 치료가 필요한 경우는 거의 없지만, 어찌 되었든 아이는 치료를 받게 될 것이며 그로 인한 영향을 감수해야 한다. 그 과정에서 실제로 위안을 받는 것은 부모다. 의사들은 부모가 대개 아이에게 무언가 해주기를 요구한다고, 또는 적어도 어떤 처치를 해주기를 원한다고 생각하기 때문이다. 근심에 찬 부모에게 정말로 필요한 것은 이들을 안심시키는 것이며, 그들의 아이는 정말로 아플 때만 치료하면 된다. 그러나 의사 대부분은 부모들을 의미 있게 안심시키는 데에 시간을 들이려 하지 않는다. 단순히 처방전을 1장 발행하는 편이 훨씬 빠르고 손쉽기 때문이다.
- 자연의 법칙과 가족의 돌봄은 우리 주변에서 찾아볼 수 있는

최고의 의사다. 그들에게는 일반 의사들이 보편적으로 가지고 있는, 아이들의 몸에 있는 스스로를 치료하려는 노력과 그렇게 할 수 있는 능력에 간섭해야 한다는 강박 관념이 없기 때문이다.

- 소아과 의사들이 처방하는 약 가운데 적어도 90퍼센트는 불필요하며, 그 약을 먹은 아이들은 값비싼 대가를 치르게 될 수도 있다. 모든 약은 본질적으로 독성을 가지고 있기 때문에 그 자체로 위험하다. 그 외에도 어린 시절에 처방 약을 너무 많이 먹으면 '만병통치약'이 있다는 환상을 갖게 될지도 모른다. 그러면 아이는 이후 삶에서 정서적인 문제에 부딪혀도 화학적인 해결책을 추구하게 될 수 있다.

- 아이들이 받는 수술 가운데 적어도 90퍼센트는 불필요하다. 환자는 수술 그 자체에 수반되는 위험뿐만 아니라 마취 또는 병원에서 생길 수 있는 감염의 위험을 쓸데없이 접하게 된다. 병원은 필연적으로 병균이 득실거리는 환경일 수밖에 없다.

- 대부분의 소아과 의사들은 영양과 약리학의 기본 원칙에 대한 교육을 거의, 또는 전혀 받지 않는다. 의대에서는 이 과목을 중요하게 가르치지 않는다. 의사가 식이 요법이 건강에 미치는 영향과 처방하는 약의 부작용과 위험에 대한 의사의 무지 때문에 고통을 받는 사람은 환자다.

- 부모는 병원에 전화해야 할 시점이 언제인지, 그리고 스스로

치료하려는 몸의 능력을 강화하기 위해서 의사의 간섭을 받지 않고 자신이 해줄 수 있는 일이 무엇인지 배워야 한다.

단순히 소아과 진료의 단점만을 기술하면서 의사를 피하고 아이들의 건강에 당신이 더 큰 책임을 져야 한다고 주장한다면, 부모인 당신에게 불공평한 짐을 지우는 일일 것이다. 이 점을 나도 잘 안다. 당신 자신의 건강에 관한 문제에 부딪혔을 때는 이런 충고를 따를 수도 있을 것이다. 그러나 사랑하는 아이에 대해 의학적인 결정을 내릴 때 이런 충고를 받아들이는 것은 전혀 다른 문제다.

충분히 이해가 가는 이런 망설임과 불안 때문에 부모들은 소아과 의사의 처분을 기다린다. 소아과에 간 아이는 대부분 아무런 치료도 필요하지 않지만, 어찌 되었든 치료를 받게 된다. 의사에게는 아이를 치료함으로써 당신의 기분을 나아지게 한다는 강한 동기가 있다. 그런 행동은 물론 윤리적인 지침에는 부합되지 않는다. 하지만 실제로 아이를 진료하고 의료적 처치를 하는 의사는 진정으로 아프지도 않은 아이를 '치료'함으로써 금전적으로, 그리고 심리적으로 보상을 받는다.

엎친 데 덮친 격으로, 금전적인 동기는 환자들의 숫자가 점차 감소하는 반면 소아과 의사는 더욱 과잉 공급되어서 소아과 진료로 얻을 수 있는 수입이 점차 줄어드는 현실에서 생겨난다. 의사에게는 안정적인 연간 수입을 얻기 위해 환자에게서 더 많은 진료비를 받아내도록 더 적극적으로 개입하고 의심스러운 검사와 치료를 장려할 동기가 있다. 소아과 전문의의 과잉 공급이 심각한 문제가 되어가는 현실을 고려하면 분명히 이런 동기는 앞으로 더욱 강력해질 것이다.

심리적인 동기는 자신이 생산적인 일을 하고 있다는 감각을 느끼려는 소아과 의사의 욕구에서 나온다. 내가 진료하는 환자 대부분에게 내 기술이 아무런 소용이 없는데도 그런 충족감을 느끼기는 쉽지 않다.

소아과 의사를 상대로 한 조사 결과를 보면 많은 의사가 자신의 일을 보람 있다고 생각하지 않는다. 3분의 1이나 되는 의사들이 더욱 큰 도전을 하고 싶어 하거나 반대로 기진맥진해져서 진로를 바꿀지 심각하게 고려하고 있다. 그러니 일부 의사는 치료가 불필요하거나 심지어 잠재적으로 환자를 다치게 할 위험이 있을 때조차도 자기가 가진 지식을 과시해서 환자에게 감사를 받고 싶은 유혹에 저항하기 어려울 수도 있을 것이다.

의학적으로 옹호의 여지가 전혀 없는 이런 행위는 당신의 아이에게 정말로 위협이 된다. 당신의 아이를 진료하는 의사의 행위를 감시하고, 필요치 않은 위험한 치료를 피할 수 있도록, 방심하지 말고 진료가 정당한지 빈틈없이 경계해야 한다. 그렇지만 아이가 머리가 아프다고 하거나, 복통을 호소하거나, 아니면 심한 기침과 열에 시달린다고 생각해 보자. 그럴 때는 단순히 의사에게 잘못된 점이 있다는 것을 안다는 사실 자체로는 아무런 소용이 없다. 그러므로 당신에게는 의학적인 치료가 필요한 상태를 파악하고, 그런 상태를 저절로 낫는 대부분의 질병과 구별할 수 있는 능력이 필요하다. 또한 부모 대부분은 아이에게 부적절하고 해를 끼칠 수도 있는 치료를 막거나 거부할 수 있도록, 그런 치료에 관해 더 많이 알아야 한다.

  이 책의 목적은 당신이 아이를 건강하게 기르는 데 필요한 기술을 갈고 닦고 자신감을 얻을 수 있도록 필요한 정보를 주는 것이다. 대부분의 소아 질환은 정상적인 신체 방어 시스템으로 치료가 가능하므로, 일반적으로 아이가 정말로 필요로 하는 도움을 주는 데는 당신이 가진 자연스러운 기술이 의사의 솜씨보다 오히려 바람직하다. 의학적 치료는 오히려 자연 방어 시스템에 방해가 될 수도 있다. 더욱이 아이에게 필요한 건강한 영양을 공급하고 필요치 않은 음식을 가까이하지 않도록 해준다면, 당신은 아이가 병에 걸리지 않도록 도와주는 데 일차적인 중요한 역할을 할 수 있다.

2

부모가 의사보다 아이를 잘 안다

아이가 진짜로 아플 때를 정확히 구별하는 방법

아이의 건강을 관리하는 데는 어머니와 아버지, 그리고 조부모가 의사보다 더욱 훌륭한 능력을 발휘한다고 말하면, 환자들은 농담이라고 생각한다. 그렇지만 나는 간단하면서도 뿌리 깊은 이유로 그 사실을 확고하게 믿는다.

반백 년 이상 나이를 먹고 대도시의 교외에서 자라난 사람이 아니라면 고전적인 가족 주치의를 기억하기 어려울 것이다. 오늘날에는 이런 의사들이 거의 존재하지 않기 때문이다. 가족 주치의를 기억하는 사람들은 그들을 떠올릴 때 친밀감과 애정을 느낀다. '가족 주치의'는 우리의 삶에서 친근하고, 섬세하고, 꾸밈이 없고, 위안을 주며, 인정이 많은 존재로 회상된다.

그 시대의 가족 주치의는 한 가족과 2~4세대까지도 이어서 친밀한 관계를 유지했다. 그는 가족 구성원 각각의 개인적인 특성을 알았으며 태도와 분위기와 각각의 특이 체질에도 민감하게 반응했다. 그에게 환자는 오늘날의 의사에게처럼 세심한 진찰과 상식을 기술적이고 약물적인 치료로 대체해서 다뤄야 할 임상적인 대상이 아니었다. 환자는 그저 도움이 필요한 사람일 뿐이었다.

가족 주치의는 환자의 병력病歷뿐만 아니라 환자의 부모나 조부모의 병력도 알고 있는 경우가 많았다. 그는 대개 인내심을 가지고 환자의 이야기를 들어주고, 질문에 사려 깊게 답하고, 두려움을 진정시키고, 환자의 몸과 마음에서 어떤 일이 벌어지고 있는지 간단하고 명확하게 설명해 주었다. 진료실은 안온하고 편안하면서 위협적이지 않은 분위기였으며, 의사는 그런 분위기에 어울리는 성격을 갖고 있었다. 환자가 병원에 갈 수 없을 정도로 아프다면 의사가 왕진했다. 건강한 의사가 아픈 환자에게 가는 것이 그 반대의 경우보다 훨씬 이치에 맞는다고 믿었기 때문이다. 그에게는 의학 교육이나 자의식이 인간애와 상식에 끼어들 여지가 없었다. 약이 필요한 환자에게는 약을 주었다. 그렇지만 그가 더욱 즐겨 사용한 방법은 고요한 위안을 주고 친밀하게 머리를 쓰다듬어 두려움과 불안을 완화하고 자연이 방해 받지 않고 제 할 일을 다하도록 만드는 것이었다.

내 마음의 눈이 이 매력적인 환상을 다소 지나치게 낭만적으로 보고 있긴 하다는 사실은 인정해야겠다. 하지만 그런 사실을 인정하더라도 과거의 가족 주치의가 가지고 있던 모습은 오늘날의 의사들이 되어야 하는 모델이다. 유감스러운 사실이지만 실제로 그런 의사는 거의 없다. 그러므로 아이의 건강을 유지하는 역할을 맡아야 하는 것은 바로 부모인 당신이다.

어떻게 아이들의 건강에 필요한 것을 충족시키는 능력에 관한 한 아무런 의학적 훈련도 받지 않은 부모가 의사보다 낫다고 주장할 수 있을까? 그것은 단순히 당신은 아이에게 시간을 들이고 주의를 기울일 의향이 있지만 의사는 그렇지 않기 때문일 뿐이다. 질병의 진단에서 가장 중요한 요소는 아이의 행동 변화와 외양, 그리고 과거 병력이다. 부모이기 때문에 당신은 아이의 행동 패턴에 매우 민감하고 외양에 변화가 생기면 재빨리 알아차린다. 게다가 아이의 과거 병력뿐만 아니라 당신과 당신 부모가 보유한 병력에 대해서도 전적으로 잘 알고 있다. 일반적인 소아과 의사들은 하루에 30~40명, 심지어는 50명까지 환자를 진찰한다. 따라서 의사들은 아이를 당신만큼 잘 알고 있지도 않을뿐더러 그럴 시간이나 의향도 없다. 대부분의 경우에 의사가 사용하는 모든 기술들(온갖 검사, 주사, 엑스레이, 약물, 이론)은 충분한 지식을 가진 부모로서 당신이 기울일 수 있는 상식적인 관심보다 나을 것이 없다.

이것이야말로 당신의 아이가 아픈지 판단을 내릴 때 의사가 일차적인 권위를 갖지 못하며, 그 판단을 의사에게만 맡겨두어서는 안 되는 이유다. 아이의 신체적 상태를 판단하는 일에 관해서는 당신은 의사보다 훨씬 더 자격이 충분하다. 이는 단순히 당신이 의사보다 아이를 더 잘 알기 때문이다. 당신은 아이와 함께 살고 있으며, 아이가 보이는 매일의 행동과 외양을 중요하게 지켜보기 때문이다.

진단을 위해 반드시 알아두어야 할 규칙

아이가 아파하지 않거나, 아파 보이지 않거나, 아픈 것처럼 행동하지 않는다면, 아마도 아프지 않거나 의학적인 치료가 필요할 만큼은 아프지 않은 것이다. 아이가 복통이나 두통을 호소해서 빨리 병원으로 데려가야 할 듯 보이다가도 1~2시간이 지난 후엔 형제자매들과 떠들썩하게 어울려 놀고 있는 모습을 본 적이 많을 것이다.

다음은 진단을 내릴 때 사용할 수 있는 3가지 규칙이다. 이미 말한 내용도 있지만, 가장 중요한 원칙이므로 여기서 다시 한번 반복하겠다.

규칙 1 아이가 아파하지 않거나, 아파 보이지 않거나, 아픈 것처럼 행동하지 않는다면 아마도 아프지 않은 것이다.

규칙 2 의사가 지시하는 치료의 잠재적인 신체적·정서적 부작용을 아이가 접하기 전에 자연의 힘이 마법을 발휘할 충분한 시간을 두라. 인간의 몸은 스스로를 치료하는 데 놀라운 능력을 발휘한다. 대부분 이 능력은 의학이 해줄 수 있는 일보다 훨씬 나은 일을 해준다. 게다가 부작용도 없다.

규칙 3 질병을 대할 때 가장 유용한 도구는 상식이다. 의사가 이 유용한 도구를 사용할 가능성은 당신보다 낮고, 설사 사용한다고 하더라도 분명히 당신보다 더 잘하지 못할 것이다. 의대에서는 그런 것을 가르치지 않기 때문이다!

맞다. 드물긴 하지만 충분한 의학적 치료가 필수적인, 중대한 질병도 분명히 존재한다. 그렇지만 아이들에게 그런 질병은 일반적인 것이 아니라 예외적인 경우다. 이때 제기되는 질문은 "심각한 질병과 그렇지 않은 질병을 부모가 어떻게 구별할까?"일 것이다.

답은 이렇다. 부모가 그것을 항상 구별할 수 있지는 않다. 그리고 그 문제에 관한 한 의사도 마찬가지다. 하지만 당신이 이 책을 다 읽을 즈음이면 아이가 겪는 질병 대부분의 심각성 여부를 판단할 수 있게 될 것이고, 미심쩍은 몇몇 한정된 사례들만 의사와 상의하면 충분할 것이다.

나는 의료 분야에서 진료하고 가르치면서, 많은 의사가 정말로 아픈 아이를 치료하며 자격 있는 진료를 하는 동시에 아프지 않은 아이를 치료하며 파렴치한 진료를 하는 모습도 지켜봐 왔다. 이것은 의학 교육의 큰 결점이다. 아이들의 건강을 유지하는 문제에 관한 한 의대생과 소아과 레지던트는 거의 아는 것이 없다. 왜냐하면 그들이 받는 교육은 병원에 오는 사람이라면 누구든 치료가 필요하다는 전제에서부터 시작하기 때문이다.

의대에서 학생들은 3개월간 소아과 수업을 듣는다. 그 내용은 교과 과정이 짜인 몇십 년 전쯤에는 중요했겠지만, 지금은 실질적으로 거의 발생하지 않는 소아 질환에 관한 논의가 대부분이다. 의대생들은 면역에 관한 편향된 정보를 다량 흡수하면서도 약학에 대해서는 거의 배우지 않는다. 실제로 소아과 의사로서 진료하면 온 도시에서 가장 열심히 일하는 마약상보다도 더 많이 아이들을 약물에 중독시키게 되면서 말이다.

더 엄밀히 말하자면 일반적인 의대의 본과 과정에서 약학에 할애된 시간은 4년간 60시간뿐이다. 그 시간조차도 대부분은 관념적인 약학 이론에 관한 부적절한 정보를 흡수하는 데 쓰인다. 결국 의사들이 환자에게 처방하는 약에 관해 알고 있는 지식의 대부분은 에둘러서 '특파 부대'라고 알려진 제약 회사 영업 사원·홍보 담당자에게서 배우는 것이다.

의사들은 영양의 중요성을 배우지 않는다

의대에서는 진단을 내리거나 치료를 할 때 영양이 가장 중요한 요소가 되는 경우가 종종 있다는 사실을 학생들에게 가르치기 위한 조치를 거의 아무것도 취하지 않았다. 결과적으로 의사들은 많은 소아 질환들의 일차적인 발병 원인이 음식 알레르기라는 점과 적절한 영양이야말로 좋은 건강의 바탕이라는 사실을 모르는 채 진료를 시작한다. 이런 무지 때문에 그들은 식단을 조금 바꾸는 것만으로도 나을 수 있는 질병을 치료하려고 약을 처방하게 된다.

의대생이 아기들을 위한 병원에서 간단하게나마 실습을 할 기회가 생긴다 해도 자기가 곧 들어가게 될 진짜 의학 세계에 대해서는 별로 배울 것이 없다. 그는 예방 주사를 놓고 비타민을 투여하고 분유 제조 회사의 영업 사원들이 준 유아식 샘플을 나눠주느라고 거의 모든 시간을 허비하게 될 것이다. 그가 만나는 환자들은 일상적인 검사와 정기적인 신체 검사를 받으러 오는 경우가 대부분이다. 따라서 그는 정말로 아픈 환자를 만날 기회 자체가 별로 없으므로 그런 환자를 판단하는 방법도 배울 수가 없다.

젊은 의사들은 전체적인 건강 요법과 영양 요법, 기타 의사 면허가 필요 없는 모든 형태의 건강 관리를 비웃고 경멸하도록 배운다. 그들은 '엉터리 치료'를 조롱하라고 배운다. 하지만 기존의 의학 자체에도 엉터리 치료가 많이 존재한다는 사실을 그들에게 지적해주는 사람은 없다. 그렇지만 벤덱틴Bendectin*이나 오라플렉스Oraflex**, 조맥스Zomax***와 탈리도마이드Thalidomide****가 유발하는 심각한 손상 때문에 시장에서 퇴출되기 전에 그런 약물을 자기 환자들에게 처방한 죄과가 있는 의사라면, 어떻게 라에트릴Laetrile*****로 환자를 치료하는 사람들을 비난하는 것을 합리화할 수 있겠는가?

아이에게 장기적으로 가장 효과적인 건강 보호책이 될 수 있

---

* 미국에서 입덧 치료제로 개발되어 널리 쓰였지만 태아의 선천적인 기형을 유발하는 것으로 의심되어 시장에서 퇴출되었다. 이후 안전을 인정받아 2013년 재승인되었다.

** 1982년 관절염 치료제로 시장에 출시되었지만 3개월 만에 퇴출되었다. 부작용을 보고하지 않고 라벨 표기에 누락한 혐의로 법정 유죄 판결을 받았으며 그 때문에 최소 몇십 명이 희생된 것으로 보인다.

*** 진통제로 출시되었지만 쇼크와 피부 과민 반응 등의 심한 부작용 때문에 퇴출되었다.

**** 1950년대에 독일과 일본에서 임산부의 입덧 경감용으로 출시된 탈리도마이드 계열 약제를 복용한 임산부들이 팔다리가 제대로 생기지 않은 기형아들을 출산하여 사회적으로 큰 문제가 되었으며, 이 사건은 임산부의 약물 복용에 대한 경각심을 불러일으키는 계기가 되었다. 1962년 시판 금지되었다가 1998년 한센병 적응증, 2006년 다발성 골수종 치료제로 FDA 승인을 받았다. 이후 임부가 사용해서는 안 된다는 경고와 함께 치료제로 쓰이고 있다.

***** 살구나 복숭아 씨에서 얻는 암 치료제. 암 치료에 효과가 없으며 오히려 중독성이 있는 것으로 밝혀졌다. (편집자 주)

는 모유 수유에 대해서도, 젊은 의사들은 명백한 이유로 이 근본적인 기능에 관심이나 경험이 거의 없는 남성 의사에게서 관련 정보를 배우게 된다. 모유 수유가 아이의 발달과 궁극적인 건강에 미치는 엄청난 영향(이는 나중에 다룰 예정이다)에도 불구하고, 의대에서 공부한 4년간 그에 관해서 내가 들었던 강의는 하나뿐이었다. 하지만 의대 교수들이 잠들어 있는 동안에도 유아식을 제조하는 회사들은 완전히 깨어 있다. 덕분에 나는 그 회사들이 공급하는, 물밀듯이 쏟아져 들어오는 자료에 세뇌되었다.

학생들이 의대에서 실제로 배우는 것은 환자를 잘 돌보는 것만큼이나 사업적인 성공과도 연관이 있는 듯 보인다. 그들은 의사처럼 행동하고 전능해 보이는 외양을 가꾸고 그런 분위기를 발산해서 환자들에게 경배를 받도록 배운다.

그렇다면 소아과 레지던트 과정을 거치며 의대의 부족함을 극복할 수 있다고 생각하는가? 그렇지 않다. 레지던트들은 그곳에서 입원한 환자를 다루면서 닭 잡는 데 소 잡는 칼을 사용하라고 배운다. 위험한 진단 기술과 수술, 그리고 여타 과격한 치료가 필요하다고 강조되는데, 그것이 병원에서 일상적으로 벌어지는 일이다. 레지던트들은 여전히 소아과 의사들이 치료해야 할 대부분의 소아 질환을 다루는 데에 필요한 경험은 거의 또는 전혀 얻지 못한다.

실제 개업을 한 후에는, 이런 빈약한 수련 과정이 간단한 질병에도 극적인 형태의 처치로 과잉 반응을 하는 강박 증상으로 변형된다. 당신이 계속해서 경계해야 할 위험이다. 이 책에서는 그런 위험을 더욱 자세하게 다룰 것이다.

소아과 의사가 레지던트 과정을 마치고 처음으로 개업할 때는 대개가 빈약한 교육을 받은 데다 미숙한 상태다. 그는 자기가 실시하는 과격한 치료의 위험이나 처방하는 약물의 부작용, 지시하거나 집도하는 수술의 위험이나 자기가 의존하는 테스트 결과가 부정확할 가능성, 또는 사용하는 의료 기술의 단점에 대해서도 거의 알지 못한다. 그는 소아과 건강 관리에서 가장 중요한 아이템들, 즉 영양, 알레르기, 정신적, 정서적인 요인이 환자의 안녕well-being에 미치는 영향에 대해서 거의 아무것도 모른다.

소아과 의사들은 실제로 치료가 필요하지 않은 환자들을 치료하는 데 대부분의 시간을 쓰고, 다치거나 심각하게 아픈 환자들은 전문의에게 보낸다. 사실 환자를 다른 전문의에게 위탁하는 것은 소아과 의사의 업무 가운데 필수불가결한 부분이기 때문에, 의사들끼리는 소아과 의사를 종종 '알선 매니저'라고 부르기도 한다.

아마 나 자신이 소아과 의사로서 오랫동안 일해왔기 때문이겠지만, 나는 이런 역할을 할 전문가가 필요하다는 확신을 아직도 조금은 가지고 있다. 충분한 정보를 가진 세심한 부모라면 대부분의 소아 질환은 충분히 가정 내에서 치료할 수 있다. 의학적인 치료가 필요하다는 판단이 내려지면 일반 개업의, 가정 의학과 의사, 환자들을 위탁받은 전문의가 치료할 수 있다. 사실 기회만 주어진다면 간호사들도 이런 업무 대부분을 똑같이 잘 수행할 수 있을 것이다. 실제로 다른 많은 나라에서 소아과 의사의 숫자가 미국보다 상대적으로 적지만 훨씬 나은 의학적 결과를 내놓고 있다.

이런 현실이 이례적으로 보일 수도 있겠다. 하지만 더 나은 결과가 나오는 것은 소아과 의사들의 숫자가 더 적기 때문이다. 그런 나라에 사는 어린이들은 의학적인 처치를 덜 받게 되고, 따라서 잠재적으로 위험한 약과 의료 기술에 덜 노출되기 때문에 더 건강해진다. 미국 의대는 약학을 거의 가르치지 않는 와중에도 가능한 한 모든 신약과 의료 기술을 활용하라고 가르친다. 제약 산업의 연구소와 의료 설비 제조 회사에서 수두룩하게 내놓는 신약과 설비들이 거의 매일 쏟아져 나온다. 그러나 그 효용성은 증명되지 않았고, 위험한 경우도 자주 있다.

부모 대부분은 인체에 사용해도 안전하다고 증명될 때까지 약들이 시장에서 판매되지 못하도록 막아줄 연방 식품 의약국Food and Drug Administration, 이하 FDA을 믿어도 된다고 생각한다. 그리고 부모들은 당연히 그렇게 믿을 권리가 있다. 반면 의사 대부분은 일반적인 부모보다 더 많은 것을 알고 있기 때문에 그렇게 믿어서는 안 된다. 하지만 실제 의사들은 부모들과 똑같은 전제하에 행동한다. FDA에 대한 그런 믿음은 잘못된 것이다. 거의 모든 약이 인체 적합성 테스트나 의미 있는 인체 실험을 거치지 않고 출시되기 때문이다. 일부 환자에게는 아직 발견되지 않은 부작용이 즉각 또는 단기간에 나타날 수 있다. 이어질 장에서 더 자세하게 다루겠지만, 장기간에 걸친 부작용이나 축적되는 약물로 인한 부작용은 더욱 있음직한 일이다. 이런 장기적인 부작용은 신약이 소개되는 당시에는 아무도 모른다. 그리고 몇십 년이 지나서야 아무것도 의심치 않았던 희생자들에게 누구도 말해주지 않았던 손상이 생겨 그 부작용이 알려질 수도 있다.

미국이든, 아니면 다른 국가에서든 약의 역사를 살펴보면, 인체 사용이 허용되었으나 그로 인한 손상의 증거가 셀 수 없이 많은 희생자에게서 나타난 이후에야 시장에서 퇴출된 약물이 너무 많다. 아마 충격적인 사례들 가운데 일부(DES, MER 29, 탈리도마이드)를 상기할 수 있을 것이다. 문제를 더욱 복잡하게 만드는 것은 FDA에 증명되지 않은 약을 퇴출할 힘은 있지만, 일단 허가를 받은 약에 관해서는 퇴출을 강제할 아무런 권위가 없다는 사실이다. 또한 출시된 약이 미치는 파괴적인 영향을 대중과 FDA에게 일깨워줄, 효율적인 판매 후 감시 메커니즘이 없다는 것도 문제다. 약의 위험이 공개적으로 드러나는 일이 가장 많이 일어나는 곳이 유럽인 이유는 그 때문이다. 유럽 국가에서는 그 위험이 드러날 판매 후 감시 시스템이 작동하고 있다.

의사는 처방 약을 거의 연구하지 않는다

환자에게 사용하기 전에 당장 쓰일 치료법이나 약에 관한 검사 결과를 연구하는 의사는 정말 드물다. 일상적으로 많이 처방하는 약에 의문이 제기될 때조차도 의사 대부분은 거의 주의를 기울이지 않는다. FDA에서는 아이들에게 매우 빈번하게 처방되는 약을 제조하는 회사에 그 약들이 안전하고 효과적이라는 증거를 제출하도록 명령하고, 그렇게 하지 않으면 약을 퇴출하겠다고 했다. 제약 회사들은 FDA와 몇 년 동안이나 공방을 벌였는데, 그러는 동안에도 계속해서 약들을 팔았다. 제약 회사들은 대부분 그 약들이 도움이 된다는 증거를 아직도 제출하지 않았다. 그럼에도 의사들은 여전히 그 약들을 처방한다. 이런 약들은 한둘이 아니라 문자 그대로 몇백 가지에 이른다.

믿어지지 않겠지만 미국 부모들은 효과가 있고 안전하다는 증거가 없거나, 심하면 효과도 없고 안전하지도 않다는 권위 있는 진술이 있음에도 불구하고 의사가 처방하는 약에 연간 몇백만 달러를 쏟아붓는다. FDA에서 1979년에 가장 많이 처방된 약 중, 효과가 없다는 딱지를 붙인 30종류의 약 가운데 최상위 3가지를 포함해서 반 이상이 아이들에게 처방되는 약이었다. 리스트에 포함된 약은 디메탭Dimetapp, 액티피드Actifed, 도나탈Donnatal, 오네이드 스팬슐Ornade Spansules, 피너건Phenergan 가래약, 투스 오네이드Tuss-Ornade*, 코데인Codeine이 함유된 피너건 VCPhenergan VC 가래약, 액티피드 CActifed C 가래약, 베닐린Benylin 기침 시럽, 마락스Marax, 마락스 DFMarax DF, 디메탄Dimetane 가래약, 암베닐Ambenyl 가래약, 디메탄Dimetane DC 가래약 DC, 그리고 텔드린Teldrin 등이 있다. 앞으로 의사가 이 가운데 어떤 약을 아이에게 처방하거든 왜 도움이 된다는 증거도 제출하지 못하는 회사의 약을 사용하는지 물어보도록 하라.

세상 물정을 잘 모르고 의대에서 배운 것을 그대로 믿었던 나도 진료를 시작하고 초기 몇 년간은 그런 죄를 지었다. 소아과 레지던트 과정을 거치는 동안 나는 편도선과 피부병, 머리의 버짐, 그리고 림프절과 흉선 비대증을 치료할 때 엑스레이를 사용하라고 배웠다. 이런 치료가 장기적으로 어떤 결과를 낳을 것인지 고려해야 한다고 말해준 사람은 아무도 없었고, 나 자신도 환자에게 미래에 어떤 손상을 초래할 수 있다는 생각은 하지 않았다. 그 시기 동안 나는 모든 것을 믿고 받아들였고 내 환자도 똑같기를 기대했다. 지금은 그렇게 행동한 것이 부끄럽고, 이제는 새로운 모든 의학적인 유행을 의심의 눈으로 쳐다보게 되었다. 그 치료를 받은 환자 가운데 갑상선암이 사실상 유행처럼 발병했는데, 엑스레이에 책임이 있다. 이미 생긴 손상은 지금까지도

---

* 효능을 인정받지 못해 현재는 판매되지 않는다. (편집자 주)

매일 발견되고 있다. 더욱 비극적인 것은 비대해진 림프절과 가슴샘의 경우 우리가 실제로 병이 아닌 증상을 치료했다는 사실이다. 림프절과 가슴샘은 치료하지 않아도 자연스러운 과정을 거쳐 결국 크기가 줄어든다.

오늘날 소아과 레지던트들이 배우고 있는 것 때문에 앞으로 어떤 결과가 나타날지는 아무도 모른다. 그들은 유아 황달에 빌리루빈 램프를, 귀 감염에 고막 절개술을, 거의 모든 증상에 항생제를, 성장을 제어하기 위해 호르몬을, 아이들의 행동을 개조하기 위해 강력한 약물을 사용하고, 기타 장기적인 영향이 알려지지 않은 약물과 검사와 예방 주사와 치료법을 활용하도록 배운다. 그 결과가 아직 완전하게 밝혀지진 않았지만, '의학적 진보'를 어지럽히는, 이전에 일어났던 재앙들을 재검토한다면 많은 결과가 비극적이라는 사실을 확신할 수 있을 것이다.

의료 진료에 기정사실이 있다면 그것은 바로 의사들이 과거의 실수에서 아무것도 배우려 하지 않는 듯하다는 것, 그리고 의사 대부분이 히포크라테스 선서의 기본 주의인 '환자의 건강과 생명을 첫째로 생각하겠노라'는 구절을 잊어버린 듯 보인다는 것이다. 의사들은 환자에게 많은 상해를 입힌다. 그러나 자기들이 저지르는 상해에 무감각해지는 것은 장기간에 걸쳐 그들이 받은 의학 교육 구조 자체의 문제다.

캘리포니아 주립 의과 대학교의 대니얼 보렌스타인Daniel Borenstein은 최근 이렇게 말했다.

"우리는 의사가 상냥하고 섬세하기를 바랍니다. 그러나 너무 상냥한 의사는 업무를 제대로 수행할 수 없습니다. 의대를 거치는 동안 마음이 무감각해집니다."

소아과 레지던트는 주삿바늘을 정맥이나 동맥에 찔러 넣거나 척수 천자, 기관지 삽관을 하는 등 병원에서 빈번하게 행하는 기계적인 절차에는 상당히 숙련되어 있을 것이다. 그러나 대학 병원을 떠나 더 이상 사용하지 않게 되면 이런 기술은 급격하게 쇠퇴한다. 한두 해만 지나도 이전에 배웠던 기술을 그대로 사용할 수 있는 의사는 많지 않다. 의사와 환자 모두에게 다행스럽게도, 그런 기술이 필요할 일이 거의 없기에 일에는 큰 차이가 없다. 보통 그런 기술을 익히는 것은 중산층이나 풍요로운 계층의 소아 진료에서는 거의 찾아볼 수 없는, 경제적인 궁핍과 위생적이지 않은 환경과 부족한 영양 때문에 발병하는 질병의 희생자인 어린이들을 치료하면서다. 의사 대부분은 돈을 좇게 마련이다. 그러므로 개업의가 그런 가난한 아이를 계속 진료할 가능성은 별로 없다. 사실 그들은 진정으로 아프지 않기 때문에 치료가 필요하지 않은 아이를 진료하면서 대부분의 시간을 보내게 된다.

의사들은 실수에
이렇게 대처하도록 배운다

개업의가 되기 위한 준비의 일환으로, 나는 소아과 레지던트 과정에서 심각한 실수를 저지르면 어떻게 대처해야 하는지 배웠다. 아이의 부모가 슬픔을 적절하게 처리할 수 있도록 위로하는 말이나 그런 경우에 적용해야 할 윤리적 원칙에 대해서는 아무것도 배운 바가 없다. 대신 즉각적으로 오진 보험업자에게 전화를 걸어 어떻게 처리해야 할지 상의하라는 충고를 들었다. 유감스러운, 그리고 아마도 치명적일 실수에 관해 한마디라도 공개적으로 말해야 한다면 어떤 경우에도 통용될 수 있는 말이 있다.
"극히 드문 일이 가엾은 이 아이에게 일어났군요."

무언가가 잘못되었을 때 의사들이 항상 똑같은 말, 즉 "극히 드문 일입니다"라고 말하는 이유는 바로 그것이다. 토론토에 스티븐 유즈Stephen Yuz의 유명한 사례가 있다. 그는 어린이 병원에 입원했고 정신적인 문제로 인한 구토라는 진단을 받았다. 그러나 얼마 후에 장폐색으로 죽었다. 물론 의사들은 극히 드문 경우라고 말했다. 천식 검사 결과 때문에 죽은 시카고의 아이 때와 마찬가지로.

나는 이 장에서 당신이 소아과 의사에게 가지고 있을 맹목적인 믿음을 단념시키고, 아이에게 정말로 필요하지 않은 치료를 받게 하는 것은 아이를 더욱 큰 위험에 노출하는 실수일 수 있다는 점을 지적하고자 했다. 아이가 아플 때 의학적인 치료는 마지막 의지처가 되어야지, 처음이 되어서는 안 된다. 당신이 따뜻한 애정으로 관심을 기울이고, 상식과 당신의 기술을 활용하여 아이의 자연스러운 신체 방어 시스템을 강화한다면 아이가 겪는 대부분의 질병을 충분히 물리칠 수 있다.

3

건강한 아이도
아프게 만드는 의사

불필요한 치료가 아이에게 끼치는 피해

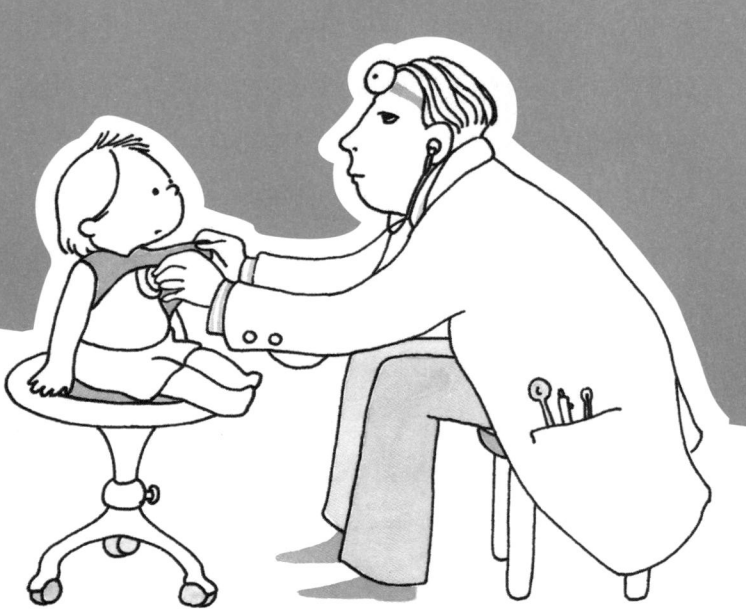

　당신이 의사와의 관계를 찬찬히 생각해 본다면 다른 서비스를 제공하는 사람들과는 사뭇 다른 관계를 맺고 있다는 사실을 발견하고 놀라지 않을까 싶다. 일반적인 의사와 환자의 관계는 이미 우리가 구어적으로 사용하는 '의사의 지시'라는 문구에 잘 드러나 있다. 변호사나 회계사, 아니면 다른 전문직에 종사하는 사람들은 우리에게 '조언'한다. 그러나 의사만은 환자에게 '지시'한다.

　아이를 소아과에 데려가면 의사는 꼭 필요하다기보다는 피상적인 경우가 많은 신체검사를 실시한다. 검사와 엑스레이를 지시하고 진단을 내린 다음 치료 과정을 결정하는데, 그 과정에서 약이 있어야 하는 경우도 종종 있다. 가끔은 병원에 더 있어야 한다며 입원하게 만드는 경우도 있다. 의사는 이 모든 과정에서 최소한의 설명만을 해줄 뿐이며, 당신의 허락을 구하지도 않고, 보통은 앞으로 하려는 치료의 위험과 잠재적인 부작용에 대해서도 경고해 주지 않으며, 비용이 얼마나 드는지도 말해주지 않는다. 그 모든 과정이 끝나고 나면 의사는 진단이 틀리든지, 또는 치료가 소용없어서 아이가 여전히 아프든지 개의치 않고 당신에게 치료비를 청구한다. 요약하자면 의사는 자기가 하는 일에 환자에게 최소한의 책임만을 질 뿐이다.

확실히 사람들은 의사의 처분에 휘둘린다. 자신의 안위에 관한 결정을 내릴 수 없는 아이가 걱정되어 특히 취약한 처지에 놓이는 부모들은 더욱 그렇다. 그래서 아이는 종종 고통스럽고 몸을 쇠약하게 만드는 치료에 무력하게 노출된다. 의사들은 의대에서 인간의 고통에 대한 정서적인 모든 반응에 눈을 감으라고 배우기 때문에, 단순히 자기들이 가하는 고통이나 그 치료가 유발할 수 있는 손상에 주의를 기울이지 않는다.

전문의 집단 가운데 나는 소아과 의사가 가장 위험한 존재라고 생각한다. 왜냐하면 그들이 가장 상냥해 보이기 때문이다. 보통 소아과 의사의 이미지는 처방전과 함께 풍선이나 막대 사탕을 아이에게 건네주는, 미소를 띤 친절한 전문가다. 그들은 가당찮게도 더 냉담하고 악착같이 돈만 밝히는 것처럼 보이는 산부인과 의사나 외과 의사에게 향하는 비난을 피해간다.

소아과 의사들이 위험한 이유

　내 경험상 소아과 의사들의 태도가 만들어낸 믿음은 그만한 가치가 없다. 그런 믿음이 소아과 진료에서 당신의 아이에게 위협적인 요소를 가리는 경향이 있다. 먼저 내가 소아과 의사들이 위험하다고 믿는 이유 가운데 일부를 열거하고, 가장 심각한 몇 가지를 더욱 자세하게 들여다보도록 하겠다.

1. **소아과 의사들은 의료 분야에서 알선책 역할을 한다.** 그들은 아이가 태어난 직후부터 평생 의학적인 치료에 의존하도록 의식을 주입한다. 그 과정은 전혀 필요치 않은 '아기의 정기 검진'과 예방 주사를 계속 맞히는 일에서부터 시작해서, 일상적인 연례 신체검사와 그대로 놔두면 저절로 낫는 사소한 질병들에 대한 끝없는 치료로 이어진다.

2. **모든 전문의들 가운데 치료와 처방 약물의 잠재적인 부작용에 대해서 부모에게 입을 다무는 경향이 가장 높은 분야가 소아과다.** 어떤 소아과 의사가 어머니들에게 높은 혈중 납 수치와 영아 돌연사 증후군Sudden Infant Death Syndrome, SIDS이 유아식과 관계가 있다는 증거를 말해주었는가? 대중 매체의 폭로로 압력을 받기 전까지 어떤 소아과 의사가 간질과 지적 장애가 예방 주사와 관계가

있을지도 모른다는 위험에 대해 말해주었는가? 도대체 어떤 소아과 의사가 선택할 수 있는 다른 대안이 있을 때는 항생제를 쓰지 말아야 한다고, 항생제를 빈번하고 무차별적으로 사용하면 장래에 아이에게 부작용을 불러올 수 있다고 부모에게 말해주었는가?

3. **강력한 약물을 함부로 처방하는 소아과 의사의 행위는 출생 직후부터 아이에게 '만병통치약'에 대한 믿음을 주입한다.** 그에 따라 아이는 모든 상태를 치료할 수 있는 약이 있고 좌절, 우울, 결함, 불안정 등과 같이 정상적인 감정에 약으로 대처하는 것이 적절한 반응이라는 믿음을 갖게 될 수도 있다. 몇백만 명을 처방 약물에 중독시킨 책임은 직접적으로 의사에게 있다. 또한 의사들은 불법적인 약물로 선회한 다른 몇백만 명이 처한 곤경에도 간접적인 책임이 있다. 사람들이 정신적·정서적 상태를 비롯해 자신을 괴롭히는 모든 것을 약물로 낫게 할 수 있다고 이미 어린 나이에 의사에게 배웠기 때문이다.

4. **전문의 중 가장 수입이 적은 분야가 소아과다.** 결과적으로 소아과 의사는 엑스레이와 다른 검사가 낳는 수입이 더욱 많이 필요하므로 불필요한 검사를 다른 분야 의사보다 훨씬 많이 지시할 가능성이 크다. 환자는 이중 위험을 안게 된다. 우선, 온갖 검사와

엑스레이는 그 자체가 잠재적으로 위험한 영향을 줄 수 있다. 둘째로, 의사가 진단을 내리는 데 임상적인 증거를 무시하고 신뢰할 수 없는 경우가 많은 검사 결과에 지나치게 의존하면, 환자는 적절하지 않은 치료를 받게 될 수 있다.

5. **소아과 의사들은 진짜 질병에 걸린 것이 아닌 환자를 보는 데 너무 익숙해진 나머지 정말 아픈 환자를 알아보지 못하는 경우가 종종 있다.** 나는 이런 사실이 드러난 수많은 오진 소송에서 전문가로서 증언을 해왔다. 소아과 의사들은 전문의 면허가 있으면서도 아픈 아이에게서 찾아봐야 할 증세를 잊어버렸기 때문에, 생명을 위협하는 중요한 상태를 못 보고 지나쳤고 심각한 상태를 경고하는 증상들도 놓쳤다.

뇌수막염은 이런 부족함이 두드러지는 사례다. 뇌수막염이 현재 소아과에서 극히 희귀한 질병 가운데 하나이기 때문이다. 과거에는 치사율이 95퍼센트에 달했지만, 오늘날에는 95퍼센트가 치료 가능하다. 그렇지만 이는 소아과 의사가 증상을 올바로 알아보고 제때 파악할 때의 이야기다. 모든 소아과 의사는 레지던트 과정에서 뇌수막염 진단법을 배운다. 사실 그들이 배우는 것 중에서 얼마 안 되는 정말 유용한 지식 가운데 하나다. 그러나 그 지식은 몇 년간 건강한 아이들 무리를 검사하고 나면 날아가버리기 십상이다. 더욱 나쁜 것은 소아과 의사들이 진짜 질병이 아닌 병을 다루는 데 너무 익숙해진 나머지 아픈 아이를 올바로 진단했을 때조차도 적절한 치료법을 기억해내지 못할 수 있다는 것이다.

6. **진료로 돈을 벌려고 너무 많은 환자를 보기 때문에, 소아과 의사는 질환을 정확하게 진단하고 치료하기에 충분한 시간을 환자에게 할애하지 않는다.** 능력 있는 의사라면 모두 정확한 진단의 85퍼센트는 환자의 과거 병력으로, 10퍼센트는 철저한 신체적 검사로, 그리고 나머지 5퍼센트만이 연구소 테스트와 엑스레이 검사로 내려진다는 사실을 알고 있다. 필요한 병력을 알아내고 철저하게 검사하려면 적어도 30분에서 1시간은 소요된다. 소아과 의사들이 보통 1명의 환자에게 할애하는 시간은 10분 남짓에 불과하다. 요컨대, 필요한 시간을 충분히 들이지 않기 때문에 신뢰할 만한 진단을 내리기 위해 알아야 하는 것 가운데 많은 부분을 알아내지 못하게 되는 것이다. 그 결과, 세심한 검사를 바탕으로 한 견실한 판단을 습관적인 진찰로 대체해버린 '판에 박힌' 또는 '진부한' 진단만 이루어진다.

7. **모든 전문의 중에서 소아과 의사들이야말로 자신의 서비스를 이용하도록 부모에게 강제하는 법률을 이용하고 옹호해서 수입을 늘릴 가능성이 크다.** 신생아의 눈에 질산은이나 항생제를 의무적으로 넣게 하

거나, 질병이 아닌 질환에 '창의적 진단'을 내릴 기회를 제공하는 학교의 의무적인 신체검사, 의무적인 병원 출산, 논쟁의 여지가 있고 증명되지 않은 치료법을 부모가 반대하는데도 치료를 강제하는 법원의 명령 등에 책임을 질 사람은 정치가가 아니라 소아과 의사다. 더욱이 아이를 의사에게 데려가는 일에 수반되는 위험 가운데 하나는 당신이 의사가 지시하는 치료를 거부할 경우, 아이를 당신에게서 떨어뜨려 정부의 보호하에 놓을 수 있다는 점이다. 나는 최근 몇 년간 이런 법적 조치에 연루된 여러 부모의 편에 서서 증언을 해왔다.

8. 모유 수유가 아이의 장래 건강을 보장하는 최고로 효율적인 방법들 가운데 하나라는 부정할 수 없는 증거에도 불구하고 소아과 의사들은 모유 수유를 방해하는 최대의 적이다. 라 레체 리그La Leche League[*]에서 오랫동안 유아식 제조 회사들이 소아과 의사에게 행사해온 영향력에 대항하기 시작하긴 했지만, 수많은 의사가 모유 수유를 장려하지 않거나 적극적으로 방해한다. 그 이유를 모두 살펴보지는 않겠다. 그렇지만 미국의 소아과 분야의 성장에는 오랫동안 소아과 의사를 무보수 세일즈맨으로 활용해온 유아식 제조

---

* 1950년대에 미국의 모유 수유율이 20퍼센트대로 떨어지자 모유 수유를 장려하고 돕고자 미국에서 조직된 모임으로 국제 모유 은행의 모태가 되었다. 더 자세한 정보가 필요하다면 웹사이트 llli.org를 참고하라.

회사들의 재정적인 지원이 커다란 역할을 했다는 사실은 주목할 가치가 있을 것이다.

9. 소아과 의사들은 아이에게 신체적으로나 지성적인 면에서 손상을 입힐 수 있는 비양심적인 산부인과 처치에 암묵적으로 동조한다. 그들은 자기들이 목격하는 그런 손상을 만드는 데 산부인과 의사가 일조한 역할을 은폐한다. 결함이 있는 아이를 낳은 부모가 소아과 의사에게 산부인과 의사의 책임이 있는지 묻는다면 의사는 레지던트 과정을 거치면서 배운 대답을 내놓을 것이다. "지난 일을 돌이켜봐야 무슨 소용이 있나요. 앞으로의 일을 생각해야죠."

소아과 의사들이 산부인과 의사들이 저지른 잘못을 비난할 용기를 내고 환자에 대한 연민의 마음을 가진다면 지적 장애나 학습 장애, 그리고 신체적인 기형을 낳는 위험한 산부인과 진료는 몇 년 안에 사라질 것이다.

소아과 진료로 인한 부정적인 영향에 대한 이 모든 증거에도 불구하고, 소아과 의사의 숫자가 많은 덕분에 미국 아이들이 더 나은 보살핌을 받고 있다는 신화는 아직도 존재한다. 그런 믿음은 2가지 점에서 틀렸다. 먼저 유아 사망률 통계를 보면 미국 아이들은 소아과 의사가 많지 않은 다른 선진국의 아이들보다 건강하지 않다는 점이 드러난다. 심지어 일부 개발도상국 아이들이 미국 아이들보다 더 건강하다. 둘째로, 미국 아이들이 덜 건강한 이유는 이 나라에 산부인과 의사가 많기 때문일지도 모른다.

반대되는 증거에도 불구하고 미국의 공공 보건 정책은 치료를 쉽게 받을 수 있는지가 대중의 건강을 결정한다는 전제를 바탕으로 한다. 의사들은 이 전제를 증명하지 못했음에도 불구하고 정치가들을 이해시키는 데는 성공했다. 나는 응급 의료 서비스만 쉽게 받을 수 있다면 여타 일상적인 의학 치료의 접근 용이성은 오히려 건강에 나쁜 영향을 미친다고 믿는다. 우리는 캘리포니아주, 서스캐처원주, 이스라엘, 그리고 많은 곳에서 이런 사례들, 즉 의사의 파업이 일어나면 사망률이 내려가는 것을 보아왔다.

건강의 열쇠 : 의사를 가까이하지 말라

아이를 건강하게 기르는 가장 좋은 방법은, 사고가 일어나는 등의 응급 치료나 명백하게 심각한 질병을 제외하고 의사를 멀리하는 것이다. 아이가 아픈 증상을 보이거든 상태를 면밀히 관찰하라. 하지만 심각하게 아프다는 뚜렷한 증거가 나타나기 전에는 의학적인 도움을 구하지 말라. 의사 대부분은 인체가 자체적으로 아픔을 치료할 수 있는 놀라운 능력을 가진 불가사의한 기관이라는 사실을 무시한다. 아이를 병원에 데려가면 의사들은 아마도 인체가 그런 능력을 발휘하도록 내버려두지 않을 것이다. 대신 의사들은 우리 몸이 적절하게 처리하지 못하는 부작용을 수반하는, 필요치도 않고 받아서도 안 되는 치료를 해 몸의 자연스러운 방어 시스템을 교란한다.

당신이 내 충고를 받아들여 꼭 필요한 경우를 제외하고는 의사를 기피해야겠다는 확신을 갖게 된다면, 소아과에서 당신의 아이에게 준비해놓은 덫을 피하는 방법을 익히게 될 것이다. 최초의 덫은 의사들이 신봉하는 의식인 '아기의 정기 검진'이다. 이것은 의사들의 수입을 늘려주긴 하지만 아이에게는 전혀 건설적인 도움이 되지 않는다. 이 검사가 가진 위험이라면 없는 질병을 발견해 내는 의사들의 생산력(의대의 유산)을 들 수 있겠다. 병에 걸렸다는 진단이 내려지면 당연하게도 아이는 치료를 받게 되는데, 이 치료는 건강한 아이까지도 아프게 만들 수 있는 위험한 것이다.

병원은 아이가 정말 아플 때 가는 곳이다. 건강할 때 가는 곳이 아니다. 의사가 1개월, 2개월, 또는 어떻게든 정기적으로 예정을 짜서 일상적이고 정기적인 검사를 받도록 아기를 데려오라고 한다면, 그런 검사가 왜 필요한지부터 물어라. 그 검사가 아이의 건강을 개선하는 데 도움이 된다는 객관적인 연구 결과가 있는지 물어보도록 하라. 그런 검사가 있다는 이야기는 한 번도 들어본 적이 없다. 그리고 의사가 그런 결과를 제시할 수 있다고도 생각하지 않는다.

전문가 집단은 환자들을 몇 년에 걸쳐 추적하는 통제 연구를 시행하면 어린이의 질병을 예방하는 건강 관리의 가치를 입증할 수 있다고 말하지만 실제로 실시된 연구는 거의 없다. 내가 본 3가지 연구의 결과에는 정기적으로 병원에 오라고 환자들에게 요구하는 소아과 의사가 정당하다고 지지할 만한 근거가 전혀 없었다. 그 연구는 각각 연구 조사의 최종 목적으로 전반적인 건강, 행동 패턴과 학습 능력, 그리고 발달 상태에 초점을 맞춘 것이었다. 《소아과학Pediatrics》에 발표되었듯이, "이 연구 중에서 실시된 예방 의료 서비스가 측정된 결과에 긍정적인 영향을 미쳤다는 증거를 내놓은 것은 없다".

건강한 아기의 정기 검진이 당신 아이의 건강을 향상한다는 증거가 없으므로 나는 그런 검사와 그로 인한 불필요한 치료의 위험을 피함으로써 시간과 돈을 절약하라고 권하고 싶다. 오랫동안 소아과 의사로서 진료해왔지만, **나는 아기가 최초로 내원했을 때 주의 깊게 청취한 과거의 병력이나 눈에 띄게 단계적으로 나타나는 증상으로 시기적절하게 드러난 적 없는 질병을 건강한 아기의 정기 검진에서 발견한 경우는 한 번도 기억나지 않는다.** 이 부분에 대해서는 나중에 더욱 자세하게 다루도록 하겠다.

건강한 아이의 정기 검진은 본질적으로 피상적이기 때문에 아무런 소용이 없다. 그것이 피상적인 이유는 의사 자신도 마음속 깊은 곳에서는 시간 낭비라는 것을 알고 있기 때문이다. 피츠버그 도심에서 실시된 다른 연구 결과를 보면 소아과 의사들이 이런 정기 검진에 소비하는 시간은 평균적으로 10분을 약간 넘는 정도다. 그리고 아기의 발달 상태와 잠재된 문제, 여타 유사한 문제들에 관해 충고하는 데는 평균 52초밖에 걸리지 않는다. 볼티모어, 시애틀, 로스앤젤레스, 그리고 뉴욕의 로체스터에서 시행한 조사에서도 유사한 결과가 나왔다.

증상이 없는 질병을 10분 안에 진단할 수 있거나 건설적인 충고를 52초 안에 해줄 수 있는 의사는 없다. 내 아이가 환자라면 나는 의사가 그런 짓을 시도할 기회조차도 주지 않겠다.

아이가 소아과 진료실에 들어가면 반드시 키와 체중을 재어야 한다. 보통은 기사나 간호사 들이 이런 수치를 잰다. 이것은 현대 의학이 당신이 내는 돈을 아깝게 생각하지 않도록 하려고 만들어낸 의식의 일부다. 처음으로 병원에 온 부모는 간호사가 몸부림치는 아기를 저울 위에 내려놓고 키를 잴 수 있도록 다리를 잡아달라고 하는 동안 안절부절못하고 초조하게 기다린다. 마침내 의사가 진료실에 들어와 방금 잰 수치를 차트와 비교해서 점검하고 아이가 '정상적으로' 자라고 있다고 선언하면 엄마와 아빠는 안도의 한숨을 내쉰다. 반대로 의사가 아이의 체중이 너무 많거나 적게 나간다고 말하면 부모는 걱정에 휩싸인다.

　의사들이 말해주지 않는 것은 이 의식 자체가 의학적으로 아무런 의미가 없다는 점이다. 부모들은 의사가 사용하는 성장 차트는 아마도 유아식 회사에서 제공했으며 그것을 공짜로 얻었다는 데 대해서는 아무런 말도 듣지 못한다. 그런 사실을 알고 나면 궁금증이 생긴다. 왜 유아식 회사에서는 의사가 아기의 체중을 점검하게 만들고 싶어 할까? 답은 이렇다. 모유를 먹은 아기들의 체중 증가는 유아식 제조 회사의 차트에 나와 있는 평균 체중에 미달할 수 있다. 유아식 회사들은 의사가 그런 현상은 정상적이고 위험한 것이 아니라고 엄마들을 안심시키는 대신 모유 수유를 중단하고 자기들의 제품으로 바꾸라고 권하기를 바라는 것이다. 물론 제품명은 간편하게도 의사의 손에 들린 차트에 들어가 있다. 실제로 그런 일은 너무나도 자주 벌어진다. 그러면 아기는 모유에서 얻을 수 있는 면역성과 기타 혜택들을 잃어버리게 되는 것이다.

　적어도 반세기 이상에 걸쳐 의사들은 모든 연령대의 환자 건강을 측정하면서 다양한 표준 신장과 체중 차트에 의존해 왔다. 조금 더 나이를 먹은 어린이나 어른을 대할 때 가장 흔히 사용되는 차트는 메트로폴리탄 생명 보험사에서 제작한 것이다. 그 차트가 가장 최근에 갱신된 것은 1959년이었다. 소아과 의사는 당신 아이의 신장과 체중을 잰 수치를 평균 성장 곡선과 비교한다.

아이가 어느 쪽이든 스펙트럼의 끝 쪽에 있으면 의사는 '비정상'이라고 규정지을 것이다. 의사는 이론적인 통계치를 바탕으로 환자에 관한 판단을 내려서 부모를 현혹시킨다.

왜 체중 차트는 현혹적인가

체중 차트가 현혹적인 이유는 차트 자체가 당신의 아이와 (환경적, 인종적, 유전적으로) 비교할 수 없는 대상인 그룹의 평균을 바탕으로 한 것이기 때문이다. 의사는 아이가 50퍼센트 근처에 있지 않으면 너무 말랐거나 너무 뚱뚱하거나 너무 크거나 너무 작다고 생각한다. 측정한 결과가 중간 지점에서 멀리 떨어져 있으면 의사는 당신의 아이를 치료할 기회를 잡을 수 있다. 옹호의 여지가 없는 이런 진료 행위는 변호사의 역할에 대해 예전에 들었던 말, 즉 그들의 직무는 "고객의 마음속에 오랜 시간이 걸려야 해결이 가능하고 그동안 엄청난 이익을 남겨줄 의심이 자라나게 만드는 것"이라는 말을 떠올리게 한다. 소아과 의사들이 '정상적인' 키와 체중의 편차를 이유로 당신의 아이를 치료하려 들 때도 그와 똑같은 일이 벌어진다.

각각의 개별적인 어린이들을 평균 신장과 체중 차트에 비교하는 일은 그 자체로도 비과학적이지만 차트 자체가 유효성이 없는 것이라는 사실을 고찰해 보면 더욱 그렇다. 이 글을 쓰고 있는 동안 메트로폴리탄 생명의 차트에 대해 격렬한 토론이 벌어졌다. 많은 의사가 어른의 이상적인 체중이 5~10킬로그램 정도 낮게 규정되어 있다고 이의를 제기했던 것이다. 이런 비판에 대해 메트로폴리탄 생명에서는 체중 표준을 올리는 것으로 대응할 것처럼 보인다. 그러나 다른 의사들은 또 그런 조치에 이의를 제기하고 있다. 결론이 어떻게 나든 1가지는 분명하다. 표준에 어떻게 합의하든 의사들은 이런 논쟁이 있었다는 사실을 무시하고 새로운 차트를 하느님이 돌판 위에 새겨주시기라도 한 양 여전히 당신 아이의 수치와 비교할 것이다.

여러 연구 결과를 보면 아이에게 적용되는 표준 신장과 체중 차트는 어른에게 사용하는 차트보다도 더 부정확하다(그 가운데 여러 종류가 아직도 사용 중이다). 예를 들어 흑인 아이들의 발달을 차트와 비교하는 것은 무의미하다. 차트는 코카서스 아동 집단의 발달을 바탕으로 만들어져 있고, 흑인 아이들은 집단 연구 시 차트와는 다른 성장 특징을 보이기 때문이다. 차트가 고려하지 못하는 또 다른 편차는, 아이의 발달에서 유전적인 요인이 차지하는 역할이다. 차트는 유전적인 요인을 무시하고, 165센티미터가 되지 않는 부모에게서 태어난 아이들도 180센티미터 이상인 부모에게서 태어난 아이들과 같은 신장을 가져야 한다고 가정하고 있다.

표준 성장 차트가 거슬리는 또 하나의 이유는 모유 수유를 받는 아이들을 위한 정확한 기준이 없다는 것이다. 모유 수유를 하는 아이들의 체중이 증가하는 속도는 분유를 먹는 아이들보다 느린 경우가 종종 있다. 이것은 지극히 정상적인 현상이며 유익한 것이다. 하느님이 네오 뮬 소이Neo-Mull-Soy나 엔파밀Enfamil이 나오지 않는 유방을 만들 때 실수를 했다는 증거는 어디에도 없다. 불행하게도 많은 소아과 의사들은 이 사실을 믿지 않기 때문에 당신이 아기에게 모유를 먹이는데 체중이 차트에 나온 것만큼 빨리 증가하지 않는다면 분유로 전환하자고 할 수도 있을 것이다. 당신에게도 나쁜 일이지만, 아기에게는 더욱 나쁘다. 이 책의 후반부에서 더욱 자세히 다루겠지만, 나는 모유 수유가 유아기뿐만 아니라 이후의 삶에서도 아이들의 건강에 불가결한 요소라고 믿고 있다는 점을 바로 지금 강조하고 싶다.

표준 성장 차트 사용은 현대 의학에 만연한 양적인 비상식이 질적인 상식을 대신하는 사례 중 1가지일 뿐이다. 당신 아이의 성장을 어떤 종류든 표준이라는 기준과 비교하는 것을 중요하게 생각하는 의사에게 영향을 받지 말라. 의사가 그렇게 하려고 하거든 그런 기준이라는 것은 소규모의 아이만을 대상으로 오래전에 실시한 검사 결과일 뿐이며, 의사들은 종종 사과와 오렌지를 비교하는 우를 범하기도 할뿐더러 모유 수유를 하는 아이와 분유를 먹는 아이 간의 차이도 고려하지 않았다는 사실을 기억하라.

다시 한번 말하겠다. 당신의 소아과 의사는 모유를 먹고 자라는 아이들의 성장 패턴에 대해서 문자 그대로 무지하다. 당신이 모유로 키우고 있는 아이의 성장 속도가 너무 느리다고 말하는 의사는 당신을 오도하는 것이다. 그 외의 다른 면에서 아이가 건강하다면 의사가 쓸데없는 차트에 의거해서 추정한 말도 안 되는 난센스 때문에 분유로 바꿀 필요는 전혀 없다!

의사들이 성장 차트를 그렇게 오랫동안 애용해 온 것을 보고 그 차트가 의학적인 진단을 내리는 데 아무런 쓸모가 없다는 사실을 받아들이기가 어려울지도 모르겠다는 사실을 나도 잘 알고 있다. 각각의 아이들의 건강과 발달 정도 점검에 차트를 적용하는 데는 득보다 실이 많다고 생각하는 의사가 나 혼자만이 아니라는 사실을 알게 된다면 독자들이 더 안심할 수 있을 것이다. 의대에서 배운 것을 비판 없이 수용하기보다 스스로 진료하면서 경험한 결과를 객관적으로 보게 된 많은 다른 의사들이 이런 시각을 공유하고 있다.

나는 의사들이 아이들에게 저지르고 있을지도 모를 모든 잘못에 관해 미리 경고하고자 이런 문제들을 비판해 왔다. 특정 질병들을 다루면서 앞으로 더욱 많은 이야기를 기술해 나가도록 하겠다. 요점은 바로 이것이다. 소아과 의사가 실효성이 없는 차트에서 얻은 정보를 바탕으로 아이를 치료하겠다고 나서는 사람이라면, 자기 행동을 합리화할 수 있을 더욱 명백한 증상이 나타날 때 어떤 치료를 하려 들지는 보지 않아도 뻔하다.

성장 차트가 끼칠 수 있는 해악은 대체로 가벼워진 지갑과 깨진 마음의 평화뿐이다. 그러나 최근 심각할 정도로 중대한 남용을 저지르는 경우도 보이는데, 변명의 여지가 없는 이런 행위에 대해서 간단하게 언급하도록 하겠다. 나는 키가 너무 크거나 작다고 간주되는 아이들의 키를 조절하기 위해서 에스트로겐이나 여타 호르몬을 사용하는 일이 증가하고 있다는 사례를 들고 싶다. 성장을 촉진하거나 지연시키기 위해서 사용되는 호르몬으로 인한 잠재적인 영향은 거의 알려지지 않았다. 이런 치료를 장기적으로 했을 때 나타날 수 있는 영향에 관해서는 전혀 알려지지 않았다고 해도 과언이 아니다.

최근 몇 년 동안 의학 잡지들은 여자아이들의 키가 '너무 크게' 자라지 않도록 에스트로겐을 사용하는 것에 대해 과도하게 보고해 왔다. 한 기사의 헤드라인에서는 독자들에게 그런 치료가 '안전'하다고 확언하면서도 여러 가지 위험과 부작용을 보고한다. 그러나 입덧이나 한밤중에 쥐가 나는 현상, 혈전성 정맥염(정맥 안에 혈전이 존재), 두드러기, 비만, 고혈압, 월경 시 비정상적인 과다 출혈, 뇌하수체 호르몬의 억제, 편두통, 진성 당뇨병의 촉발, 담석, 동맥 경화증, 유방 또는 생식기 관련 계통 암, 그리고 불임 등의 위험에 관한 내용은 기사의 맥락 안에 묻혀 있었다. 또한 이 기사에서는 "〔악성〕 종양 형성의 잠복기 기간보다 오랜 기간에 걸쳐…… 충분히 오랫동안 추적한 사람들은 상대적으로 소수였다"고 언급했다.

이 치료법을 부모에게 추천한 의사 가운데 이런 부작용이 있다는 이야기를 해준 이들은 얼마나 되겠는가? 이 치료법이 수반하는 위험을 알고 있었다면 고작 아이의 키를 통제하기 위해서 의사가 이런 치료를 하도록 내버려둘 부모가 얼마나 되겠는가?

일상적인 의료 처치를 받는 도중에 심각한 손상에 노출될 위험은 희박하거나 하찮은 것이 아니다. 그래서 당신 아이의 건강에 관한 문제를 다루는 데 당신이 중요한 역할을 해야 하는 것이다.

4

태어나기 전부터
아이를 보호하라

임신부터 산후조리까지,
아기의 건강을 위협하는 의료적 처치

사람들은 대부분 새로 태어난 아기를 병원에서 집으로 데려오는 순간부터 부모의 막중한 책임이 시작한다고 믿는 경향이 있다. 그러나 사실 아이의 건강과 생명력에 영향을 미치는 수많은 결정이 내려지는 것은 그 훨씬 이전부터다. 아이가 제대로 성장하고 발달할, 건강한 토대를 만들어줄 최초의 기회는 아기가 태어나기 이전에 찾아온다.

당신에게 이미 아이가 태어난 후라면 이런 이야기를 하기에 너무 늦었지만, 어쨌든 만약 다른 아기를 가질 생각이라면 꼭 알아야 할 몇 가지 사실이 있다. 당신이 이 책을 읽는 바로 이 순간 임신한 상태라면, 이 장은 지금 즉시 도움이 될 중요한 내용을 담고 있다.

당신이 임신 기간에 하는 선택은 아기의 미래 안녕에 영향을 줄 것이다. 당신이 선택하는 산부인과 의사의 태도도 아기에게 영향을 줄 수 있다. 그리고 오랜 기다림이 끝나고 진통의 고통이 찾아오면 오히려 병원에 입원하지 않고 아기를 집에서 낳는 방법을 선택할 수도 있다.

그런 선택의 가능성을 아무렇게나 기각해 버리지 말았으면 한다. 언뜻 들었을 때는 너무 극단적인 충고처럼 들릴지도 모른다. 그러나 그렇지 않다는 점을 보장할 수 있다. 집에서 아기를 낳고자 하는 엄마들의 숫자는 끊임없이 증가한다. 그들이 병원과 집이라는 양자를 검토한 결과 집에서 출산하는 것이 분별력 있고 신중한 선택이라고 결정했기 때문이다.

(당신과 아이에게 위험하고) 오히려 극단적인 것은 병원에서 당신을 기다리는 수많은 산부인과의 시술과 병원 신생아실에 잠복해 있는, 태어난 직후의 아기에게 해가 될 위협이다. 대부분의 병원에서 사용하는 의료 기술과 약물, 마취, 수술, 그리고 여타 산부인과의 돌과 화살은 엄마와 아기를 불필요한 위험에 노출한다. 이런 처치들에는 당신과 아기에게 심각하고, 어쩌면 생명까지도 위협하는 손상을 입힐 수도 있는 무서운 위험이 따른다.

출산은 자연스러운 과정이 되어야 한다

내가 어렸을 무렵 옛날 가족 주치의는 아기를 낳는 과정에서 도움이 필요할 때, 필요한 정도까지만 '보조했다'. 가족 주치의에게 출산은 복잡하지 않은 자연적인 과정이었고, 무언가가 지독하게 잘못되는 극히 드문 경우가 일어나지 않는 한 그 과정에 끼어들지 않았다. 출산이 늦어진다고 해서 골프 약속 시간에 늦지 않기 위해 피토신Pitocin*을 주사한다거나 하는 일은 없었다. 그는 자연에 기회를 주어서 파크 데이비스Parke-Davis 제약 회사**가 아닌, 아기가 나오겠다고 마음을 먹을 때까지 몇 시간이고 기꺼이 진통을 겪는 산모 곁에 앉아서 기다렸다.

이런 모습이 우리가 오늘날 종종 부딪히는 몇몇 비합리적인 산부인과적 행위와 얼마나 큰 대조를 이루는가! 현대 산부인과 의사들은 대부분 '보조하지' 않는다. 그들은 지속적으로 자연스러운 신체적인 과정에 개입해서 출산이 마치 질병이라도 되는 듯 치료해야 한다고 주장한다. 정상적인 신체 기능에 대한 이런 의학적 간섭이 아이가 삶을 살아가는 동안 내내 육체적·지적으로 부작용을 유발하는 사례의 발생 비율을 알면 놀랄 것이다. 심

---

*　분만 유도제로 쓰이는 합성 옥시토신
**　피토신을 생산하는 제약 회사

지어는 이런 개입 때문에 아기가 미처 시작할 기회를 얻기도 전에 생을 마감하는 일이 때때로 생기기도 한다.

병원에서 아기를 낳으면 줄줄이 늘어선 산부인과적인 위험에 노출될 수밖에 없다. 그 위험이 얼마나 광범위한지 여기서 하나하나 자세히 설명하기란 불가능하다. 내 전작인 《여자들이 의사에게 속고 있다》에 자세한 내용이 기록되어 있으므로 산모가 산부인과에서 처하게 되는 위험에 대해 좀 더 알고 싶거든 그 책을 참고하기 바란다. 그 뒤를 잇는 이 장에서 논의하고자 하는 이야기는 산부인과의 처치가 당신의 아기에게 미칠 영향, 그리고 병원과 의사가 태어난 아기에게 실시하는 일상적인 절차가 미치는 부차적인 영향이다.

산부인과 의사들은 자기들의 비도덕적인 둥지를 지키려고 이 세상에서 아기를 낳기에 유일하게 안전한 장소는 병원이라고 주장한다. 때에 따라서는 엄마들이 산파를 고용해서 집에서 아기를 낳는 것을 막기 위해 법정에까지 가기도 한다. 그들의 주장이 옳다는 과학적·통계적 증거는 어디에도 없다. 사실, 유효한 증거들은 그들이 틀렸다는 사실을 뒷받침하고 있다. 반면 의원병*이 아이에게 끼치는 해악에 대한 소견과 간단한 논리를 결합하면, '세상에서 아기를 낳기에 가장 안전한 장소는 집'이라는 치우치

---

* 의사의 잘못으로 생기는 병

지 않은 판단을 증명하기에 충분하다.

  이유는 자명하다. 아기를 집에서 낳는 것이 병원에 가는 것보다 덜 위험하다. 집에서 아기를 낳을 때 입회하는 산파나 의사는 병원에서 사용하는 매우 위험한 기술들 가운데 상당수를 사용할 수 없기 때문이다. 덕분에 불필요하고 위험한 처치가 개입할 기회가 줄어들어서 자연이 의도한 그대로 당신이 아기를 낳을 수 있도록 보장해 주는 것이나 다름없다. 당신의 침대에서 안전하게 아기를 낳는다면 초음파 진단, 내부 태아 검사 장치, 진정제와 진통제 또는 마취제의 과다한 사용, 피토신으로 유도하는 분만 같은 조치나 제왕절개 수술로 출산을 끝내고 싶은 유혹도 거의 피할 수 있다!

  병원에서 진료하는 산부인과 의사들은 합병증이 일어날 경우 필요한 병원 설비를 사용할 수 없다는 이유로 집에서 아이를 낳는 것이 무모하다고 비난한다. 병원에서만 진료할 수 있는 그런 의사들이 직접 가정 출산이 가능한 산모를 판단하고, 혹시 일어날지도 모르는 응급 상황에 대처해야 하는 경우라면 나도 그 비난에 동의한다. 그들은 가정 출산이 가능한 산모를 선정하고 다른 산모들에게서 생길 수 있는 문제를 예측할 기술과 경험이 없다. 그들은 또한 **자기들이 초래하지 않은** 우발적인 문제를, 병원에서만 사용할 수 있는 기술과 도움 없이는 다룰 능력이 없어 쩔쩔맬 것이다.

가정 출산 의사와 산파 들은 집에서도 안전하게 출산할 수 있는 산모를 식별하는 훈련이 되어 있어서, 가정 출산에 적합하지 않은 산모는 받지 않는다. 그들은 또한 병원의 환경에서 일어나는 개입을 배제하고도 문제를 예측할 수 있다. 이런 문제들이 일어나는 경우는 아주 드물고, 가정 출산을 하는 의사는 실제로 일어나는 상황에 어떻게 대처해야 하는지 알고 있다.

병원에서 출산하는 아기는 어떤 상해를 입는가

기형, 뇌 손상, 또는 지적 장애인 아이의 출산을 유발할 수 있는 의사의 여러 행위 가운데 당신이 경각심을 가져야 할 다섯 가지 단계가 있다. 맨 처음 단계는 임신하기 이전 시기다. 둘째는 임신 9개월 동안이고, 셋째는 진통이 시작되었을 때, 그리고 넷째 단계는 아기의 분만 과정이다. 마지막으로 주의해야 하는 단계는 아기가 병원에서 신생아를 위한 보살핌을 받는 동안이다. 그 다섯 단계에 수반되는 위험을 하나씩 검토해 보기로 하자.

임신 이전 단계

아기를 가져야겠다는 생각을 머릿속에 떠올리기 오래전부터 이미 의사의 행동은 당신 아이의 건강에 영향을 줄 수 있다. 당신이 이 책을 읽고 있다는 사실은 어떤 조치를 취하기엔 이미 늦었다는 것을 뜻한다. 그렇지만 다음 아이를 보호할 수 있도록 예방 조치를 취하기엔 늦지 않았다.

엑스레이에 과다하게 노출된 임산부의 태아에게는 기형과 지적 장애가 생길 수 있다. 이런 방사능의 영향은 남자와 여자와 그들이 낳을 아이 모두의 건강에 위협적이다.

여성 중에서 과다한 방사선 노출로 인한 결과가 보고되는 것은 보통 늦은 나이에 처음으로 아기를 낳는 경우다. 그것은 엑스레이의 영향이 축적되기 때문이다. 따라서 아기를 낳는 연령이 높으면 높을수록 방사능이 축적되어 태아에게 손상을 입힐 가능성은 더욱 커진다. 그 때문에 아이에게 지적 장애의 일종인 다운증후군이 생길 위험성이 높아진다. 이런 형태의 엑스레이로 인한 손상은 어머니에게만 한정되는 것이 아니다. 아버지의 경우도 엑스레이 노출이 정자에 손상을 입히면 후손들에게 태아의 기형과 지적 장애가 나타날 수 있다.

태아 발달에 미치는 이런 잠재적인 영향은 당신과 아이들이 아주 어렸을 때부터 엑스레이에 노출되는 것을 가능한 한 피해야 할 수많은 이유 가운데 하나다. 의사들과 치과 의사들은 엑스레이 진단의 위험을 경시해서 별것 아니라고 여긴다. 또한 치과 의사는 치과에서 사용하는 엑스레이는 조사량이 아주 적기 때문에 해가 되지 않는다고 주장할 것이다. 이런 확언에 오도되지 말라. 한 번 엑스레이에 노출되는 동안 조사량이 얼마나 적든, 일단 여태까지 축적된 양이 당신 자신이나 아기에게 영향을 미칠 정도가 되면 아무런 차이도 없다.

나는 환자들에게 생명이 위험할 수 있는 질병의 진단에 필수적인 경우가 아니라면 모든 엑스레이를 찍지 말라고 충고한다. 당신의 아이가 꼭 엑스레이를 찍어야만 하는 상황이라면 주저하지 말고 의사에게 당신이 걱정하고 있다는 것을 알려야 한다. 그렇게 하는 것이 불편하더라도 해야 한다. 의사의 기분보다는 아이의 건강이 훨씬 더 중요하다. 엑스레이 검사는 조사량을 가능한 한 최소로 하도록 주장하라. 병원의 엑스레이 기사가 그 분야에서 훈련을 받은 사람인지, 설비는 최근에 검사를 받아 필요한 양 이상의 방사능을 전달할 가능성은 없는지 의사에게 묻도록 하라. 엑스레이 기사가 당신 아이의 생식 기관이 있는 곳에 적합한 차폐물을 덮는지 지켜보도록 하라.

엑스레이 기계가 치명적인 것이라는 점을 잊어서는 안 된다. 수많은 연구 결과에서 드러났듯이 미국에서 사용되는 엑스레이 설비 가운데 결함이 있는 기계의 숫자와 기계를 적합하게 가동하는 방법을 모르는 훈련을 받지 않은 의료 인력이 기계를 운용하는 비율은 충격적일 정도다. 더욱 나쁜 것은 대부분 애초부터 엑스레이가 꼭 필요하지 않다는 사실이다.

경구 피임약으로 가족계획을 했던 시기에서 너무 가깝게 임신하면 다른 커다란 위험에 직면하게 된다. 이 역시 아이의 기형이나 뇌 손상을 유발할 수 있다. 경구 피임약을 복용했던 여성들은 반드시 몇 달 정도가 흐르기를 기다렸다가 아기를 가져야 한다.

임신 기간 동안 주의해야 할 사항

생후 며칠, 몇 주 동안 가장 위험한 아기는 모든 기관이 완전하게 발달하기도 전에 너무 일찍 태어난 아기와 출산 시의 체중이 비정상적으로 적어서 신체적인 힘이 부족한 아기다. 임신하는 순간부터 아기를 낳는 날까지 적절하고 영양이 충분한 음식을 섭취하는 것이야말로 아기의 정상적인 발달이 확실해지도록 돕는 일이다.

내가 젊었을 때 의사들은 엄마들에게 '2인분'을 먹어야 한다는 것을 상기시켜서 영양을 충분히 섭취하도록 장려하곤 했다. 그런데 오늘날의 산부인과 의사들은 임신부가 체중을 제한해야 한다는 주장에 빠져 있는 듯하다. 많은 산부인과 의사들이 최대 체중 증가 폭을 5~7.5킬로그램 정도로 제한했던 것이 불과 얼마 전이었다. 최근에는 의사들이 임신부의 식욕을 통제하려 하는 고삐가 조금 느슨해지긴 했지만, 그래도 의사 대부분은 여전히 임신 기간 동안 10~12.5킬로그램 이상 늘지 않도록 제한하려 한다. 좀 낫긴 하다. 그래도 그런 제한은 여전히 이치에 닿지 않는다. 모체의 식사량과 열량 제한은 아기의 출산 체중을 낮추고, 아기의 발달이나 심지어는 생존에도 위협적이다.

의사들이 체중이 너무 늘지 않도록 제한하는 건 임부에게 매우 현실적인 위험이다. 연방 기관에서는 1975년 미국에서 임신한 여성 3명 중에서 1명이 영양실조를 겪었다고 보고했다. 즉 한 해 1백만 명 이상이 그런 일을 겪었다는 말이다. 분명히 그들 가운데 어떤 여성들은 적절한 음식을 구입할 돈이 없어서 그랬을 수도 있고, 또 어떤 여성들은 그들만의 미용적인 이유에서 그랬을 수도 있다. 그러나 압도적으로 대다수는 산부인과 의사가 먹지 못하도록 했기 때문에 영양실조를 겪었다. 의사가 당신에게도 이런 일을 겪게 만들도록 내버려두지 말라. 엄마가 영양 부족이면 아기도 영양 부족이 되는 것은 필연적인 일이다.

당신이 임신 기간 동안 가장 신경써야 할 점은 체중이 얼마나 늘어나는지가 아니라, 얼마나 적절하게 잘 먹고 있는지다. 의사가 체중이 7.5~10킬로그램 이상 늘면 안 된다고 말할 때는 아마도 분만을 수월해지려면 체중 제한이 중요하다는 이유를 댈 것이다. 의사는 또한 체중을 제한해야 임신에 따르는 합병증 가운데 가장 위험하고 때로는 치명적일 수 있는 임신 중독증 toxemia* 이 생길 위험이 낮아진다고 말할 것이다.

---

*   임신 중에 형성된 독소가 체내에 잔류해서 일어나는 중독 증세

의사의 그런 설명은 체중을 조절해야 할 이유로서 설득력 있게 들린다. 당신은 물론 의사의 충고를 유념할 만큼 현명할 것이다. 단지 그것이 사실이기만 하다면 말이다. 이번에는 따를 필요가 없다. 분만의 용이성과 임신 중독증의 위험이라는 측면에서 볼 때 유효한 모든 증거가 진실은 그 반대라는 사실을 뒷받침한다.

영양이 부족하면 당신의 자궁은 제대로 기능할 수 없을지도 모른다. 그러면 진통이 길어지거나 심지어는 멈춰버린다. 식이요법을 제한한 당신의 의사는 이제 제왕절개 수술을 할 이유까지 만들어냈으니, 쌀을 익혀서 자기가 먹을 밥으로 만든 셈이다. 그는 운수대통해서 노다지를 캤다. 그러나 당신과 아이에게는 위험한 상황이다.

임신 중독증도 마찬가지다. 반세기 간 축적된 증거를 보면 임신 중독증을 유발하는 것은 과잉 체중이 아니라 모체의 적절치 못한 영양 섭취다. 당신의 식단에 필요한 영양 요소가 부족한 탓에 간의 기능이 나빠져서 몸의 반응이 임신 중독증과 관련된 증상을 만들어내는 것이다.

많은 여성이 의사가 부과한 체중 제한을 지키는 것을 힘들어하고, 임신 기간의 마지막 2달 동안에는 최대치 이상으로 체중이 늘어난다. 의사의 지시를 엄격하게 따르면 거의 굶주리는 수준의 식단으로 영위해야 한다. 그러나 이 기간이야말로 음식 섭취를 제한하기에는 최악의 시기다. 이 시기는 아기의 체중이 가장 많이 늘어나야 하므로 아기에게 영양이 가장 많이 필요한 때다. 또한 이 시기는 아기의 두뇌 발달에 중요한 때다. 의사가 독단적으로 부과한 체중 제한을 지키려고 굶는다면 당신은 자신의 생명뿐만 아니라 아기의 생명과 건강을 위험에 처하게 만들면서 아기마저도 굶기고 있는 것이다.

예비 엄마들에게 해주고 싶은 충고는 이렇다. 산부인과 의사들이 뭐라고 하건 간에 음식 섭취, 그리고 체중의 증가 속도와 증가량에 관해서는 상식을 발휘했으면 한다. 의사가 말하는 것보다 체중이 많이 늘었다고 해서 잠 못 이룰 필요는 없다. 저체중으로 태어난 아기가 첫 1개월 동안 사망하는 비율이 정상 체중으로 태어난 아이들의 30배에 달한다는 사실을 기억하면 기분이 나아질 것이다. 완전하게 발달하는 데 필요한 영양을 제대로 공급받지 못했기 때문에 저체중으로 태어난 아기들의 절반가량에서는 어느 정도 지적 장애가 발견되고, 간질이나 뇌성 마비, 그리고 학습과 행동 문제가 나타나는 빈도는 정상 체중으로 태어난 아이들의 3배나 된다. 그만하면 균형이 잘 잡히고 영양이 충분한 음식을 섭취해서 당신 자신과 아기를 굶주리게 하지 말아야 할 이유가, 그리고 체중이 15킬로그램 넘게 불었다고 해서 시끄럽게 구는 의사에게 시시한 소리 집어치우고 꺼지라고 말해줄 충분한 이유가 되지 않겠는가?

당신의 손과 발이 붓기 시작할 때 이뇨제를 쓰려는 의사에 대해서도 똑같이 확고한 태도를 보이라. 대부분의 임신한 여성들에게는 임신 기간에는 언제가 되었든 수분이 체내에 남아 있는 현상으로 부종이 나타난다. 이것은 대부분 항상 정상적인 상태고 매우 유익하기도 하다. 왜냐하면 축적된 수분은 당신과 아기가 필요로 하는 혈액량의 증가를 지탱하는 데 필수적이기 때문이다.

많은 의사가 이런 상태를 임신 중독증의 징후로 파악해서 축적된 체액을 없애버리기 위해 이뇨제를 처방한다. 대부분 그것은 당신과 아기에게 필요한 체액을 빼앗는 것일 뿐이기에 틀린 조치다. 그로 인한 결과는 재앙이다. 부종이 없는 엄마에게서 태어난 아기의 사망률은 충분한 액체를 축적했던 엄마에게서 태어난 아기보다 약 50퍼센트가량 높다. 또한 이뇨제는 당신의 혈압을 낮춰서 저혈량성 쇼크hypovolemic shock에 빠뜨릴 수 있기 때문에 이런 약물을 복용하는 것은 당신 자신을 위험한 상태에 방치하는 처사다.

당신의 주치의는 가차 없다고 할 수 있을 만한 태도로 임신 기간에 담배나 술, 그리고 여타 기분을 바꾸는 약물을 사용하면 위험하다고 경고할 것이다. 의사들은 반드시 이런 충고를 해야 하고, 당신은 이 사실을 꼭 유념해야 한다. 이런 물질들은 아무리 절제해서 사용하더라도 태어나지 않은 아기에게 부정적인 영향을 줄 수 있다는 강력한 증거가 있기 때문이다. 똑같은 이유로 의사는 당신에게 임신 기간 중에는 아스피린이나 감기약, 또는 그와 유사한 처방전이 필요하지 않은 약들도 복용해서는 안 된다는 사실을 경고해 주어야 한다.

유감스러운 사실이지만, 의사는 아마도 그가 사용하는 치료법 중에서 일부는 더욱 커다란 위험을 초래할 수도 있다는 사실에 대해서는 말해주지 않을 것이다. 처방 약이나 임신 기간에 찍는 엑스레이, 초음파, 그리고 태아의 기형을 알아내기 위해서 사용되는 양수 검사 등도 태아에게 상해를 입힐 수 있다. 여기서는 그런 위험을 더 이상 깊이 다루지 않겠다. 그러나 당신은 분명히 알고 있어야 한다. 임신 기간 중에 의료 처치로 인해 맞부닥뜨릴 수 있는 위험에 관해서는 내 전작인 《여자들이 의사에게 어떻게 속고 있나》를 포함해서 많은 책이 출판되어 있다.

진통과 분만을 겪는 동안 일어나는 개입

이 장을 시작하면서 나는 병원에 발을 들여놓는 순간부터 산재한 의료 처치를 받게 될 높은 가능성을 피해서 아이를 집에서 낳기를 고려해 보라고 주장했다. 자연스러운 것이 되어야 할 출산 과정에 개입하는 모든 형태의 산부인과적인 개입은 뇌 손상이나 지적 장애를 유발할 가능성을 수반한다. 그런 개입 조치, 그리고 그 조치로 인한 결과가 지니는 위험은 당신이 집에서 아기를 낳을 경우 현저하게 줄어든다.

몇 년 전 위스콘신대학 유아 발달 센터의 루이스 E. 멜Lewis E. Mehl 박사는 출산 2천 건을 연구했는데, 그 가운데 반 정도는 집에서 출산한 경우였다. 가정 출산과 병원 출산은 놀라운 차이를 보였다.

- 병원에서 태어난 아이 중에서 30명이 출생 시 상처를 입었지만, 집에서 태어난 아이 중에는 그런 경우가 하나도 없었다.
- 병원에서 태어난 아이 중에서 52명이 인공 호흡을 받아야 했던 데 반해, 집에서 태어난 아이 중에서는 14명이 인공 호흡을 해야 했다.
- 병원에서 태어난 아이 중에서 6명이 신경계 손상을 입었지만, 집에서 태어난 아이 중에서는 단 한 명뿐이었다.

전형적인 병원 분만의 출산 과정에서 산부인과적인 개입이 일어나는 정도는 온몸을 오싹하게 만든다. 어떤 조치들은 적절하게 시행한다면 도움이 된다는 것도 분명히 사실이다. 그 조치로 인한 위험보다 얻을 수 있는 이득이 더 큰 상황에서는 말이다. 산모에 대한 위협은 미국 의학계에 만연한 '할 수 있는 것이라면 뭐든지 한다' 증후군에서 나온다. 중대한 상황만을 다루기 위해서 개발된 조치가 병원 문을 들어서는 모든 환자에게 일상적으로 사용된다.

대부분의 병원에서 시행되는, 전형적인 병원 분만의 특징은 별 필요도 없는 개입이 끊임없이 일어난다는 것이다. 전작에서 이미 다루었기 때문에 이 책에서는 깊이 들어가진 않겠지만 약간의 예를 들어보면 내부 또는 외부 태아 검사 장치, 정맥 내 영양 주입, 진통제와 마취제, 피토신 유도 분만, 회음부 절개술, 그리고 제왕절개 수술 등이 있다.

나는 이번 기회를 빌려 진단 초음파를 사용한 태아 검사의 위험성에 대한 최근 정보를 당신과 나누고자 한다. 이 사실은 일반 독자들에게 널리 퍼져 있지도 않고, 그렇다고 당신의 의사가 알려줄 것 같지도 않기 때문이다. 태아 검사나 다른 어떤 진단 목적을 위한 초음파의 사용은 그것을 사용하는 사람들이 답할 수 없는 불안한 문제를 불러일으킨다. 이것은 현대의 산부인과학이 '환자의 건강과 생명을 첫째로 생각하라'는 히포크라테스 선서로 내려오는 절대적인 의료 윤리를 위반하는 또 다른 방법이다.

외부 태아 검사 장치는 산모의 복부 둘레에 매는 두 개의 밴드로 구성되어 장치에서 발견한 결과를 테이프에 기록하는 검사 유닛에 연결된다. 밴드 한 개는 압력에 반응해 수축이 일어나는 강도와 빈도를 측정한다. 다른 밴드는 태아의 상태를 알아내기 위해 초음파를 사용한다. 대부분의 병원에서 의사들은 태아 검사 장치를 일상적으로 사용한다. 사례 7만 건을 분석한 한 연구 결과에서 태아 검사 장치를 사용한 산모와 사용하지 않은 산모의 출산 결과에 아무런 차이가 없었고, 검사 장치를 사용한 산모들을 관찰한 결과 유아 사망률이 증가했다는 다른 연구 결과가 있음에도 불구하고 말이다. 즉 태아 검사 장치를 사용했을 때 최선은 아무런 득이 되지 않는다는 것이고, 최악의 상황에는 해마저 될 수 있다는 말이다.

이 글을 쓰고 있는 시점에서는 초음파와 태아 손상 사이에 직접적인 관계가 있다는 증거는 없다. 그렇지만 태아에게 손상을 입히지 않는다는 명백한 증거도 없다. '이온화'라는 과정을 거치면서 전하를 어느 정도 나눠주는 엑스레이와는 다르게 초음파는 전리되지 않는다. 초음파를 지지하는 사람들은 이것을 초음파가 위험하지 않다는 증거로 파악하지만, 이런 주장이 타당하다는 근거는 없다. 요약하자면 이렇다. 나는 초음파가 당신의 아기에게 해가 된다는 것을 결정적으로 증명할 수 없지만 초음파를 사용하는 의사들 역시 그것이 해가 되지 않는다는 것을 증명하지 못한다.

옥스퍼드 소아암 연구를 이끄는 영국의 전염병학자인 앨리스 스튜어트Alice Stewart는 1983년 중반에 자궁 안에서 초음파에 노출된 적이 있는 아이들이 그렇지 않은 아이들보다 백혈병과 다른 암에 더 많이 걸린다는 '매우 의심이 가는 단서'에 대해 언급한 적이 있다. 초음파의 유해성에 대한 광범위한 연구와 사용 제한을 촉구하는 세계보건기구의 보고서는 그 장단점에 관해 이렇게 말했다(강조된 부분은 내가 바꾼 것이다).

〔초음파에 관한〕 연구의 종점을 선택하는 것은 인간을 대상으로 할 때 특히 어렵다. **암이 생기는 사례 같은 경우 어쩌면 잠복기는 20년 정도까지도 길어질 수 있고 그 영향이 다음 세대에 가서야 드러날지도 모른다……**. 인간의 태아가 다른 형태의 방사능에도 민감하다는 사실을 고려하면 초음파에도 민감할 수 있다는 상당한 우려가 든다……. 동물 연구 결과는 인간에 관한 연구에서도 신경 계통〔지각, 인식, 발달〕과 면역 계통, 그리고 혈액 계통에서 문제가 생길 가능성을 시사한다. 실험실 동물이 기관이 형성되는 시기에 초음파에 노출되면 선천적인 기형이 생길 수 있다는 증거가 있다. 전반적으로 동물 연구에 관한 이런 종지부는 **인간에게서는 연구되지 않은 것이고 가능한 어떤 곳에서든 인간에 대한 연구가 뒤따라야 한다…….**

임신의 결과라는 측면에서 초음파 태아 검사 장치가 산모나 아기에게 도움이 되는지 현재로서는 확실치 않다. 무엇보다도 먼저 철저한 연구가 실시되어야 한다. **태아 검사 장치를 사용할 만한 일반적으로 인정되는 이득이 없다면, 비용을 가중하고 위험을 초래할 수 있는 초음파에 환자를 노출할 근거는 없다.**

백혈병과 면역 반응의 억제, 그리고 태아의 선천적 기형과 다른 있음직한 초음파의 영향에 대해 걱정하게 되었는데도 불구하고 당신의 주치의가 초음파를 주장한다면 어떻게 대처하면 좋을까? 나는 당신을 납득시킬 만한 과학적인 증거, 즉 초음파 검사가 꼭 필요하고 당신과 아기에게 유익하며 지금 당장이나 앞으로 20년 후에도 당신과 아기에게 해가 되지 않는다는 증거를 제시할 수 있으면 초음파 검사를 받겠다고 하라고 권하고 싶다.

의사가 당신 자신과 태어나지 않은 아기의 안녕에 대한 확신을 얻고 싶은 당신의 욕구에 반대할 수는 없을 것이다. 의사는 또한 그런 증거를 줄 수가 없다. 왜냐하면 그런 증거는 존재하지 않기 때문이다. 아마도 당신의 주장이 의사를 그가 애초에 해야 했을 일로 돌려놓을 수 있을 것이다. 초음파는 잊어버리고 대신에 청진기를 이용해서 진료하는 일이 바로 그것이다!

이미 건강하고 정상적인 아기를 낳았다면 이런 태아기의 위험에 대해서는 신경을 쓸 필요가 없다. 한 명을 더 낳을 계획이 아니라면 말이다. 그렇지만 당신이 현재 아기가 태어나기를 기다리고 있다면 당신 앞에 놓인, 있을 수 있는 위험을 세심하게 공부하도록 강력하게 권한다. 내가 가정 출산을 그렇게 마음에 들어 하는 것은 그런 위험 때문이다. 그래서 나는 내 두 딸이 모두 집에서 출산을 하기로 했을 때 무척이나 기뻤다. 귀엽고 건강한 내 손자들은 이제 2살과 3살, 그리고 5살이 되었다. 그리고 두 딸이 모두 지금 아기가 태어나기를 기다리고 있다. 당연한 말이지만, 그 아기들도 집에서 태어날 것이다.

가정 출산을 고려할 준비가 되어 있지 않다면, 그리고 병원에서 아기를 낳기로 결심했다면, 경계해야 한다. 이 책이나 다른 책에서 읽은 내용을 잘 활용하라. 그러면 내가 이야기했던 당신과 아기에게 닥칠지도 모르는 위험 대부분을 피할 수 있을 것이다.

병원 신생아실에 잠복한 위험

경쟁적인 압력 덕분에 일부 병원은 개선이 되었다고 하지만, 어쩌면 당신의 아기를 태어나자마자 휙 낚아채어 신생아실로 데려갈 수도 있을 것이다. 아기는 (대부분의 주에서는 법으로 정해져 있는) 여러 가지 조치를 당한 다음 적어도 4시간 정도는 크게 울어대면서 거기 누워 있어야 한다. 그런 다음에야 4시간에 1번씩만 엄마는 아기에게 젖을 먹이거나 젖병을 물려줄 수 있다.

산부인과 의사는 한순간도 낭비하지 않고 새로 태어난 아기를 즉시 미국 의료계를 지배하고 있는 화학 약품에 접하게 한다. 의사는 질산은 몇 방울을 아기의 눈에 떨어뜨린다. 이 처치는 모든 엄마들이 임질gonorrhea*에 감염되어 있는지 의심을 해봐야 한다는 말도 안 되는 터무니없는 가정에 입각한 것이다. 엄마가 임질에 걸려 있으면 출산 중에 아기에게도 감염이 될 수 있기 때문이다. 실제로 모든 주에서 이런 조치가 법으로 정해지게 만든 것은 의사들이다.

---

*   임균에 감염되어 걸리는 성병

의사들은 무조건적으로 아기의 눈에 질산은을 떨어뜨리는 대신 산모에게 임질 검사를 하면 되지 않겠느냐는 주장에 대해 임질 검사는 100퍼센트 정확하지 않다며 일축해 버린다. 그런 변명은 정말이지 말도 안 된다. 왜냐하면 질산은도 100퍼센트 효과가 나타나는 것이 아니기 때문이다. 둘 중 어떤 것이 더 효과적인지에 대한 논쟁은 비현실적인 이야기일 뿐이다. 둘 중 어떤 이유로든 아기가 임질성 안염에 걸렸을 때는 항생제를 사용하면 치료할 수 있고, 그렇게 하고 있기 때문이다.

항생제가 일반화되기 이전에는 질산은을 사용하는 행위에도 의미가 있었다고 하겠다. 그렇지만 질산은의 사용이 필요치 않은 오늘날까지도 지속되고 있기 때문에 당신의 아기가 치러야 할 대가는 사소한 것이 아니다. 질산은 처치를 받은 아기들 가운데 30~50퍼센트는 그 약물 때문에 화학적 결막염에 걸린다. 아기의 눈에 진한 고름이 가득 차서 생애의 첫 주 정도 기간에는 아무것도 볼 수가 없다. 이렇게 일시적으로나마 눈이 보이지 않는 현상이 아기에게 장기적으로 어떤 심리적인 영향을 미칠지는 아무도 모르는 일이다. 이 치료는 또한 아기의 누관을 막아버릴 수 있는데, 이런 무분별한 처치로 생긴 손상을 바로잡으려면 어려운 수술이 필요하다. 마지막으로 한마디 덧붙이면 나를 포함해서 일부 의사는 미국에서 근시와 난시의 발생 비율이 높은 이유가 부식제인 이 약물을 아기의 예민하고 부드러운 각막에 떨어뜨리는 것과 관련이 있을지 모른다고 믿는다.

일부 주에서는 이제 의사들이 질산은을 항생제로 대체할 수 있다. 그러나 임질을 예방하기 위해서 항생제를 예방적 처치로 사용하는 것이 효과가 있다는 증거는 아무 데도 없다. 물론 질산은에 의한 즉각적인 폐해는 막을 수 있겠지만 이 또한 소아과 의사가 자주 반복할 항생제의 무차별적인 사용에 관한 최초의 사례가 될 뿐이다. 항생제를 무차별적으로 사용하면 아이가 더 자란 후에 문제가 생길 수 있다.

많은 병원에서 항생제를 무차별적으로 사용하는 두 번째 사례는 첫 번째에 바로 뒤이어 일어난다. 병원 신생아실에서 아기를 위협하는 교차 감염을 막고자 하는 의도로 많은 의사가 이제 페니실린을 관례적으로 주사하고 있다. 모든 항생제의 사용은 이후 항원의 침입에 민감해지게 만들 가능성을 높이기 때문에 질병을 치료하는 데 항생제의 사용이 필수적이고 적절할 때가 아니라면 피해야 한다. 또한 일부 아이들은 모든 종류의 항생제에 대해 알레르기성 쇼크 반응을 보일 위험도 있다.

아기는 신생아실에 도착하는 즉시 목욕하게 되는데, 이때 간호사가 헥사클로로펜 비누를 사용할 가능성이 높다.* 헥사클로로펜이 피부로 흡수되면 어떤 아이들에게는 신경계의 손상을 입

---

* 현재는 위험성이 높아 대부분의 병원에서 사용을 지양한다. (편집자 주)

할 수 있다는 사실은 오래전부터 알려져 왔다. 그러나 병원에서는 아기에게 위험을 초래할 수 있음에도 불구하고 신생아실에 만연한 병균으로 인한 박테리아 감염의 부담을 피하기 위해 헥사클로로펜 비누를 계속해서 사용하고 있다.

이런 행위가 어이없고 무모하기까지 한 이유는 헥사클로로펜 비누와 살균제가 평범한 수도꼭지에서 나오는 물로 목욕시키는 것보다 나을 것이 없기 때문이다. 150명의 신생아를 대상으로 주의 깊게 시행한 연구 조사에서는 4종류의 소독제로 각기 아이 25명을 목욕시켰고, 50명은 보통 물로 목욕을 시켜보았다. 목욕 직후와 3일째, 5일째 되는 날에 각 집단에서 박테리아 샘플을 채취했더니 모든 종류의 목욕 효과가 동등하다는 결과가 나왔다.

보통 물로도 똑같이 감염 위험을 낮추는 효과를 얻을 수 있는데도 꼭 병원에서 당신의 아기를 위험한 화학 약품에 접하게 할 것인가?

당신의 어린 아기가 맞닥뜨려야 하는, 의사들이 애용하는 또 다른 시술은 페닐케톤뇨증phenylketonuria, PKU 검사다. 대부분의 주에서 법적으로 강제되는 이 검사는 아기에게 희귀한 형태의 지적 장애가 있는지 알아보기 위한 것이다. 페닐케톤뇨증을 결정하는 것은 효소 결핍인데, 발생 빈도는 10만 명당 1명 이하다.

페닐케톤뇨증 혈액 검사 자체는 위험한 것이 아니다. 검사를 위한 바늘의 삽입이 모든 신생아실에 우글우글한 박테리아의 침투 통로를 연다는 사실만 제외한다면 말이다. 문제가 되는 것은 테스트 결과다. 이 테스트의 결과는 부정확하고 양성으로 오진되는 경우가 많기로 악명이 높다. 아기가 페닐케톤뇨증이라는 진단을 받고 나면 역겨운 맛의 단백질 대용식으로 구성된 제한 식이 요법을 실시해야 한다. 비만을 유발하는 경향이 있는, 지독하게 단조로운 식단이다. 이런 식이 요법을 지속해야 하는 기간에 대해서는 의사마다 의견이 다르다. 3년이면 된다는 의사부터 평생 유지해야 한다고 주장하는 의사들도 있다. 페닐케톤뇨증을 진단하는 의사 대부분은 모유 수유를 허용하지 않을 것이다.

내가 생각하기에는 틀렸을 수도 있는 검사를 바탕으로 아이들에게 비위에 안 맞는 특수 식이 요법을 강요하는 것은 우스꽝스러운 일이다. 일단 이 질병 자체가 극히 희귀한 데다가, 처방한 식단도 심각한 문제를 불러올 수 있기 때문이다. 7년 전에 미국, 오스트레일리아, 영국, 독일의 치료 센터에서는 페닐케톤뇨증에 걸린 일부 어린이가 "장애를 조기에 진단해서 즉시 식이 요법 치료를 행했음에도 불구하고" 진행성 신경 악화를 보였다고 밝혔다. 전형적인 형태와는 다르다고 "페닐케톤뇨증의 변종"으로 분류된 이 아이들은 모두 사망했다.

당신의 가족 내에 페닐케톤뇨증에 걸렸던 사람이 있는 경우가 아니라면 나는 이 검사를 받지 말고 아기를 모유로 기르라고 충고하고 싶다. 혹시 이 병에 걸렸더라도 나는 모유 수유가 최상의 치료라고 생각한다. 검사를 꼭 받아야 한다면, 그리고 결과가 양성으로 나왔다면, 처음 결과가 정확한지 확인할 수 있도록 몇 주 후에 다시 검사를 하자고 주장하라. 그래도 결과가 양성으로 나왔다면 의사가 아기의 페닐케톤뇨증을 전형적인 것으로 진단했는지, 아니면 변종으로 진단했는지 확실히 하라. 그리고 아기가 받아야 할 식이 요법이 그 유형에 적합한지 확인해야 한다. 마지막으로 식이 요법과 모유 수유를 병행하겠다고 주장하라. 모유 수유야말로 아기에게 최상의 전체적인 건강 보호 장치다.

두 번째 검사 결과가 부정적이라면 몇 년이고 혹시 첫 번째 검사 결과가 옳았을까 봐 전전긍긍할 필요가 없다. 모든 형태의 무차별적인 집단검사는 불운한 결과를 낳는데, 그 중 하나가 잘못된 양성 결과가 나왔을 때 부모가 몇 년이고 겪어야 하는 정신적인 상처다. 몇 년이 흐른 후 나에게 이렇게 묻는 엄마들이 많았다.

"그것(말이 늦는 것, 배변 훈련이 늦는 것 등)이 페닐케톤뇨증 때문인 것은 아닐까요?"

소아과 의사가 부모에게 아이에게서 '약간의 심장 잡음'이 들린다고 말할 때도 똑같은 일이 일어난다. 무시무시한 이야기다. 하지만 다른 증상이 있는 경우가 아니라면 그런 잡음은 질병을 의미하는 것이 아니라 해가 되지 않는 단순한 발견일 뿐이다.

필수 범위가 지역마다 매우 다르긴 하지만 신생아의 집단검사가 필요한 모호한 질병의 목록은 날이 갈수록 길어지고 있다. 이런 법규를 제정하도록 주동하는 자들은 의사들이다. 그리고 내 판단으로는 가장 혜택을 받는 이도 의사들이다. 아주 드물게밖에 나타나지 않는 질병 때문에 모든 아기와 부모를 육체적이고 정서적인 검사의 위험에 노출시키는 것은 정말로 말도 안 되는 짓이다.

또한 신생아실에서 당신의 아기를 기다리고 있는 위험에 추가되는 것이 유아 황달을 치료하기 위해 사용되는 빌리루빈 램프다. 황달은 신생아에게서 흔하게 나타나는 증상이다. 당신의 아기가 심하지 않은 황달 증상을 나타낼 확률은 30~50퍼센트다. 가능성이 얼마나 높아지는가는 대부분 당신이 분만 과정에서 겪는 산부인과 개입의 정도에 달려 있다.

모든 세대의 의사들이 고안해 내는 새로운 개입은 다른 개입으로만 해결될 수 있는 문제를 만들어내는 것 같다. 대부분의 엄마가 병원에서 아기를 낳는 동안 겪는 것들(진통제, 마취제, 분만 유도, 모든 약물)이 아기가 황달에 걸릴 확률을 높인다. 이런 약물이 가지고 있는 부작용 가운데 하나가 그것이다.

많은 의사가 신생아에게 비타민 K를 일상적으로 투여한다. 아기들은 혈액이 얼마나 빨리 응고하는지에 영향을 미치는 이 비타민이 결핍된 채 태어난다고 배우기 때문이다. 그러나 엄마가 심각한 영양 결핍이 아닌 한 그것은 말도 되지 않는 소리다. 하지만 어쨌든 의사들은 그렇게 한다. 신생아에게 비타민 K를 투여하면 황달이 생길 수 있다. 그러면 즉시 소아과 의사들이 개입해서 빌리루빈 램프(광선 요법)로 황달을 치료하려 든다. 이 광선은 또 다른 치료가 필요하고 일생 영향을 미칠 수 있는, 10가지도 넘는 문서로 입증된 위험에 아기를 노출한다.

빌리루빈은 혈류에서 발견되는 담즙 색소인데, 아마도 의사는 이 색소가 혈류에서 중추 신경계로 이동하면 뇌 손상을 일으킬 위험이 있다고 설명할 것이다. 사실 빌리루빈은 적혈구의 일반적인 파괴 패턴이다. 그 파괴 과정이 적혈구를 빌리루빈으로 전환시켜서 아기를 노랗게 보이게 하는 황달에 걸리게 만든다. 이런 상태는 위험한 것이 아니다. 생후 첫날 급속히 증가하거나 매우 높은 드문 경우가 아니라면 말이다. 그런 경우는 주로 RH 항원 반응 때문에 일어나는데, 빌리루빈 광선 치료나 교환 수혈이 필요하다. 수혈은 단순히 아기의 혈액을 빌리루빈에 오염되지 않은 다른 혈액과 교환하는 것이고, 빌리루빈 광선은 빌리루빈의 배설을 촉진한다. 신생아실에서 인공적으로 쬐는 광선이나 햇빛의 자외선에 들어 있는, 스펙트럼의 푸른 쪽에 있는 광선은 빌리루빈을 더욱 빠르게 산화해 간을 통해 배설되게 만든다.

황달이 생후 첫날에 나타난 것이 아니라면 그 치료는 득보다 실이 많다. 빌리루빈은 보통 자연적으로 배설되고, 아이에게 자주 햇볕을 쬐게 하면 그 과정은 더욱 촉진된다. 1~2주 정도 걸리긴 하겠지만 전부 없앨 수 있다.

유아 황달의 경우 대부분은 정상적이고 위험하지 않은 성질을 띔에도 불구하고 의사들은 보통 자연의 햇빛이 치료하게 내버려 두는 대신 빌리루빈 광선으로 치료해야 한다고 주장한다. 이제 아기의 건강을 위협하는 것은 위험하지 않은 상태를 치료하기 위한 광선 요법다. 권위 있는 의학 기관에서는 유아 황달을 치료하는 데 쓰이는 광선 요법이 특히 아주 조그만 아기들의 사망률 증가에 원인을 제공했을 수 있다고 보고했다. 사망 위험률이 높아진 것은 폐에 생긴 문제(신생아 호흡 장애 증후군)와 출혈 때문이다. 또한 광선으로부터 눈을 보호하기 위해 올려놓은 패드로 호흡 문제가 생겨 죽은 아기들의 사례도 여러 차례 보고되었다.

비록 의사는 빌리루빈 광선 치료가 완벽하게 안전하다고 안심시키겠지만 장기적인 영향은 아무도 모른다. 그리고 단기적인 영향은 이미 많이 파악되었다. 자극에 민감해지거나 느려지고, 설사, 락타아제lactase* 결핍, 장염, 탈수, 식욕 부진, 리보플라빈riboflavin** 결핍, 빌리루빈-알부민 관계 교란, 부모에 대한 반응 감소를 동반한 시각 대응 저하, DNA 변형 등이 나타날 수 있다고 보고되었다.

잘못된 제왕절개 수술이나 임신 기간 중의 과도한 체중 조절,

---

*   유당 분해 효소
**   비타민 B2의 별칭, 성장 촉진 인자

또는 다른 어떤 이유에서든 저체중 아기가 태어나면 당신은 신생아 집중 치료실에서 아기가 받아야 하는 치료 때문에 곤란을 겪게 된다. 의사와 병원은 이 시설과 사용되는 기술적인 마법에 특히 자부심을 가지고 있다. 그 시설과 의료 기술이 집중 치료실에 고립된 아기에게 득이 된다는 증거가 아무것도 없는데도 자랑스러워하는 이런 태도에 나는 어리둥절할 뿐이다.

그들은 아기를 부가적인 위험에 노출한다. 저체중 아기가 집중 치료실로 보내지면 아기는 태어난 즉시 엄마에게서 분리되어 온열 장치 위에 놓인다. 여기에도 약간의 위험 요소가 있는데, 그 온열 장치 때문에 화상을 입은 아기가 있기 때문이다. 하지만 가장 우려해야 할 부분은 인큐베이터 안에 들어간 아기에게 산소가 주어질 때다.

의사가 산소의 유입량을 적절하게 조절하지 못하면 미성숙한 아기에게는 소아 실명의 주된 원인인 미숙아 망막병증retrolental fibro-plasia*이 생길 수 있다. 그런 상황을 피하려면 아기 혈액의 산소 농도를 면밀하게 지켜봐야 하는데, 이번에는 피를 뽑는 것 때문에 의원성醫原性 빈혈이라고 알려진 증상이 생길지도 모른다. 하내 개입은 다른 개입을 이끌어낸다. 또한, 아기에게 혈청

---

* 인큐베이터 안의 산소 농도가 너무 높아 나타나는, 아기의 망막 혈관이 붓고, 출혈, 박리 등이 일어나는 증세를 뜻한다.

간염이나 에이즈의 위험이 따라오는 수혈이 필요하게 될 수도 있다.

아기가 집중 치료실에서 산소 처치를 받아야 하는 경우가 생긴다면 의사에게 당신이 이런 위험을 알고 있으며, 매우 걱정하고 있다는 점을 알려야 한다. 그것이 의료진 측의 부주의로 인한 실수를 예방하는 길일 수도 있다.

포경과 기타 수술: 불필요한 조치

사내아기가 태어나면 의사가 포경 수술을 권할 가능성이 높다. 매년 약 150만 건의 포경 수술이 시행된다. 그 숫자는 해마다 미국에서 태어나는 사내아기의 80퍼센트에 해당한다. 종교적인 이유가 아니라면 포경 수술은 쓸모없고, 불필요하고, 심지어 위험할 수 있다.

미국 소아과 학회에서 "신생아의 포경 수술이 필요하다는 절대적인 의학적 징후는 없다"고 권하는데도 의사들은 포경 수술을 할 새로운 구실들을 찾아낸다. 만약 의사가 당신의 아기에게 포경 수술을 권하거든 불쌍한 아기를 고통과 감염이나 출혈 위험, 의학적으로 정당한 사유가 없는 수술로 죽음의 위험에 처하게 만들고 싶은 이유가 무엇인지 물어보도록 하라.

출생 직후에 수술할 가능성은 높지 않다고 하더라도 출생 시에 있을 수 있는 상태로 인한 2가지의 다른 외과적인 위험에 대해서도 주의해야 한다. 그 첫 번째는 복부의 장을 튀어나오게 하는 복부 근육의 사소한 결함인 탯줄 탈장이다. 상당히 흔한 증상이며 아기의 첫돌이 지나기 전에 저절로 낫는 경우가 많다. 그러나 혹시 저절로 낫지 않는다고 하더라도 3~5살이 지나기 전까지는 수술을 고려해서는 안 된다. 저절로 나을 가능성이 여전히 상당히 높기 때문이다.

마지막으로, 고환이 내려가지 않은 채 아기가 태어날 가능성도 있다. 의사는 고환을 내리는 수술을 권하겠지만 아무리 잘 쳐준다고 해도 수술할 필요는 모호하다고 말할 수밖에 없다. 일부 의사들은 내려가지 않은 고환에서 암이 생길 가능성이 있기 때문에 수술이 필수적이라고 주장한다. 꽤 설득력 있어 보이지만, 사실은 그렇지 않다. 수술로 인한 사망률이 고환암으로 인한 잠재적인 사망률보다 높기 때문이다. 결과적으로 아이의 고환을 내려가지 않은 상태로 그대로 두는 것이 더 안전하다. 만약 고환이 두 개 다 내려가지 않은 상태라면 그것은 다른 이야기다. 그런 경우에는 수술을 심각하게 고려해야 한다. 아이의 고환 중 어느 한쪽도 원래 있어야 할 장소에 있지 않다면 불임이 되는 것을 거의 피할 수 없기 때문이다.

나는 이 장에서 병원에서 태어난 아기가 맞닥뜨릴 수 있는 모든 위험에 대해서 미리 주의를 주고자 했다. 그러나 내가 말한 것들은 즉각적인 위험일 뿐이다. 엄마와 아기의 분리로 인한 심리적인 문제와 정상적인 모유 수유를 방해하는 병원으로 인한 영양적인 문제도 존재한다. 그 부분에 대해서는 다음 장에서 다루기로 하겠다.

5

건강과 성장에 꼭 필요한 영양 보충

모유 수유와 자연식품의 중요성

당신이 아기의 미래 건강을 위해서 해줄 수 있는 가장 중요한 일은, 임신 중 당신이 먹는 음식에 신경 쓰고 태어난 아기에게 적당한 영양을 공급해 주는 것이다. 소아과 의사들은 영양에 대해서 거의 아는 것도 없을뿐더러 관심은 더욱 없다. 그러므로 아이의 식단에 관한 한 당신 자신이 전문가가 되어야 한다.

당신이 내리는 최초의, 그리고 가장 중요한 영양 섭취에 관한 결정은 (모유 수유를 하든 그렇지 않든 간에) 아이의 유아기와 이후의 건강과 발달에 영향을 미칠 것이다. 불행히도 대부분의 산부인과와 소아과 의사는 모유 수유의 중요성을 충분히 강조하지도 않고 조제분유 수유의 상대적인 단점에 대해서도 완전하게 알려주지 않는다. 그러므로 당신이 스스로에게 충분한 정보를 주는 것이 필수적이다.

모유 수유는 건강한 신체적·정서적 성장의 기초를 놓아줄 뿐만 아니라 부가적으로 엄마와 아기에게 많은 득이 된다. 여성만이 할 수 있는, 이 예술의 전도유망한 부활을 고무하는 모유 수유의 장점을 몇 가지 들어보도록 하겠다.

1. **오랜 세월을 거치며 검증된 모유는 자연이 선물해 준 완전식품으로 아기에게 최고의 영양을 준다.** 모유는 아기가 태어난 후 적어도 생후 첫 6개월간 건강한 성장에 필요한 모든 영양소를 공급한다. 권위 있는 모든 영양 관련 단체와 소아과학 기구에서는 유아용 조제분유나 우유보다 모유가 우월하다는 것을 인정한다.

   우유는 철분이 부족하고 아기가 적어도 6개월이 될 때까지는 주어서는 안 된다. 6개월이 지난 후에도 주의를 기울여서 주어야 하는데, 많은 아이(아마도 약 15퍼센트 정도)가 우유에 알레르기가 있기 때문이다. 우유는 다양한 질병의 원인으로 의심해 보아야 한다.

   또한, 아기에게 조제분유를 먹이는 것은 영양적 견지에서도 만족스럽지 못하다. 제조 회사에서 제품에 비타민과 미네랄을 강화하고 모유만큼이나 영양이 충분하다고 주장하긴 하지만 말이다. 아기에게 모유를 먹인다면 일부 필수적인 영양소가 결핍될 위험은 없다. 그러나 조제분유에는 그런 말을 할 수가 없다. 제조 회사에서는 필수적인 원료를 첨가할 수 없을 뿐만 아니라 첨가하지도 않는다. 그래서 그런 제품을 먹는 유아에게는 재난이나 다름없는 결과가 생긴다. 잘 알려진 예는 SMA의 유아식에서 비타민 B6가 부족했던 결과, 그것을 먹은 유아들에게서 경련과 피록시딘pyroxidine* 결핍이 일어난 사건이다. 염분 함량이 적절치 못한 네오 뮬 소이를 먹은 아이들에게는 성장 장애가 나타났다.

조제분유를 먹이는 것은 또한, 아이들이 일생에 걸쳐 비만이 되기 쉽게 만든다. 분유가 공급하는 영양의 종류가 잘못되었기 때문이다. 모유에는 1.3퍼센트의 단백질이 들어 있는 데 비해 우유와 조제분유에는 3.3퍼센트 또는 그 이상의 단백질이 들어 있다. 산달을 다 채우고 태어나서 생후 6주가 된 아기들 250명을 대상으로 한 연구에서 조제분유를 먹는 아기들 가운데 60퍼센트가 과체중이었던 이유는 바로 그것 때문이다. 모유 수유를 하는 아기 중에는 19퍼센트가 과체중이었다. 지나친 단백질은 신장에 과도한 부담을 주어서 일부 어린이들에게는 더 많은 액체가 계속 몸 안에 남아 있기 때문에 체중이 더 빠르게 늘어난다.

마지막으로 모유를 먹은 아기는 스스로 만족할 때까지 먹을 수

---

* 비타민 B6. 음식의 대사 과정에 필수적으로 작용하고 세포의 기능을 위한 에너지 생성과 아미노산 대사에도 필수적이며 혈액 단백질의 생성 및 항체 생성과 전해질 균형 유지에 중요한 역할을 한다.

있다. 엄마는 아기가 먹는 모유의 양을 측정할 수도 없고, 그럴 필요도 없다. 조제분유를 먹는 아이들에게는 보통 정해진 스케줄에 따라 매번 측정된 양의 우유가 주어진다. 아기는 120밀리리터만 먹어도 배가 부른데 엄마는 정해진 급식량 스케줄에 따라 180~240밀리리터를 먹여야 한다는 의무감을 느끼는 일은 아주 흔하다. 유아의 지나친 급식량과 비만의 관계에 대해서는 나중에 더욱 자세하게 다루도록 하겠다.

2. **모유를 먹는 아기는 수많은 알레르기와 감염에 대한 자연적인 면역성을 엄마로부터 얻는데, 분유를 먹는 아기는 이를 얻을 수 없다.** 모유에는 박테리아와 바이러스의 성장을 저해하는 특수한 물질이 있어서 아기의 생애에서 가장 위험한 몇 달 동안 질병에서 아기를 결정적으로 보호하는 역할을 한다.

3. **엄마와 아이 사이의 유대감은 아기의 정서적 발달에 필수적인 요소이며, 엄마에게도 정서적인 보상이 된다.** 모유 수유로 아기를 기르는 것은 태어난 거의 직후부터 이런 유대를 만들어가는 이상적인 방법이다. 분만 중에 약물을 지나치게 투여받으면 아기에게도 영향이 가지만, 그렇지 않은 이상 아기가 젖을 먹고 싶은 욕구는 출생 후 20~30분 이내에 최고조에 이른다. 그 순간부터 아기는 먹고 싶다는 욕구를 드러낼 때마다 젖을 먹을 수 있어야

한다. 맨 초반에는 하루에 20번도 먹을 수 있다.

모유 수유의 정서적이고 정신적인 보상은 아무리 강조해도 지나치지 않다. 모유 수유를 하지 않으면 인간이 할 수 있는 가장 좋은 경험 중에서 1가지를 단념하는 것이다. 오늘날의 자연 출산 운동의 아버지로 추앙받는 그랜틀리 딕 리드Grantly Dick-Read 박사가 이에 관해 잘 설명한 말이 있다.

"신생아에게는 3가지 욕구만이 있을 뿐입니다. 어머니의 팔에서 느끼는 따뜻함, 어머니의 가슴에서 얻는 음식, 그리고 어머니가 같이 있다는 것을 앎으로써 얻는 안정감이 바로 그것입니다. 모유 수유는 그 3가지 욕구를 모두 만족시킵니다."

신생아들은 독단적이고 임의적인 스케줄로 정해진 대로가 아니라 배가 고플 때 먹을 수 있어야 한다. 내가 앞서 언급한 것처럼 그것이 대부분의 병원에서 실시되는 출산 후의 절차에 수반되는 단점들 중의 하나다. 엄마와 아기에게 매 4시간 급식 스케줄을 따르게 하는 일이 너무 흔하다. 아기에게도, 엄마에게도 좋지 못한 일이다. 아기의 배고픔을 조절하는 것은 아기가 느끼는 음식에 대한 욕구이지, 신생아실의 시계가 아니다. 아기는 한 시간에 한 번이든, 아니면 네 시간에 한 번이든 스스로 먹고 싶을 때 먹을 수 있어야 한다.

아기를 병원에서 낳는다면 아기가 원할 때마다 수유하고 유대감이 자리를 잡도록 돕는 돌봄이 가능하도록 아기를 당신의 입원실에 데리고 있을 수 있는지 확인해야 한다. 그런 일이 허용되지 않는다면 4시간마다 수유하는 게 아니라 배고파할 때마다 아기를 당신에게 데려오도록 요구하라. 또한 신생아실에서 다른 보충 급식이 전혀 주어지지 않도록 의사에게 주의를 주어야 한다. 어떤 간호사들은 모유 수유를 하는 아기라 할지라도 아기가 울음을 터뜨리면 그 입에 분유 병을 밀어 넣고 싶은 유혹을 이기지 못한다. 그러면 엄마가 젖을 먹일 때 아기가 식욕을 잃게 만들 수도 있으며 당신도 아기가 조제분유를 먹는 것을 원치 않는다. 그러므로 간호사에게 아기가 울면 분유 병을 물리는 대신 엄마에게 데려오라고 주장하는 것이 적절하다.

4. **아기에게 모유를 먹이겠다는 결정이 여러 가지 측면에서 당신에게 특히 중요하다는 사실을 경시하지 말라.** 분만한 지 몇 분 후부터 젖을 먹이면 아기가 빨아들이는 것이 엄마의 자궁이 수축해서 혈액의 흐름이 줄어드는 정상 상태로 돌아오는 것을 돕기 때문에 출혈을 막을 수 있다.

모유 수유를 하는 엄마들은 분유에 의지함으로써 생식 사이클의 이 시기를 포기한 엄마들에 비해 훨씬 쉽게 정상 체중으로 돌아올 수 있다. 일반적으로 임신부들이 임신 기간 중에 늘어나는 체중 중에서 4.5킬로그램 정도는 지방인데, 아기를 낳은 후 젖을 생산할 수 있도록 비축되는 것으로 생각된다. 모유를 먹이면 이 잉여 지방이 그 과정에서 소비된다. 모유를 먹이지 않는는다면 정상 체중을 회복하려면 굉장한 노력이 필요하다.

5. **아기에게 전적으로 모유 수유를 하면 대부분 최소한 6개월 정도, 그리고 일부는 2년 반까지도 자연 피임이 된다.** 모유 수유를 하는 행위는 당신의 생식 사이클을 휴면 상태에 들어가게 만들어서 아기를 낳은 후 7개월 정도, 또는 그 이상의 기간 동안 월경을 하지 않고, 주기가 다시 시작될 때까지는 임신하지 않을 가능성이 높다. 모유 수유에 관해 훌륭한 책을 저술한 실라 키플리Sheila Kippley는 전적으로 모유 수유를 한 미국 여성들의 데이터를 조사한 결과, 평균적으로 아기가 태어난 후 14.6개월간 월경이 없었다는 사실을 발견했다.

이 피임 수단에 전적으로 의존해도 되는 것은 아니지만, 다른 피임 방법들만큼은 효과적이고 게다가 아무런 위험이 없다. 하지만 간헐적이고 되는 대로 모유 수유를 하면 이런 효과를 기대할 수 없다는 사실을 기억해 두어야 한다. 가끔 모유를 먹이고 그렇지 못할 때는 분유를 먹이는 경우에는 전적인 모유 수유가 제공하는 피임 효과를 얻을 수 없을 것이다.

갓 엄마가 된 이들은 나에게 아이에게 젖을 얼마나 자주 먹여야 하는지, 얼마나 오랫동안 먹여야 하는지, 그리고 얼마나 많이 먹여야 하는지에 관해서 자주 묻는다. 모유 수유를 하든 조제분유를 먹이든, 내 대답은 아기가 결정하게 하라는 것이다. 아기가 안달하는 것처럼 보이거든 먹이고, 아기가 관심을 잃을 때까지 먹이고, 아기가 너무 적게 먹거나 너무 많이 먹더라도 걱정할 필요가 없다.

모유를 먹인다면 아기는 약 4분 안에 한쪽 가슴에서 나올 수 있는 젖의 80~90퍼센트가량을 먹는다. 그러나 정서적인 이유와 젖의 분비를 촉진하기 위해서 그보다 긴 시간 동안 젖을 먹이는 것이 타당하다. 젖을 먹이는 행위는 젖의 분비를 촉진하고 생성을 증가시킨다. 수유 기간을 심하게 제한하거나 충분히 자주 아기에게 젖을 먹이지 않는다면 아기가 필요한 만큼의 젖을 생산할 수 없을 정도로 젖의 분비가 줄어들 수 있다.

수유 기간 늘리기는 정서적인 이유에서 몹시 중요하다. 내가 의학적인 조언을 해주곤 했던 라 레체 리그의 친구들은, 모유 수유가 엄마와 아이 사이에 얼마나 놀라운 관계를 만드는지 알게 된다면 더 많은 엄마가 모유를 먹일 것이라고 말하곤 한다. 그들이 말하길, 일부 엄마는 모유 수유가 어렵고, 불편하고, 제어하기 힘든 것이라는 오해 때문에 겁을 먹고 있다고 한다. 많은 엄마가 그런 걱정을 할 것이라는 사실에는 의심의 여지가 없다. 그러나 내 경험으로 보면 그런 엄마들도 일단 모유를 먹이는 즐거움을 맛보고 나면 그런 우려는 빠르게 잊는다. 아직 모유 수유를 할지 결정을 내리지 않았다면 라 레체 리그 인터

내셔널에서 나온 《모유 수유라는 여성들만의 예술The Womanly Art of Breastfeeding》이나 실라 키플리의 《자연스러운 어머니가 되는 생태학The Ecology of Natural Mothering》을 읽어볼 것을 권한다.

모유를 먹는 아기에게는 보충할 별도의 물을 줄 필요가 없고, 비타민 보충도 필요치 않다. 조제분유를 먹는 아기에게도 보충 비타민을 줄 필요가 없다. 조제분유 자체가 비타민을 강화한 상품이기 때문이다. 건강한 아이라면 과도한 비타민은 해가 될지언정 득이 되지는 않는다.

고체 음식을 너무 빨리 시작하지 말라

모유를 먹는 아기에게는 첫 1년간 고체 음식이 필요하지 않다. 최소한 첫 6개월간은 주어서는 안 된다. 분유를 먹는 아기라면 적어도 첫 4개월은 고체 음식을 주어서는 안 된다. 아기가 4개월이 될 때까지는 고체 음식 상당수는 소화되지 않은 상태로 아기의 몸을 통과한다. 장은 아직 고체 음식, 특히 단백질을 처리할 수 있을 만큼 발달하지 않은 상태다. 예를 들어 쌀 같은 곡물의 경우 아기가 4개월이 될 때까지는 그것을 소화할 수 있을 만한 양의 소화 효소가 장에 존재하지 않는다. 또한 첫 몇 개월간 고체 음식을 먹이면 안 되는 것은 아기의 알레르기 방어 시스템이 아직 완전하게 발달하지 않았고, 아기는 아직 삼키는 기술을 배우는 중이라 음식이 목에 걸리는 사고가 생길 위험이 있기 때문이다.

아기의 식단에 고체 음식은 단계적으로 도입해야 한다. 일반적으로 가장 먼저 주는 것은 과일이나 곡물이고, 육류는 그다음이다. 대량으로 만들어져 시판되는 이유식은 가능한 한 피하라. 값이 비쌀 뿐만 아니라 가공 처리가 지나치게 되어 있기 때문에 영양도 더 적다.

엄마가 아기의 음식을 직접 준비할 수 있다면 아기에게 제일 좋을 것이다. 신선한 과일과 채소와 고기를 사용하라. 통조림 음식이나 냉동 음식에는 다양한 수준의 염분과, 아질산염이나 글루탐산 일나트륨monosodium glutamate, MSG 같은 습관성 물질이 들어 있다. 식재료는 세심하게 씻고 완전히 익히도록 하라. 그런 다음 재료들을 퓌레로 만들거나 믹서로 갈아서 숟가락으로 떠먹이면 된다.

많은 엄마가 발견한 바에 의하면 아기들이 최초로 먹고 좋아하는 음식은 으깬 신선한 바나나 또는 푹 익힌 고구마다. 아기들은 이 음식의 향미를 좋아하는 것으로 보인다. 게다가 준비하기 쉽기까지 하다. 곡물의 경우는 아기에게 천연 곡물로 만든 통곡물 빵 조각을 주는 것으로 시작할 수 있다. 이런 방법은 푹 익힌 곡물 음식을 먹이는 것만큼 효과적이다. 아기가 빵을 어떻게 다루어야 하는지 배울 때까지 수많은 빵 조각이 방 안 여기저기에 흩어지긴 하겠지만 말이다. 아기에게 익힌 곡물 음식을 먹이려면 그것이 천연 그대로인지, 통곡물인지 확인해야 한다. 가공된 식품에는 영양 요소가 빠지거나 해를 끼치는 화학 첨가물이 들어가 있을 수도 있다.

달걀은 알레르기 반응을 잘 일으키는 음식이므로 아기가 첫돌이 지날 때까지는 주지 말아야 한다. 먼저 완숙으로 삶은 달걀 노른자를 잘 으깨서 먹이는 것으로 시작하면 된다. 몇 주가 지나도 알레르기 반응이 나타나지 않으면 우유를 넣지 않은 스크램블드에그를 주어도 된다. 우유 역시 아기가 첫돌이 지날 때까지는 주어서는 안 되며 먹일 때도 조금씩 단계적으로 시작하라. 지나치게 울거나 까다롭게 구는 등 행동적, 신체적인 면에서 알레르기 반응이 나타나지 않는지 밀접하게 지켜보아야 한다.

아기 음식을 엄마가 직접 준비하는 일의 숨겨진 장점은 바로 다른 가족들의 식단에도 영향을 준다는 점이다. 다른 가족들도 아기에게 먹이는, 영양이 풍부한 천연 식품으로 만든 균형이 잘 잡힌 식사를 할 수 있다.

안전 문제 등의 이유로 상업용으로 대량 시판되는 이유식을 먹도록 의사나 다른 사람이 설득해도 동요하지 말라. 유아용 이유식을 만드는 회사들은 아기에게 통조림 음식 대신 직접 준비한 음식을 먹이는 엄마들을 위협하려는 시도 이상의 것을 하지 못한다. 실제로 유아식 제조 회사 비치 너트에서 그렇게 위협하려 드는 팸플릿 〈사랑하는 엄마에게Dear Mother〉를 만들어서 미국 소아과 학회의 영양 위원회마저도 항의하게 했다. 위원회에서는 이 분야의 협박 작전을 개탄하고, 과학 출판사에 나온 일부 출판물이 맥락에서 벗어나 전후 관계가 없다는 사실에 우려를 표명했다. 위원회에서는 이렇게 선언했다.

"우리는 가정에서 음식을 준비하는 데 암시된 것과 같이 과도한 위험이 있다는 사실에 동의하지 않는다. 물론 아기의 음식을 준비하고 보관할 때 주의를 기울여야 한다는 것은 명백한 사실이다. 그렇지만 가정에서 만든 신선한 음식에 독성이 있다는 건 가능성이 희박한 이야기다."

아기의 식욕은 변화무쌍하다

부모들은 가끔 아이가 먹는 양에 너무 신경을 기울인다. 소아과 의사가 조제분유를 먹는 아기를 키우는 엄마에게 매번 분유를 먹을 때마다 180밀리리터씩 먹여야 한다고 말하면 엄마는 마지막 1방울까지 그대로 다 먹이기 위해서 안간힘을 쓴다. 아이가 자라남에 따라 무대는 저녁 식사를 하는 식탁으로 옮겨진다. 식탁에서도 아이가 접시를 깨끗하게 비우게 만들기 위해서 엄마와 아이 사이에는 같은 전투가 반복된다. 그것은 실수다. 그리고 걱정할 필요가 없다. 왜냐하면 어떤 아이도 (아이가 거식증에 걸리지 않은 이상) 먹을 음식이 있는데 굶주리지는 않기 때문이다.

아이들의 식욕은 매일, 그리고 매년 달라질 수 있다. 이유는 다양하다. 활동 수준에 영향을 받을 수도 있고 좋아하는 음식인지에 따라, (급성장하는 과정에 있으면) 필요로 하는 섭취량에 따라 또 달라진다. 아기 때든, 또는 10대 때든 아이는 자기에게 필요한 것을 먹는다.

어렸을 때 너무 많이 먹은 아이는 성인 비만이 되는 경우가 종종 있다. 18개월까지 다양한 월령의 유아를 대상으로 조사한 결과 70퍼센트 이상의 아이가 과잉 열량을 섭취하고 있었으며 일부는 정상적인 영양과 에너지 사용에 필요한 일일 권장량의 250퍼센트까지 섭취하고 있었다. 또한 학교에 다니는 연령대에 있는 모든 아이 가운데 30퍼센트 정도가 과체중으로 추산된다.

이것은 어른이 된 후의 삶을 어렵게 만든다. 유아일 때 만들어진 과도한 지방 세포는 성인 비만을 초래하기 때문이다. 지방 세포의 숫자는 출생 후 2년까지, 그리고 사춘기에 다시 늘어난다. 어렸을 때 적절하고 지나치지 않은 식단으로 식사를 한 아이들이 27조 개의 지방 세포를 갖게 되는 데 비해 너무 많이 먹은 아이들은 어른이 되었을 때 75조 개의 지방 세포를 갖게 된다. 이 차이는 매우 중요하다. 왜냐하면 어른의 체중이 증가는 지방 세포의 숫자가 늘어나는 것이 아니라 세포의 크기가 커지는 것이기 때문이다. 어린 시절에 너무 많이 생긴 지방 세포는 평생 몸 안에 유지되다가 고열량 식사나 초콜릿 과자 같은 것을 먹으면 그대로 채워진다.

아이와 다른 가족 구성원들에게 적절한 영양을 공급하려 노력할 때 가이드로 삼아야 할 기본적인 규칙 1가지가 있다. **음식은 가공 처리를 많이 할수록 영양이 적어진다**. 거의 모든 음식은 날것 그대로, 자연의 상태일 때 가장 영양이 풍부하다. 꼭 조리해야 하는 경우라면 가능한 한 조리 시간을 짧게 해야 한다. 중국식으로 볶는 방법이 그렇게 매력적인 이유 중에서 하나가 바로 그것이다.* 신선한 과일과 채소는 똑같은 것을 조리해서 캔에 담은 것보다 훨씬 영양이 풍부하다.

미국에서 큰 인기를 끌고 있는 '편의' 식품과 정제된 밀가루와 정제된 설탕을 얹은 시리얼과 빵은 그 정반대의 위치에 있다. 이런 식품들이 내는 '실속 없는 열량empty calory'**과 색과 향미, 그리고 안정화와 보존을 위해서 사용되는 화학 첨가제는 아이에게 전혀 필요가 없다. 가족들에게 어떤 음식을 줄지 계획할 때 반드

---

*   중국 요리에는 강한 화력으로 빠르게 볶아내는 조리법이 많다. 저자가 말하는 건 그런 조리법을 뜻한다.

** 예를 들어 콜라에 든 설탕처럼 다른 영양소가 전혀 또는 거의 없어서 몸에 전혀 이롭지 않은 열량을 '실속 없는 열량'이라고 한다.

시 기억해야 한다. 신선한 음식과 처음부터 끝까지 당신이 직접 조리한 음식을 준비하라. 그리고 포장이 다 되어서 나온 '가열만 하면 먹을 수 있는 인스턴트식품' 같이 가공된 상업용 제품은 가능한 한 피하라.

자연식품을 고집하고 그것들을 가능한 한 적게 조리한다면 당신의 가족들을 위한 건강한 식단에 더 필요한 것은 별로 없다. 나머지는 상식을 적용하면 된다. 아이에게 달걀이나 유제품, 또는 다른 가공되지 않은 천연 식품이 위험할 수 있다고 하는 검증되지 않은 의학 이론에는 귀를 기울일 필요가 없다. 다양하고 균형이 잡힌 식단을 제공하면 가족들은 필요한 모든 영양소를 얻을 수 있을 것이다. 사춘기 이전의 아이들을 위해 매일 먹을 음식으로 영양 학자 대다수가 제시하는 기본적인 지침은 유제품이나 우유 3잔, 또는 그것을 대신할 수 있는 단백질원, 콩과 땅콩 버터, 달걀, 치즈, 고기, 또는 다른 단백질원 2접시, 신선한 과일과 채소 4접시, 그리고 정제되지 않은 밀가루와 곡물로 만든 빵 4접시 이상이다. 그렇지만 우유와 유제품을 섭취하지 않고도, 단백질과 칼슘을 포함해 아이들이 필요한 영양 전체를 충족할 수 있다는 사실도 말해두고자 한다.

아침 식사야말로 하루 중에서 가장 중요한 식사라는 것을 잊어서는 안 된다. 아이가 아침 식사를 거르면 면역력이 약해지거나 피곤해지기 쉽다. 그러면 아이의 전체적인 건강에도 영향이

가고 학교에서 공부할 때도 지장을 초래한다. 아이가 아침 식사로 설탕이 잔뜩 들어 있는 인스턴트 음식이 아니라 건강에 좋은 음식을 먹을 수 있도록 신경을 써야 한다. 시리얼을 먹을 때에 설탕을 뿌리는 습관은 애초에 생기지 않게 주의를 기울이고 시리얼 회사에서 텔레비전 광고로 아이들을 열심히 유혹하는 설탕을 코팅한 시리얼에 입맛을 들이게 해서는 안 된다.

또한 아침 식사로 시리얼이나 팬케이크, 베이컨, 달걀 같은 것을 먹는 미국인의 습관은 관습으로서 내려온 것일 뿐이지, 영양을 고려해서 그렇게 된 것이 아니라는 사실을 명심하라. 아이에게 필요한 영양분은 전날 저녁에 먹다 남은 건강에 좋은 음식을 주어도 충분히 충족될 수 있다. 아니, 어쩌면 더 나을 것이다. 나는 멕시코 아이들은 아침으로 콩 한 사발을 먹고, 중국 아이들은 현미밥을 먹는다는 이야기에 많은 미국인들이 경악한다는 사실은 참으로 반어적이라는 생각을 종종 하곤 한다. 콩과 현미는 단백질과 비타민이 풍부하게 함유된 건강한 음식이다. 반면 보통의 미국 아이가 먹는 값비싼 시판 시리얼은 지나치게 가공되어 있으며 설탕이 듬뿍 얹혀 있어서 실속 없는 열량만 잔뜩 내기 때문에 아이에게는 거의 득이 되지 않는다.

아이들이 모든 것을
다 먹어야 할 필요는 없다

아이가 즉각적으로 어떤 음식, 특히 채소 같은 것을 싫어하게 되더라도 화를 내지 말라. 아이가 모든 식품 그룹이 들어간 기본적인 식단을 먹고 있다면 채소 가게에서 파는 모든 종류의 채소들을 꼭 먹어야 하는 것은 아니다. 식사 시간에 갈등을 일으키는 고전적인 소재는 시금치였다. 아이들은 대체로 시금치를 싫어하는 반면, 부모들은 시금치가 철과 칼슘의 중요한 공급원이라고 믿기 때문이다. 물론 이런 미네랄이 시금치에 풍부하게 함유된 것은 사실이지만, 소화하기 어려운 형태로 존재한다. 그리고 시금치는 열량 공급원으로서는 불충분하다. 그러므로 아이가 시금치를 싫어한다면 너무 강요하지 말라. 모든 종류의 채소를 싫어하는 경우라면 스튜나 수프, 또는 빵에 보이지 않게 넣도록 하고, 생으로도 먹어보라고 권하는 방법을 시도하라.

관습적인 식사 시간에 너무 얽매이지 말고 융통성을 발휘해서 아이가 가장 배고파 보이는 때로 바꾸는 것도 좋다. 아이의 몸에 있는 시계는 누군가가 조정할 수 있는, 알람을 맞춰놓을 수 있는 시계가 아니다. 식욕이 갑자기 떨어진다고 하더라도 음식을 섭취할 필요가 그냥 자연적으로 줄어든 것일 수 있다는 사실을 잊지 마라. 간식을 너무 많이 먹어서 그럴 수 있다는 가능성도 생각해 보아야 한다. 간식 때문에 식사량이 줄어든 것이라면 간식의 종류를 신선한 과일, 건포도, 견과류, 요구르트, 생채소, 우유 같이 건강에 좋은 것들로 준비하면 된다.

아이가 입원하게 되었을 경우 생길 수 있는 영양적 결과에 대한 경고를 끝으로 이 장을 마무리하도록 하겠다. 의사들의 영양학적 무지가 가장 분명하게 드러나는 곳은 바로 그곳, 그들의 안마당이다. 입원해 있는 동안 아이가 얼마나 잘 먹고 있는지, 그리고 어떤 음식을 먹고 있는지 잘 지켜보는 것이 중요한 이유는 바로 그 때문이다.

한 연구 결과에서는 입원 환자의 약 절반가량이 며칠 안에 영양 부족을 겪게 된다는 사실이 밝혀졌다. 그런 일이 생기는 것은 병원의 음식이 너무 나빠서가 아니다. 사실, 많은 병원 음식은 상당히 괜찮은 편이다. 그것은 의사들이 환자들에게 금식이나 극도로 제한된 식이 요법을 요구하는 의료 기술(연구소 검사와 엑스레이)을 너무 좋아하기 때문이다. 일부 환자들은 의사들이 도대체 문제가 무엇인지 찾으려고 복잡한 검사를 이것저것 하는 동안 영양 부족으로 인해 문자 그대로 쇠약해지기도 한다. 마침내 의사가 검사를 끝낼 때쯤이면 영양실조가 환자의 가장 큰 문제가 되어버릴지도 모른다.

뉴욕 병원에 입원한 어린이 환자들의 영양에 관한 연구에서는 아이 200명 중 가운데 3분의 2에게 영양 문제가 있다는 결과가 나왔다. 조사를 진행했던 연구자들은 "얼마나 많은 의사들이 소아 영양에 관해 자세한 내용을 모르고 있는지 알고 슬플 정도"였다며, 그런 결과가 전혀 놀랍지 않았다고 말했다. 아이들을 치료하는 1차 기관의 의사들 대다수는 영양에 대해 어떤 것도 배우지 않는다!

그 연구자들이 놀랄 이유가 없었다. 몇 년 전 미국 의학 협회의 영양 위원회 위원장은 이렇게 말했다.

"……미국 병원에 입원한 사람들 중 아주 많은 이들이 어쩔 수 없이 의사에 의한 영양 부족과 심한 기아의 희생자가 되고 있다는 의심이 증대되고 있습니다. ……그것은 의사들이 고의로 환자를 무시하기 때문이 아닙니다. 오히려 그들이 영양학이라는 완전히 다른 학문에 대한 이해가 부족하기 때문입니다."

미국 의학 협회에서 이런 비판을 그냥 넘어갔을 리가 없다. 협회에서는 나나 여러분이 아니라 협회에게 만족스러운 방식으로 문제를 해결했다. 즉, 그들은 영양위원회를 해체했다!

아이를 건강하게 기르기 위해서, 또는 의학에 가능한 한 덜 의지하기 위해서 당신이 할 수 있는 행동 가운데 최고로 중요한 것은 아이에게 올바른 종류의 음식을 적당한 양으로 먹이고 해가 되는 음식을 피하도록 하는 것이다.

6

발달이 느린지 비교할 필요는 없다

아이의 성장에 관해 부모가 흔히 하는 걱정들

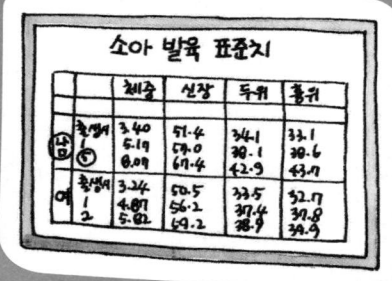

　아이에 관한 책 대부분의은 유아 초기의 발달 과정에서 두드러지는 사건들, 즉 앉기, 서기, 기기, 걷기 같은 행동과 더불어 아기가 자라남에 따라 부상하는 많은 행동적인 관심사에 대해 장황한 설명을 늘어놓는다. 이런 이정표들은 당연히 자부심에 가득 찬 부모들의 관심을 끈다. 그렇지만 걱정해야 하는 경우는 극히 드물기에 나는 그런 부분에 대한 충고를 책 전체에 늘어놓고 싶지 않다. 내가 하고 싶은 충고는 한 문장으로 요약할 수 있다. 아기에게 분명히 무언가 잘못된 점이 있는 경우가 아니라면, 얼마나 빨리 앉는지, 서는지, 기는지, 또는 걷는지에 대해서는 걱정할 필요가 없다.

　이 아기가 당신의 첫째 아이라면 같은 연령대의 다른 아이들과 발달 상태를 비교해 보고 싶은 유혹을 견디기 어려울 것이다. 내가 뭐라고 하든 비교를 해보고야 말겠지만 그래도 1가지 당신이 알았으면 싶은 것이 있다. 그런 비교에서는 유익한 정보를 얻기보다 오도될 가능성이 더 높다. 태어난 후 몇 년간 아이들은 제각기 너무 많이 다르기에 비교 자체가 무의미하다. 하지만 경험적인 법칙을 꼭 알고 싶다면 이렇다. 아이들은 대부분 6~8개월 무렵에 다른 것을 지탱하고 앉으며, 도움 없이 혼자서 앉을 수 있는 때는 8~10개월 무렵이다. 걷기는 12~18개월, 말은 18~24개월, 세발자전거를 탈 수 있게 되는 때는 만 3살가량, 사각형을 따라 그릴 수 있게 되는 때는 만 4살 무렵이다. 앞서도 말했지만, 아기가 이런 이정표에 더 일찍 도착한다고 해서 자랑하고 싶거나 발달이 지연된다고 해서 우려하고 싶은 유혹에 빠질 필요는 없다는 점을 다시 한번 강조한다. 발달 과정에서 어느 순간이 되면 모든 정상적인 어린이들은 같은 장소에 도착한다. 일찍 도달하든 늦게 도달하든 차이는 없다.

조만간 아이는 당신이 기대하는 것을 배울 것이다. 당신의 기대가 현실적이라면 말이다. 우리들 모두 알지만 가끔 잊어버리는 사실이 있다. 모든 아이가 똑같은 속도로, 똑같은 시간 내에, 똑같이 쉽게 배우는 것은 아니다. 어른이 되어서도 똑같은 수준의 성취를 이룰 것이라고 기대할 수는 없다. 그러나 불행한 일이지만 사람들이 알고 있는 그 지식이, 아이가 요람 안에 누워 있을 때부터 자기 아이에게 커다란 기대를 품지 않도록 해주지는 않는다. 또한 아무런 의미도 없고 위험한 다른 아이들과의 행동 발달 비교를 하지 않을 수 있도록 만들어주지도 않는다. 오늘 '일찍 개화한 천재'는 내일은 성취가 뒤떨어질 수 있고, 그 반대도 가능하다.

우리가 아이들에게 가지는 장밋빛 기대가 아이들이 가지고 있는 잠재적인 능력을 성취하는 데 필요한 관심과 지원을 베풀 수 있도록 부모를 북돋우는 것이라면 유익하다. 그러나 그 기대가 아이가 가진 잠재력을 넘어서거나, 부모가 아이의 형성기 동안 아이의 능력과 관심이 발달하기를 기다려줄 인내심을 발휘하지 못한다면 아이의 발달과 자아상에 파괴적인 영향을 미칠 수도 있다.

스스로가 커다란 성취를 이루었으며 아이들에게 기대치가 높은 부모는 가끔 아이가 하는 일은 놀면서 배우는 것이라는 점을 잊어버리는 경우가 있다. 우리는 아이들이 발달하고 성장하는 기간 동안 어른과 같은 행동을 보일 것이라고 기대해서는 안 된다는 사실을 받아들이는 법을 배워야 한다. 아마 아이들이 하는 행동 중에서 많은 것이 당신을 미치게 만들려고 계산한 행동이 아닐까 싶을 것이다. 내가 이 장에서 말하는 사항이 신경에 거슬리는 아이의 행동을 덜 걱정스럽거나 덜 화나게 해주지는 않을 것이다. 그렇지만 어떤 것이 정상인지, 그리고 아이가 왜 그런 행동을 하는지 이해할 수 있다면 조금쯤은 같이 살기 편해지지 않을까?

부모를 걱정시키는 신체적 행동

우선 신체적인 행동과 정서적인 행동을 분리해서 생각해 보자. 몸에 관해서 부모들이 가장 흔하게 걱정하는 것들은 무엇일까? 모든 아기는 기침을 하고, 툴툴거리는 소리를 내고, 트림을 하고, 딸꾹질하고, 재채기하고, 방귀를 뀌고, 음식물을 게우고, 토한다. 부모는 처음에는 이런 일들에 걱정하고 아기가 먹는 것에 무언가 문제가 있는지 곰곰이 생각해 볼지도 모른다. 그럴 필요는 전혀 없다. 아기가 잘 먹고 체중이 줄지 않는 한 이런 행동은 모두 정상적인 것으로 간주해도 된다.

아기가 내는 소리에 관한 이야기가 나왔으니 말인데, 아기의 트림 소리에 고민하지 말라는 주의 또한 주고 싶다. 오랜 옛날 언젠가 여분의 공기가 아기의 위에서 빠져나올 때까지 등을 두드려주면 아기가 점심으로 먹은 것을 덜 게운다는 사실을 어떤 엄마가 발견했다. 그런 절차는 마침내 하나의 의식이 되어서, 어떤 엄마는 아기가 밥을 먹을 때마다 큰 소리로 트림을 하지 않으면 살지 못한다고 믿는 것처럼 보인다. 사실 아기가 반드시 트림해야 한다는 절대적인 법칙은 없다. 어떤 아기는 많은 양의 공기를 삼켜서 귀청이 찢어질 듯한 트림 소리를 즉각적으로 낸다. 또 어떤 아기는 아주 적은 양의 공기만을 삼키기 때문에 트림을 거의 하지 않는다. 밥을 먹은 아기가 트림하고 나서 음식을 덜 게

운다면 트림을 조금 더 시키고 싶을 것이다. 하지만 큰 소동을 벌일 필요는 없다. 의학적으로 꼭 트림해야 하는 이유는 없다.

이왕 이야기가 나왔으니 산통에 대해서도 한마디 하겠다. 보통 3개월이 되기 이전의 아기에게 일어나는 증상을 엄마들과 의사들은 영아 산통이라고 부른다. 조금 전까지도 조용하고 만족스럽게 놀고 있던 아기가 갑자기 다리를 끌어올리면서 발작적으로 비명을 지르기 시작한다. 엄마는 소스라치게 놀라서 도대체 왜 그러는지 생각을 거듭해도 원인이 될 만한 과학적인 증거는 단 한 조각도 없다. 그러나 영아 산통은 의사들이 설명할 수 없는 울음을 설명하기 위해 사용하는 편리한 단어일 뿐이다.

일부 의학 교과서에서는 가능한 원인으로 탄수화물의 과도한 발효로 인한 '가스'를 든다. 그렇지만 곧이어 탄수화물의 제거는 이런 증상을 완화하지 않는다는 설명이 나오기 때문에 그런 설명을 심각하게 의심해 보지 않을 수 없다. 간단한 진실은 많은 엄마들과 의사들이 '산통'을 아기의 위 속에 있는 '가스'로 인한 통제할 수 없는 울음이라고 말한다는 것이다. 과학자들은 그 원인이 무엇인지 모른다고 말한다.

울음은 태어났을 때부터 생기는 사소하지만 귀찮은 일이다. 아기가 첫 번째로 우는 소리를 들으면 엄마는 안심이 되지만 그 후로 내내 울음소리는 유쾌하지가 못하다. 의사들은 오랫동안 우는 아기에 대해 좋지 못한 충고를 잔뜩 해왔고, 수많은 아이가 그것 때문에 고통을 겪었다.

최근에 나는 소아과의 아버지로 추앙받는 루터 에밋 홀트Luther Emmett Holt 박사가 1894년에 출판한 책을 우연히 발견하고 실소를 금할 수가 없었다. 《아이들을 돌보고 양육하기Care and Feeding of Children》라는 제목의 그 책은 75쇄 이상 인쇄되었고 3개 국어로 번역되었다. 그 책을 읽으면서 소아과 의사들이 남발하는 그 나쁜 충고가 어디에서 나왔는지 알 수 있었다. 홀트 박사가 저술한 문답 스타일 그대로 인용하자면, 아기의 울음에 대한 충고는 다음과 같다.

울음이 도움이 될 때는 언제인가?

신생아는 울음으로 폐를 확장한다. 따라서 폐가 잘 확장되게 하기 위해서는 반복적으로 매일 몇 분가량 아기가 울게 해야 한다.

아주 어린 아기는 얼마나 오랫동안 우는 것이 정상인가?

하루에 15~30분 동안 우는 것이 정상이다.

이런 울음은 어떠해야 하는가?

크고 세찬 소리로 울어야 한다. 아기들은 울면서 얼굴이 빨개진다. 사실 비명이라고 하는 편이 맞지만, 건강에 꼭 필요하다. 아기들에게는 울음이 운동이다.

응석을 부리는 울음이나 습관적인 울음은 무엇인가?

아주 어린 아기에게서 종종 들을 수 있는 종류의 울음이다. 흔들어서 달래주거나 돌보아주고, 가끔은 방에 불을 켜고 젖병을 달라고, 또는 이미 생긴 다른 나쁜 버릇을 계속하게 해달라고 우는 것이다.

아기가 응석부리려고 운다는 것을 어떻게 확신할 수 있는가?

원하는 것을 얻었을 때 즉시 울음을 멈추고, 그것을 뒤로 물리거나 손대지 못하게 했을 때 다시 울음을 터뜨리면, 응석부리려고 우는 것이다.

성질을 내거나 응석을 부리려고 우는 아기는 어떻게 해야 하는가?

그냥 울도록 내버려두면 된다. 그러면 똑같은 일이 되풀이되는 경우는 거의 없다.

아기들과 놀기는 몇 살에 시작할 수 있는가?

4개월이 될 때까지는 안 된다. 그리고 6개월 이후라면 더욱 좋다. 언제라도 덜 놀아줄수록 아기에게 더 좋다.

아주 어린 아기와 놀아주면 어떤 해악을 끼칠 수 있는가?

아기가 신경질적이고 예민해지기 쉬우며 잠을 잘 자지 않게 된다. 그리고 다른 부분에서도 고통을 받는다.

홀트 박사는 또한 규칙적인 간격을 두고 아이를 먹이고, 매일 낮과 밤에 정확하게 똑같은 시간에 재우며, 5개월이 지나면 밤에 절대로 무얼 먹이지 말고, 아기를 안아서 달래주는 것은 "쓸모없고 가끔은 해롭기"도 하므로 그렇게 하지 말라고 권했다. 그는 또한 아기가 엄마의 침대에서 자는 것은 어떤 상황에서도 결코 허락해서는 안 된다고 주장했다.

아이들은 문제가 있기 때문에 운다

아직도 많은 소아과 의사들이 홀트 박사의 조언을 그대로 받아들이고 있다. 그의 조언을 꼼꼼히 읽어라. 그리고 반대로 하면 된다. 아이들이 우는 것은 배가 고프거나, 외롭거나, 힘들거나, 기저귀가 젖었거나, 또는 아프기 때문이다. 동정심이 있는 사람은 이유가 어찌 되었든 울고 있는 어른에게도 위안의 손길을 뒤로 물리지 않는다. 하물며 어떻게 아기를 사랑하는 부모가 울고 있는 어린 아기에게 손을 내밀지 않을 수 있을까? 아기가 울면 그냥 내버려두지 말라. 아기를 들어 안아주고 왜 우는지 알아보도록 하라. 한밤중에 쓸쓸하거나 무서워서 우는 것이라면 아기를 당신의 침대로 데려가라.

심리학자들과 정신 분석학자들은 위의 마지막 조언을 들으면 언제나 얼굴을 찡그린다. 예전에 나는 《가족 침대 The Family Bed》의 저자인 타인 테베닌 Tine Thevenin과 그녀의 입을 다물게 하려고 오이디푸스 콤플렉스와 여타 애완동물 이론을 동원한 정신 분석학자와 함께 필 도나휴 쇼에 나간 적이 있었다. 도나휴가 나에게 방향을 돌려 내 의견을 묻자 나는 그 정신 분석학자에게 동의한다고 말해주었다. 나는 정신 분석학자들은 아이를 같은 침대에서 재우지 말아야 하지만, 그 외의 다른 사람들은 괜찮다고 말해주었다!

장의 체질, 설사와 변비, 그리고 배변 훈련도 역시 아기가 태어났을 때부터 몇 년에 걸쳐 부모들을 고민하게 만드는 문제다. 처음 엄마가 된 이들은, 특히 아기에게 모유를 먹이는 경우 아기 대변의 모양과 상태에 대해서 지나치게 걱정하는 경향이 있다. 아기 대변의 색과 농도는 아기가 무엇을 먹는가에 따라서 상당히 많이 다르다. 예를 들어 모유를 먹는 아이의 대변은 보통 물렁물렁한 스크램블드에그를 연상시킨다. 이것은 설사가 아니다. 완벽하게 정상적인 변이기 때문에 전혀 걱정할 필요가 없다. 하지만 이 정상적인 변을 이유로 들어 의사가 모유 수유에서 조제분유로 바꾸라고 권한다면 그것은 위험스러운 일이다.

의사가 그런 말을 하더라도 신경 쓰지 말라. 당신이 따를 수 있는 가장 분별력 있는 규칙은 바로 다음과 같다. 아기가 잘 성장하고 체중이 늘고 있다면 아기의 대변이 극도로 설사 같은 모양새를 하고 있든, 아니면 유리구슬같이 딱딱하든, 그 농도는 걱정하지 않아도 된다. 걱정해야 하는 때는 아기가 잘 자라지 않거나, 체중이 줄거나, 또는 대변에 피가 섞여 나오는 경우다. 그런 경우에는 병원에 가야 한다. 하지만 이런 경우가 생겨도 의사가 명확한 원인을 진단하지 못하면 의사의 치료를 경계하는 눈으로 지켜보아야 한다. 소아과 의사들은 뿌리 깊은 대변 관찰자다. 그들은 묽은 대변을 발견하면 로모틸Lomotil* 같은 안정제로 치료하려 하기 쉽다. 명확한 질병이 없다면, 의학적인 관리 감독이 필요하지 않으면서도 훨씬 분별력 있게 판단하는 방법은 아기에게 음식에 대한 알레르기가 있는지 찾아보고 그 음식을 없애는 것이다. 가장 가능성이 높은 음식은 우유다.

이 내용은 변비에도 적용된다. 아이가 몇 번 대변을 보아야 한다고 정해진 절대적인 숫자는 없다. 매일 한 번씩 누지 않는다고 걱정할 필요도 없다. 아이에게 변비가 있는 것 같으면 일단 식단에서 원인을 찾아보라. 그리고 의사에게는 변비에 통증이나 출혈이 수반할 때만 가면 된다.

배변 훈련에 관한 한 의학적인 조언에 귀를 기울일 필요가 전

---

*   설사약의 상품명

혀 없다. 소아과 의사라고 해서 당신보다 더 많이 아는 것은 아무것도 없기 때문이다. 배변 훈련은 가족끼리 결정할 사항이다. 엄마가 편해지자고 무작정 빨리 훈련을 시작하는 경우를 제외하면, 아이에게 배변 훈련을 일찍 시작하든, 늦게 시작하든, 아니면 둘 중 어느 것도 아니든 간에 아무런 차이도 나지 않는다. 어떤 아이들은 손쉽게 배운다. 어떤 아이들은 그렇지 않다. 나는 그럴 때 적용할 수 있는 마법의 법칙 같은 것은 모른다. 내 딸들은 아는 것 같지만 말이다. 그들은 친정어머니에게 배변 훈련을 시키는 방법에 관해 조언을 구했다!

부모들을 좌절에 빠지게 하고 화나게 만드는 아이들의 정서적인 행동은 '지독한 2살'에서 '질풍노도의 10대'에 이르기까지 거의 끝없이 계속된다. 신경이 완전히 너덜너덜해진 것 같을 때 당신이 반드시 기억해야 할 점은, 그 모든 행동이 그것 없이는 아이가 제대로 된 어른으로 성장할 수 없는 발달 과정에서 나오는 것이라는 사실이다. 게다가 체벌이 도움이 되는 경우는 거의 없다.

아장아장 걷는 아기가 식탁보를 갑자기 잡아당겨 당신이 가장 아끼는 꽃병을 산산조각으로 깨뜨렸을 때 즉각적인 반응은 아마도 분노일 것이다. 화가 나도 마음을 다스리는 법을 배워야 한다. 그 나이에 성급한 체벌은 도움이 되지 않기 때문이다. 그런 반응을 보이면 아이는 오히려 혼란스러워할 것이다.

더 적절한 반응은 아기가 고의로 못되게 구는 것이 아니라는 점을 스스로에게 되뇌는 것이다. 아기는 그저 새롭게 발견한 운동 기능을 배우고 숙련할 정상적인 호기심을 발동시켰을 뿐이다. 그런 다음 단호하게, 하지만 화를 내지 말고 아기에게 "안 돼"라는 단어를 가르치라. 그리고 아기의 손이 닿지 않도록 소중한 꽃병의 잔해를 치우도록 하라.

체벌은 도움이 되지 않는다

아이들의 모든 어지러운 행동은 사실상 거의 정서적인 원인에서 나온다. 당신의 반응은 아이를 처벌하는 것이 아니라 원인을 없애주는 것이 되어야 한다. 오랜 노력 끝에 마침내 용변을 가릴 수 있게 된 아이가 갑자기 다시 바지를 적시는 일이 종종 일어난다. 이것은 일부러 그러는 것이 아니다. 축축한 바지나 자기 때문에 엄마가 부정적인 반응을 나타내는 것을 정말로 즐기는 아이는 없다. 따라서 이런 일이 생긴다면 아이가 어떤 종류의 환경적인 스트레스에 반응하기 때문임이 거의 확실하다. 아이의 엉덩이를 찰싹 때리지 말라. 그리고 아이가 처한 스트레스를 알아내서 없애도록 노력하라.

아이가 친구들에게 갑자기 폭력적으로 굴거나 학교에서 징벌을 받게 되는 경우 아이는 아마도 자기가 대처할 수 없는 어떤 상황이나 문제에 저항하고 있는 것일 수도 있다는 사실을 염두에 두어야 한다. 병이나 피로나 굶주림에 대한 반응일 수도 있고, 시각적이거나 청각적인 결함, 또는 단순히 문제가 있는 가정 분위기에 대해 보이는 반응일 수 있다. 심지어는 엄마가 자신에게 거는 비현실적인 기대를 충족시킬 수 없어서 본인에 대한 자아상이 나빠져서 그런 반응이 나타날 수도 있다. 그런 경우라면 아이는 처벌에 긍정적으로 반응하지 않을 것이다. 정서적인 지지와 더불어 계속 사랑과 애정을 보여주는 것이 아이의 상처를 훨씬 더 잘 치료한다.

물론 아이에게는 책임감 있는 어른으로서 행동할 수 있도록 가르쳐야 한다. 그러나 그 모든 것을 단번에 성취할 수 있다고 기대해서는 안 된다. 또한 "매를 아끼면 아이를 망친다"는 오래된 격언을 실제로 적용한다고 해서 정말로 그런 성취를 더 잘 이룰 수 있다는 납득이 가는 증거는 없다. 어느 연령대든 체벌은 아이를 혼란스럽게 만들고, 정신적인 상처를 남긴다. 내가 사랑하는, 그리고 분명히 나를 사랑하고 있을 엄마 아빠가 왜 갑자기 화를 내고 신체적인 고통을 주는지 이해하지 못하기 때문이다. 아이는 갑자기 불안하고 원망하는 마음이 드는 것과 더불어 심지어는 자신이 무가치하다고 느끼게 되고, 그 결과 정신적인 상처를 입을 수도 있다.

아이의 발달에 체벌이 미치는 영향에 관한 연구가 대규모로 실시되었는데, 이 연구의 일치된 결론은 폭력이 부모와 아이 양자에게 모두 상처를 남긴다는 것이었다. 체벌은 아이에게 '해야 할 일'을 제대로 가르치지 못했고, 그저 '하지 말아야 할 일'을 가르치는 데 일시적인 효과만을 냈을 뿐이었다. 나 자신도 아이들을 키우면서 가끔은 참을 수 없는 분노로 손을 들어 올린 적이 있다는 사실을 부인하지 않겠다. 그렇지만 대부분 나는 아이들에게 모범을 보이고 부드럽고 사랑이 담긴 격려를 함으로써 바람직한 목표를 이루게 하려고 노력했다. 나는 그 결과가 대단히 만족스럽다. 그리고 마찬가지로 내 손자들도 어떤 종류든 체벌을 받는 일은 생기지 않기를 바란다.

아이의 행동에 관한 몇 가지 격언

아이의 어떤 행동 때문에 신체적인 처벌을 가하고 싶은 생각을 억누르기 어려워도 자신을 억제하라. 더욱 효과적인, 대안으로 사용할 행동 조절 수단을 생각하라. 폭력에는 많은 대안이 있지만 지금 이 자리에서 다루기에는 너무 광범위하다. 서점에 가면 적절한 충고가 담긴 책들이 책장에 가득 꽂혀 있을 것이다. 그러므로 지금 여기에서는 환자들을 위해 내가 오랫동안 개발해 온 아이의 행동에 대한 격언만 몇 가지 전해주도록 하겠다.

- 아이는 어른이 아니다. 그러니 아이가 어른처럼 행동할 것이라고 기대해서는 안 된다.
- 아이는 행동으로 배운다. 그러니 아이들이 하는 모든 행동에 찬성할 수 있으리라고 생각해서는 안 된다.
- 아이의 행동이 부모의 기대치에 부합하는 경우는 거의 없다.
- 아이는 부모의 말보다는 행동을 따라 할 가능성이 더 높다.
- 사춘기는 아이가 날갯짓을 시도하면서 어른이 되는 것을 배우는 시기다. 발목을 매어둘 가죽 끈 정도는 있어야겠지만 새장에 가둬두려 해서는 절대 안 된다.
- 아이보다는 부모 자신의 행동을 돌아보아야 하는 경우가 꽤 있다.
- 아이는 분노에 반항한다. 그리고 사랑과 애정에는 반응한다.
- 당신이 아이에게 가하는 고통을 아이는 아마 자기 아이에게 가하게 될 것이다.

안정적이고 사랑이 있는 가정 환경과 가족 내에서 얻는 정서적인 안정감이야말로 부모를 걱정시키거나 불쾌하게 만드는 특정한 행동 습관들, 즉 엄지손가락을 빨거나 손톱을 물어뜯는 습관, 코를 파는 습관, 안아달라고 칭얼거리거나 머리를 이리저리 흔드는 습관, 그리고 침대를 적시는 습관과 변덕스러운 잠자리 습관 등을 극복하는 데 중요한 요소다. 흔하지만 두통거리인 이런 습관들을 치료하기 위한 많은 민간요법이 있고, 실제로 어떤 아이에게는 그런 방법이 듣는다. 그렇지만 의학적으로는 위의 어떤 증상에도 명확한 '치료법'이 존재하지 않는다.

증상들을 시끄럽게 문제 삼지 말고 아이의 정서적인 욕구에 세심한 주의를 기울인다면, 그리고 아이가 무슨 일을 저지르더라도 엄마는 계속 사랑할 것이라는 점을 확실히 인식하게 하고 아이에게 안정감을 느끼게 해준다면, 이런 문제는 대부분 성공적으로 해결할 수 있다. 당신과 아이 사이에 그런 따뜻한 관계를 만든다면 그저 나쁜 습관을 고치는 것 이상의 효과가 있다. 당신은 행복하고 자신감에 차 있으며 정서적으로 안정된 아이로 보답을 받을 것이다!

7

열, 질병에 대항하는 방어 시스템

열의 정확한 역할과 적절한 대처 방법

아이에게 열이 나면 걱정이 된 나머지 즉시 병원에 전화해서 의사에게 알리는가? 많은 부모가 그렇게 한다. 의료 전문가(의사와 간호사)들이 부모에게 열은 모두 위험하다고 믿게 했기 때문이다. 의사는 또한 아이의 체온이 얼마나 높은지가 아이가 얼마나 아픈지 가늠할 수 있는 척도라는 잘못된 생각을 강화해 왔다. 환자들의 약 30퍼센트가 발열 증상 때문에 소아과에 찾아오는 것은 바로 그 때문이다.

아기가 아파서 병원에 전화를 걸면 의사의 첫 질문은 거의 똑같다.

"체온은 재어보셨나요?"

101번이든, 아니면 104번이든* 그들은 아이에게 일단 아스피린을 한 알 먹인 후 병원에 데려오라고 한다. 소아과 의사들에게는 보편적인 의식이다. 가끔 어떤 의사는 아이의 체온이 45도라고 말해도 기계적으로 똑같이 대답하지 않을까 하는 생각이 들곤 한다. 내가 걱정하는 것은 그들이 잘못된 질문을 하고 부모들에게 잘못된 조언을 해주고 있다는 점이다. 의사들이 열을 첫 번째로 묻는다는 사실은 암묵적으로 열 자체가 위험한 존재라는 것을 의미한다. 그런 다음 의사들이 아스피린을 처방하면, 부모들은 약을 이용해서 아이의 열을 내리는 것이 필요하고 바람직한 일이라는 결론을 내릴 수밖에 없다.

아이를 병원에 데려갔을 때도 이런 제스처 게임은 계속된다. 대부분의 병원에서 간호사들은 먼저 아이의 체온을 재어 차트에 적는 일부터 한다. 그 행동 자체에 잘못된 것은 없다. 체온의 상승은 의사가 뒤따르는 검사를 하는 동안에 발견한 것 이외의 모든 정황에서 중요한 진단의 단서를 제공한다. 문제는 열이 있다는 것이 그보다 훨씬 중요한 증상으로 취급되는 경우가 너무 흔하다는 점이다. 마침내 진료실로 들어온 의사는 차트를 들여다보고 친절한 걱정이 담긴 표정을 지으며 심각하게 말한다.

"음, 39도나 되는군. 글쎄요, 무언가 조치를 취하는 것이 좋겠습니다!"

터무니없는 소리다. 부모를 오해하게 만드는 얼토당토않은 소

---

* 미국의 응급 전화번호로, 한국에서는 119에 전화하는 경우와 같다.

리다. 열이 있다는 사실 자체는 의사가 무슨 조치를 취해야만 한다는 것을 의미하지는 않는다. 극도의 무기력함이나 비정상적인 행동, 호흡의 어려움, 그리고 디프테리아diphtheria와 뇌수막염 같은 심각한 질병의 징후일 수 있는 다른 부가적인 증상이 보이지 않는 한 의사는 부모에게 걱정할 필요가 없다고 말해주고 아이를 집으로 돌려보내야 한다.

의사들이 가진 열에 대한 잘못된 선입견을 고려하면 실제 연구 조사 결과 설문에 응한 환자들의 대다수가 열을 매우 두려워하고 있고 체온계에 표시된 숫자가 한 칸 올라감에 따라 걱정도 같이 커진다는 사실은 전혀 놀랍지 않다. 이런 걱정이 이유가 있는 것으로 판명되는 경우는 극히 드물다. 열에 관한 기본적인 사실 몇 가지만 염두에 둔다면 당신은 부모로서의 고민거리에서 상당 부분 벗어날 수 있고, 아이는 쓸모없고 위험한 검사와 엑스레이와 투약을 받지 않아도 된다. 다음의 내용은 의사라면 모두 알고 있는 사실이다. 그렇지만 많은 의사가 제대로 지키지 않으며, 환자에게 솔직하게 말해줄 의사는 더욱 드물다.

사실 1 37도는 모든 사람에게 해당하는 '정상' 체온이 아니다

37도라는 체온 표준은 단순히 통계적인 평균일 뿐이다. 대부분의 '정상'적인 사람은 체온이 그보다 높거나 낮다. 특히 아이들은 더욱 그렇다. 세심하게 통제된 연구에서 측정한 바로는 아이들의 '정상' 체온은 섭씨 35.8~37.4도다. 건강한 아이 중 정확하게 체온 37도가 나타난 경우는 극소수였다. 또한, 아이의 체온은 하루에도 여러 번 오르락내리락한다. 오후 늦게 재면 아침 일찍 재는 것보다 0.6도가량 높을 수 있다. 따라서 저녁 시간에 잰 체온이 올라가 있는 것은 매일 그 시간에 일어나는 완벽하게 정상적인 일이다.

사실 2 질병 외의 이유로도 아이의 체온은 올라갈 수 있다

밥을 잔뜩 먹고 소화하는 와중이면 아이의 체온은 올라갈 수 있다. 10대 사춘기가 되어 배란할 때도 체온은 올라갈 수 있다. 가끔은 항히스타민제나 다른 약의 부작용 때문에 체온이 올라가기도 한다.

사실 3 엄마가 걱정해야 하는 열은 보통 명확한 원인이 있다

심각한 문제를 가진 발열 증상 대부분은 주변에 존재하는 독성 물질에 노출되었거나 중독되었을 때, 그리고 '일사병'의 원인에 노출이 되었을 때 생긴다. 일사병은 당신이 직접 겪어보았을 수도 있고, 아니면 뜨거운 햇살 아래서 과도하게 무리해서 행진하던 군인이 갑자기 땅바닥에 쓰러지거나 마라톤 선수가 길가에 쓰러져서 완주를 단념하게 되는 것을 본 적이 있을 것이다. 그 같은 원인으로 생긴 열이 섭씨 41.7도 이상이면 몸에 영구적인 손상을 입힐 수 있다. 사우나나 자쿠지jacuzzi*에서 오래 있느라 체온이 너무 올라가도 그런 일이 일어날 수 있다.

아이가 독성 물질을 삼켰다는 의심이 들면 즉시 독성 물질 통제 센터에 전화하라.** 독성 물질 통제 센터와 통화가 되지 않는다고 해서 손 놓고 기다려서는 안 된다. 서둘러 아이를 병원 응급실로 데려가라. 아이가 삼킨 물질이 담겨 있던 병을 가지고 가면 어떤 해독제를 써야 할지 결정하는 데에 도움이 된다. 대부분 아이들이 삼키는 물질은 상대적으로 무해한 것들이지만, 혹시라도 그렇지 않다면 즉시 구조를 요청한 것에 감사하게 될 것이다.

사우나에 너무 오래 있었거나 뜨거운 태양 아래서 격렬한 활동을 한 후 아이가 쓰러져서 (아주 잠깐일지라도) 의식을 잃은 경우에도 즉시 치료가 필요하다. 병원에 전화를 거는 것만으로는 충분치 않다. 아이를 즉시 병원 응급실로 데려가라. 외부적인 이런 영향은 체온의 급상승을 막는 몸의 방어 시스템을 넘어 체온을 위험한 수준까지 올려놓을 수 있기 때문에 위험하다.

이런 종류의 사건으로 인해 체온이 상승하는 일은 극히 드물지만 상황 판단으로 충분히 파악할 수 있다. 의식을 잃어버리는 일이 함께 일어나면 아이에게 정말로 문제가 생겼다는 사실에

---

*   거품을 발생시키는 욕조
** 한국에서는 119에 전화해서 도움을 구하는 것이 바람직하다.

의문의 여지가 없을 것이다.

사실 4 체온은 재는 방법에 따라서 달라진다

더 큰 아이들에게서는 보통 구강보다 항문에서 재는 체온이 섭씨 0.6도가량 높고, 겨드랑이에서 재는 체온은 0.6도가량 낮다. 하지만 아기들은 항문의 체온이 구강이나 겨드랑이의 체온과 약간밖에 차이가 나지 않는다. 따라서 유아는 겨드랑이에서 재는 체온으로 충분하고, 굳이 항문에서 체온을 잴 필요는 없다. 항문 천공의 위험을 피할 수 있도록 항문에서 체온을 재지 말라. 드물긴 하지만 간혹 항문 체온계를 삽입하면서 이런 사고가 일어난다. 내가 이 위험을 굳이 언급하는 것은 항문에 천공이 생긴 아이 가운데 약 절반가량에서 치명적인 결과가 생기기 때문이다. 그래서 나는 부모들에게 항문에서 체온을 재지 말라고 조언한다. 그럴 필요가 없는데 왜 위험을 무릅써야 하는가?

마지막으로, 아이의 가슴이나 이마에 손을 얹어서 열이 얼마나 나는지 알 수 있을 것이라고는 생각하지 말아야 한다. 숙련된 건강 전문가가 재어도 신뢰할 수 없다는 것이 실험으로 입증되었다. 그러니 부모도 마찬가지다.

사실 5 열을 치료할 필요는 없지만 신생아는 다르다

신생아는 분만 과정에서의 산부인과 처치, 태아 상태에서 생겼거나 유전적으로 발병하는 질환, 또는 출생 직후 일어나는 사고에 관련된 감염을 겪는 것일 수도 있다. 신생아는 분만에 앞서 사용한 태아 검사 장치 때문에 두개골에 종기가 생겼거나 진통을 겪는 엄마에게 과다 투약된 약물로 인해 폐에 양수가 들어가서 호흡기 폐렴에 걸렸을 수 있다. 어쩌면 병원에서 퇴원하기 전에 실시한 포경 수술 때문에 감염이 되었을 수도 있다. 마지막으로, 병원 자체에 있던 우글우글한 병균에 감염되었을 수도 있다(내 딸들이 손주를 모두 집에서 낳은 이유 중 하나다!). 상식적으로 아기가 태어난 지 몇 달 이내에는 아무리 약간이라도 열이 나면 병원으로 데려가라.

사실 6 아기에게 옷을 너무 많이 입혀서 열이 날 수도 있다

특히 첫 아이를 돌보는 부모들은 종종 아기의 몸을 따뜻하게 유지하는 데 지나치게 관심을 기울인다. 아기는 아무리 더워도 여분의 옷과 담요를 벗어버릴 수 없다는 사실을 잊어버린 채 부모들은 여러 겹의 옷을 입히고, 여러 겹의 담요를 둘러서 아기의 몸을 따뜻하게 감싼다. 그러면 체온이 상승할 수 있다. 열이 오르면 아마도 오한 증상이 따라올 텐데, 그러면 부모는 두꺼운 담요로 아이를 꽁꽁 싼다. 그것은 아이의 체온이 더욱 오르게 만드는 일이다. 내가 환자들에게 따르도록 권하는 간단한 규칙은 편안하고 안락하게 느껴지는 만큼만 옷을 입히라는 것이다.

사실 7 대부분의 열은 아이 몸의 방어 메커니즘이 의학적인 도움을 받지 않고 바이러스와 박테리아 감염을 스스로 이겨내고 있기 때문에 생긴다

모든 연령대의 아이들에게서 체온이 상승하는 가장 흔한 원인은 보통의 감기와 독감이다. 감기나 독감에 걸리면 섭씨 40.5도까지도 열이 오를 수 있지만, 체온이 그렇게 높이 올라갔다고 해서 불안에 떨 필요는 없다. 유일한 위험은 과도한 발한, 빠른 호흡, 기침, 콧물, 구토, 설사 등 열에 동반되는 증상 때문에 생길 수 있는 탈수다. 아이가 충분한 액체를 섭취하도록 주의를 기울이면 탈수의 위험을 피할 수 있다. 경험적으로 봤을 때 환자에게 시간당 240밀리리터 정도의 액체를 마시게 하는 것이 좋은데, 이때 가능하면 영양분이 조금이라도 들어 있는 액체가 바람직하다. 그렇지만 대량의 액체이므로 어떤 것이든 상관없다. 과일 주스, 탄산음료, 차, 또는 어떤 것이라도 좋으니 아이가 마시려는 음료를 주면 된다.

대부분 바이러스나 박테리아 감염으로 인한 발열은 약한 기침을 나고, 눈에서 눈물이 흐르고, 콧물을 흘리거나 코가 꽉 막히는 등 전형적인 증상들을 동반하기 때문에 쉽게 알아볼 수 있다. 그 외의 다른 증상이 있는 게 아니라면 병원에 가거나 다른 약을 먹일 필요가 없다. 바이러스 감염을 치료하거나 박테리아 감염을 처리하는 데 아이의 몸에서 작동하는 고유의 방어 시스템보다 더 효과적인 것은 없기 때문이다. 불편한 증상을 완화하기 위해 약을 먹이면 오히려 몸이 스스로 치료하고 방어하려는 노력을 방해할 수 있다. 그 이유에 관해서는 나중에 더욱 상세하게 다루도록 하겠다. 항생제를 사용하면 박테리아에 감염된 기간을 줄일 수도 있겠지만, 득보다 해가 많다.

사실 8 체온과 병의 위중함 사이에는 일관된 관계가 없다

흔히 오해하고 있는 것 중 하나가 체온이 높으면 병이 위중하다는 생각이다. 그렇지만 얼마나 '높은' 것이 높은 체온인지에 대해서는 부모들에게도, 그리고 심지어 의사들 사이에서도 일치된 의견이 존재하지 않는다. 내가 진료한 환자 중에서도 열이 높으면 병이 위중한 것이라고 믿는 이들의 비율은 놀랄 정도였다. 그리고 '너무 높은' 열의 기준에 대해서도 마찬가지였다. 연구 결과에 의하면 전체 부모들의 절반 이상이 37.8도에서 38.9도 정도면 체온이 '높다'고 여겼고, 39.5도에 이르면 대부분이 '높다'고 생각했다. 이런 부모들은 또한 체온이 아이가 얼마나 아픈지 나타내는 증거라고 확신하고 있었다.

분명하게 말하지만, 그것은 사실이 아니다. 바이러스나 박테리아 감염 때문에 나는 열이라면, 체온을 재는 것은 아이가 얼마나 아픈지에 대해서 아무것도 알려주지 못한다. 아이가 그런 감염 때문에 열이 나는 것이라는 판단을 내리면 매시간 체온을 재느라고 아이 주변을 맴돌아봤자 아무런 소용이 없다. 온도가 오르락내리락하는 것을 재어봤자 얻을 수 있는 것은 아무것도 없다. 그런 행동은 당신의 두려움만 증대시키고 아이는 짜증을 내게 될 것이다.

풍진(1일 홍역) 같은 흔하고 위험하지 않은 질환에 걸린 아이 가운데 일부는 열이 아주 높이 오르지만, 다른 더 심한 질병 중에는 체온이 전혀 상승하지 않는 것도 있다. 아이에게 구토나 호흡 곤란 같은 다른 부가적인 증상이 나타나지 않으면 열이 40도까지 오르더라도 걱정할 이유가 되지 못한다.

열이 나는 것이 흔한 감기 같은 심하지 않은 감염 때문인지 아니면 뇌수막염처럼 더 심각한 질병 때문인지 판단하는 데 더욱 중요한 것은, 아이의 전체적인 모습이나 행동과 태도다. 이런 것들은 의사보다 당신이 훨씬 정확하고 능숙하게 판단할 수 있는 부분이다. 당신 아이의 모습이나 행동에 대해서는 당신이 가장 잘 알고 있기 때문이다. 아이가 맥이 풀린 것처럼 나른해하거나 다른 신경이 쓰이는 비정상적인 행동을 보일 경우, 그런 증상이 하루나 이틀 이상 계속되면 병원에 데려가는 것이 좋다. 그렇지만 아이가 활발하고, 정상적으로 놀고 행동하면, 병이 심각한 것일지도 모른다는 걱정은 하지 않아도 좋다.

《소아과학》에서 내가 항상 접하게 되는 기사 중 하나가 '열 공포증'에 관한 것이다. 열 공포증은 일부 부모들이 가진 열에 대한 '비이성적인' 두려움을 일컫는 의사들의 용어다. 이것은 의료계에 만연한, 전형적으로 '희생자를 비난'하는 태도다. 의사는 실수하지 않는다. 실수가 생긴다면 그것은 언제나 환자의 잘못이다. 내가 보기에 '열 공포증'에 걸린 것은 부모들이 아니라 소아과 의사들이다. 그리고 그 희생양이 되는 것이 부모들이라는 점에서 잘못한 것은 의사들이다.

사실 9 대바이러스와 박테리아 감염으로 인한 열은 치료하지 않아도 40.5도 이상으로 올라가지 않는다

의사들은 열을 내리는 약을 처방하면서 아이와 부모에게 심각한 폐해를 끼친다. 그런 처방은 많은 부모들에게 흔한 두려움, 즉 아이의 체온을 통제하고 낮추는 조치를 취하지 않는다면 체온이 계속 올라갈지도 모른다는 걱정을 확인시키는 행위다. 의사들은 아이의 체온이 내려간다고 해서 상태가 나아지는 것은 아니라는 점과 우리 몸에 존재하는, 아직도 완전하게 설명되지 않은 고유의 메커니즘이 감염으로 생기는 열을 41도 이상 올라가지 않게 막는다는 사실을 말해주지 않는다.

이 신체 방어 메커니즘이 작동하지 못하도록 압도할 수 있는 건 것은 일사병이나 중독, 또는 다른 외부적인 원인으로 인한 열뿐이다. 그런 경우에는 41도 이상으로 체온이 올라갈 수 있다. 의사들은 이 사실을 알고 있다. 그렇지만 대부분은 전혀 모르는 것처럼 행동한다. 내 생각에 그들은 자기들이 아이를 낫게 했다고 부모들이 믿게 만들고 싶다는 단순한 바람 때문에 그렇게 행동하는 것 같다. 게다가 의사들은 기회가 주어질 때마다 반드시 개입해야 한다는 강박증과 자기들이 효과적으로 치료하지 못하는 질환이 있다는 사실을 인정하기 싫어하는 거리낌을 내보이기도 한다.

치명적인 병에 걸린 경우를 제외하면, "제가 해드릴 수 있는 것은 아무것도 없습니다"라고 환자에게 말하는 의사가 과연 있는가?

사실 10 약물이나 해면으로 몸을 닦는 등 체온을 내리려는 조치는 불필요한 것을 떠나 실질적으로 역효과를 낸다

아이가 무언가에 감염되었을 때 열이 나는 것은 축복이지, 저주가 아니다. 열은 체온을 상승시키는 발열원이 작동되는 자발적인 작용 때문에 생기는 것으로, 우리 몸이 질병과 싸우기 위해 사용하는 자연 방어 메커니즘이다. 열이 있다는 것은 몸의 회복 메커니즘이 작동하기 시작했다는 뜻이다.

그 과정은 다음과 같이 진행된다. 감염이 되면 아이의 몸은 추가로 백혈구를 생성한다. 백혈구는 박테리아와 바이러스를 파괴하고 손상된 조직과 염증을 일으키는 물질을 몸에서 제거한다. 또 백혈구의 숫자가 계속 늘어나고, 추가로 생성된 백혈구들은 감염이 일어난 장소로 더욱 재빠르게 이동한다. 체온을 상승시키는 발열원이 작동해야 백혈구 증가라고 불리는 이런 과정이 자극된다. 그래서 열이 나는 것이다. 체온이 올라가는 것은 단순히 치유 과정이 가속화되고 있음을 나타낼 뿐이다. 그러므로 기뻐해야 할 일이지, 두려워할 일은 아니다.

일어나는 일은 그것뿐만이 아니다. 우리 몸은 많은 종류의 병균이 성장하는 데 꼭 필요한 철을 혈액에서 빼내어 간에 저장한다. 그 덕분에 박테리아가 증식하는 속도는 늦춰진다. 또한 몸에서 자연적으로 생성되는, 질병에 대항하는 물질인 인터페론의 활동도 더욱 효율적으로 바뀐다.

이런 과정을 입증하기 위해 한 연구소에서는 동물들에게 인위적으로 열이 나도록 했다. 실험 결과 질병에 감염시킨 실험 대상 가운데 체온이 상승한 동물은 치사율이 줄어들었지만, 체온을 낮추면 치사율이 높아졌다. 사실 인위적으로 열이 나게 하는 방법은 저절로 정상적인 열을 내지 못하는 사람들에게도 오랫동안 사용되었다.

아이가 감염으로 인해 열이 높이 오르는 경우라면 약을 먹이거나 해면으로 몸을 닦아서 열을 내리고 싶은 유혹을 참아야 한다. 열이 제 역할을 다하게 내버려두라. 부모로서 측은한 마음에 아이가 편안해질 수 있도록 무언가 하지 않고는 못 배기겠거든 미지근한 물로 몸을 닦아주거나 그 연령대에 맞는 권장량의 아세트아미노펜acetaminophen*을 먹여라. 그 이상의 조치는 취하지 않는 것이 좋다. 고열이 3일간 지속되거나, 다른 증상이 나타나거나, 아이가 정말 심하게 아파 보이고 아픈 것처럼 행동하는 게 아니라면 말이다. 그런 경우라면 병원에 가라.

열을 내려주면 아이는 조금 더 편안해질지 모르지만 아이 몸에서 일어나고 있는 자연적인 치유 과정을 교란하는 짓이 될 수 있다는 점을 나는 강조하고 싶다. 내가 체온을 낮추는 방법을 설명한 것은 어떤 부모들은 그렇게 하고 싶은 욕구에 저항할 수 없을지도 모른다는 이유밖에 없다. 꼭 체온을 낮춰주고 싶다면 해면으로 몸을 닦아주는 것이 약을 먹이는 것보다 바람직하다. 왜냐하면 아스피린과 아세트아미노펜에도 부가적인 위험이 있을 수 있기 때문이다. 그렇게 흔하게 사용되는 약인데도 불구하고 아스피린과 아세트아미노펜은 해를 입힐 수 있다. 아스피린은 매년 다른 어떤 독성 물질보다도 많이 아이들을 중독시키고 있다. 아스피린은 혈액 응고를 방해하는 물질의 원료로서, 시판되는 쥐덫에 사용되어 쥐를 내출혈로 죽게 만드는 물질인 살리실산의 일종이다.

아스피린은 어른뿐만 아니라 아이에게도 다양한 부작용을 일으킨다. 장 출혈이 생길 위험도 적지 않지만, 또한 수두나 독감에

---

* 해열 진통제의 일종으로, 대표적인 약으로 타이레놀이 있다.

걸린 아이들에게 아스피린을 먹이면 라이 증후군Reye Syndrome*을 일으킬 수 있다. 라이 증후군은 주로 뇌와 간에 영향을 주며 아이들에게 치명적일 수 있는 질병이다. 수많은 의사가 아세트아미노펜으로 처방을 바꾼 이유 중 하나가 그 때문이다. 그러나 처방을 바꿨다고 해서 문제가 해결된 것은 아니다. 아세트아미노펜을 고용량으로 복용하면 간과 콩팥에 유독하다는 증거가 나오고 있다. 진통의 막바지나 분만 도중에 아스피린을 투여받은 엄마에게서 태어난 아기에게는 때때로 액체가 들어 있는 혹이 두개골 위에 생기는, 두개골 혈종이 나타날 수 있다는 사실도 알아두는 것이 좋겠다.

  아이의 열을 낮추기 위해서 몸을 닦아주고 싶은 마음을 이기지 못하겠거든 알코올이나 차가운 물로 닦지 말고 미지근한 물을 사용하라. 몸을 닦아서 열이 내려가는 것은 증발 효과 때문이지 사용하는 물의 온도에 좌우되는 것이 아니다. 불편할 정도로 차가운 물로 아이를 닦아준다고 해서 다른 부가적인 이득이 있는 것은 아니다. 알코올은 사용하지 말라. 미지근한 물보다 더 효과가 좋은 것도 아닐뿐더러 증발하면서 나는 냄새가 어린아이에게 유독할 수 있다.

---

*   수두나 독감 같은 바이러스성 질환의 회복기에 갑자기 구토, 의식 장애, 발열, 간 장애를 일으키는 어린이 병. 사망률이 높고, 회복되어도 지능이나 운동 장애 등을 남기는 경우가 많다.

사실 11 바이러스나 박테리아 감염 때문에 오른 열은 뇌 손상이나 영구적인 신체적 손상을 초래하지 않는다

많은 사람들이 열을 두려워하는 것은 주로 아이의 열이 너무 높이 올라가게 방치하면 몸이나 뇌에 영구적인 손상을 초래할 수 있다는 보편적인 믿음 때문이다. 그 말이 사실이라면 부모들이 당황해서 정신을 차리지 못하는 것도 이해가 될 것이다. 그리고 실제로 많은 부모들이 그 말을 사실로 믿기 때문에 공황 상태에 빠지는 일이 종종 일어난다.

그런 두려움을 품게 되었다면 의사, 당신의 부모, 조부모, 배우자, 또는 옆집에 살아 차를 함께 마시며 조언을 해주는 친한 의학 전문가의 말 때문에 당신이 믿게 된 열에 관한 지식은 모두 제쳐놓도록 하라. 할머니들이라고 해서 항상 옳은 것은 아니다! 아이의 감기나 독감, 또는 다른 어떤 감염이든 41도를 넘게 열이 오르지는 않으며, 그 이하에서는 어떤 영구적인 손상도 초래되지 않는다.

아이의 몸에 있는 방어 시스템은 열이 41도가 넘도록 허용하지 않는다. 그렇기에 열이 오르기 시작할 때 아이에게 정신적이거나 육체적인 손상이 생길까 두려워할 필요가 없다. 몇십 년 이상 진료한 소아과 의사라도 41도가 넘도록 열이 오르는 환자는 평생 한두 명 볼까 말까다. 그런 환자를 보았다 하더라도 감염이 아닌 다른 이유, 즉 중독이나 일사병 같은 증상 때문이다. 나

는 여태까지 몇만 명 이상이나 환자를 진료했지만, 열이 41도를 넘는 사례는 딱 한 번밖에 없었다. 소아 발열의 95퍼센트가 섭씨 40.5도에도 미치지 않는 것으로 추산된다는 사실을 고려하면, 이것은 전혀 놀라운 일이 아니다.

사실 12 경련은 고열 때문에 일어나는 것이 아니라 체온이 극도로 빨리 상승할 때 일어난다

많은 부모가 아이의 열이 '너무 높이' 올라가도록 방치하면 경련 발작을 일으킨다고 믿거나 경련을 일으키는 것을 본 적이 있기 때문에 열을 두려워한다. 나는 그렇게 염려한 부모들에게 마음 깊이 공감한다. 아이가 경련 발작을 일으키는 모습은 두렵고 소름 끼치는 광경이다. 한 번이라도 그런 모습을 봤다면 그다지 심각한 상태가 아니라는 것을 믿기 힘들 것이다. 경련 발작은 또한 상대적으로 흔한 증상이 아니다. 고열이 오른 아이 중에서도 약 4퍼센트만이 열에 관련된 경련을 경험하는 것으로 추산된다. 경련을 겪은 아이가 이후 그로 인해 심각한 후유증을 겪는다는 증거는 없다. 발열로 인한 경련을 경험한 아이 1706명을 대상으로 한 연구에서도 경련 발작이 각각 사망률이나 운동 장애와 관계가 있다는 것을 입증하지 못했다. 또한 소아기의 발열로 인한 발작이 이후 간질 발병률을 높인다는 믿을 만한 증거도 없다.

문제는 발열성 경련을 예방하기 위한 치료를 할 때는 이미 어떤 도움을 주기에는 너무 늦었을 때가 대부분이라는 사실이다. 약을 먹이거나 몸을 닦아주어도 아무런 소용이 없다. 아이에게 열이 있다는 것을 알게 되었을 무렵이면 아이에게 경련이 일어날 가능성도 이미 생겨버린 후다. 경련이 일어나는 것은 체온이 얼마나 높은지가 아니라, 몇 도가 되었든 얼마나 빨리 상승하는가에 달려 있기 때문이다. 엄마가 아이에게 열이 있다는 것을 알게 되었을 무렵이면 이 급속한 체온 상승은 이미 일어났을 가능성이 높다. 아이가 이미 경련 증상을 보이지 않는다면 위험한 시기는 지난 것이다.

발열성 경련이 일어날 가능성은 주로 5살 이하로 한정된다. 그 전에 경련을 겪은 적이 있는 아이라도 5살이 지나면 경련은 거의 일으키지 않는다. 아이가 경련을 겪으면 많은 의사가 다시 열이 올라도 발작이 일어나지 않도록 페노바르비탈phenobarbital*이나 다른 경련 방지 약물을 장기적으로 투약하는 처방을 할 것이다.

의사가 아이에게 이런 치료를 하자고 제안하면 장기적인 경련 방지 치료의 위험에 관해 꼭 의문을 제기해야만 한다. 약물 때문에 아이에게 생길 수 있는 행동 변화에 관해서 묻도록 하라. 경련 발작의 장기 관리에 관해서는 의사들 사이에서도 일치된 합의가 존재하지 않는다. 일상적으로 흔하게 사용되는 약물도 간

---

* 수면제, 진정제

손상을 유발할 수 있으며 동물 실험 결과 이런 약물은 뇌 발달에 부정적인 영향을 미칠 수 있다. 이 문제에 대하여 한 권위자는 이렇게 주장했다.

"어떤 환자에게는 가끔 발작을 겪으면서 정상적인 삶을 영위하는 것이 약물로 인해 계속 나른하고 지리멸렬한 상태에서 발작 없이 사는 것보다 더 나을 수 있다……."

나는 발열성 경련을 겪은 아이에게 재발을 방지하려면 페노바르비탈을 처방하라고 교육받았다. 지금 의대에서 공부하고 있는 학생들도 여전히 같은 치료법을 배운다. 내가 이 치료법에 의문을 품기 시작한 것은 페노바르비탈을 복용하면서도 계속 경련을 일으키는 일부 환자를 보게 되면서부터였다. 그러자 페노바르비탈을 복용해서 발작을 일으키지 않는 사람이나 또는 복용하지 않고서도 다른 경련을 일으키지 않는 사람에 대한 의문이 생겼다. 더욱이 페노바르비탈이 아이들을 진정시키는 것이 아니라 지나치게 흥분시킨다거나, 또는 너무 심하게 진정시켜서 원래 활발하고 외향적이던 아이들이 대조적으로 반 시체같이 되어버렸다는 엄마들이 있어서 더욱 의심이 깊어졌다. 경련은 그렇게 자주 일어나는 증상이 아니고 영구적인 손상을 입히지 않기 때문에 나는 내게 진료받는 아이들에게 더 이상 이런 치료법을 처방하지 않는다.

만일 경련을 겪는 당신의 아이에게 의사가 장기적인 경련 방지 치료를 처방하면 그것을 받아들일지 결정을 내려야 한다. 나는 의사가 처방한 치료에 의문을 제기하기 어렵다는 것을 잘 알고 있다. 또 그랬다가는 퉁명스러운 면박만 당할지도 모른다. 투약에 관해 질문했을 때 그런 태도를 보이는 의사라면 길게 이야기해 봤자 소용이 없다. 일단 처방을 수용하도록 하고, 그것을 따를지 결정하기 전에 다른 의사에게 가서 다시 의견을 구하라.

당신의 아이에게 발열성 경련이 일어나면 우선 당황하지 않도록 애써야 한다. 말하기는 쉽지만 그렇게 행동하기는 쉽지 않을 것이다. 아이가 발작을 일으키는 광경을 목격하면 정신이 쏙 빠지고 낙담하게 되기 십상이다. 경련은 목숨을 위협하는 것이 아니라는 사실과 육체적인 손상을 입히지 않는다는 것을 상기하고 마음을 가라앉히라. 그런 다음 아이가 다치지 않도록 몇 가지 간단한 조치를 취해야 한다.

먼저 아이가 자기 침 때문에 질식하는 일이 생기지 않도록 옆으로 뉘어라. 다음 단계로 몸을 마구 엎치락뒤치락하는 아이의 머리가 딱딱하거나 날카로운 것에 부딪히지 않도록 보호하라. 아이가 발작하는 동안 호흡을 방해하는 장애물이 있지는 않은지 확인하고, 혀를 깨물지 않도록 접은 가죽 장갑이나 지갑같이 부드러우면서도 견고한 물건(손가락은 안 된다)을 이 사이에 물려야 한다. 그런 다음 당신이 안심할 수 있도록 병원에 전화를 걸어 무슨 일이 일어났는지 알린다.

대부분의 발작은 몇 분 이내에 끝난다. 만일 그 이상 지속되거든 병원에 전화를 걸어 조언을 구하라. 발작이 지나가면 아이는 아마도 잠에 빠져들 것이다. 하지만 그렇지 않더라도 한두 시간 가량은 먹을 것이나 마실 것을 주면 안 된다. 아이의 신체 반응이 너무 둔해져 있기에 음식물을 먹으면 질식할 수 있다.

열에 대한 멘델존 박사의 명쾌한 조언

발열은 아이들에게 흔한 증상이다. 아이의 모습이나 행동에 뚜렷한 변화가 생기거나 호흡 곤란이나 의식 상실 같은 위험한 증상이 동반되지 않으면 심각한 질환을 가리키는 징후가 아니다. 열이 얼마나 높이 오르는지는 병의 심각성을 판단하는 척도가 될 수 없다. 감염으로 생긴 발열은 아이에게 영구적인 손상을 입힐 수 있는 수준에 이르지 않는다. 다음에 나열한 경우를 제외하면 열이 난다고 해서 의학적인 치료를 받을 필요는 없다. 발열은 감염에 대항하는 몸의 자연스러운 방어이므로 일부러 체온을 낮추기 위한 치료를 받게 하거나 약을 먹이지 말고 자연의 경과를 밟도록 놔두어야 한다.

1. **아기가 2개월 이하이고 체온이 37.8도를 넘어가면 병원에 가라.**
   태아기나 분만 과정에서 생긴 감염 때문에 생긴 열일 수 있다. 신생아에게 발열은 흔하지 않기 때문에 혹시 아무것도 아닌 것으로 판명되더라도 당연한 조심성과 마음의 평화라는 이유만으로도 병원에 갈 만한 가치가 있다.

2. **좀 큰 아이들이라면 일단 지켜본다.**

   3일 이상 열이 계속되거나, 구토, 호흡 장애, 여러 날 동안 지속되는 기침 같은 주요한 증상, 일반적으로 보통 감기에는 수반되지 않는 두드러진 증상이 같이 나타나는 경우가 아니라면 병원에 갈 필요는 없다. 아이가 계속적으로 무기력하고, 예민하고, 산만해 보이거나 심하게 아파 보이고 그렇게 행동하면 병원에 가야 한다.

3. **체온이 몇 도가 되었든 아이가 호흡 곤란을 겪고, 반복적으로 토하고, 또는 경련을 일으키거나 다른 이상한 증상을 보이며 열이 나거나, 아이의 모습이나 행동에 심상찮은 점이 있으면 병원에 가라.**

4. **아이가 열이 나며 오한이 든다고 담요로 더욱 꽁꽁 싸서 그에 거스르려 하지 말라.**

   그러면 체온이 더욱 급격하게 올라갈 뿐이다. 오한은 몸의 자연스러운 반응이므로 걱정하지 않아도 된다. 오한은 아이가 춥다는 뜻이 아니라 몸이 높아진 체온에 적응하기 위해서 거치는 메커니즘의 일부다.

5. **열이 오른 아이는 쉬게 해야 하지만 지나치게 야단법석을 떨 필요는 없다.**

   날씨만 적당하다면 아이를 실내에만 있게 한다든가 침대에서 벗어나지 못하게 해야 할 필요는 없다. 신선한 공기와 적당한 활동은 체질을 개선시켜서 더욱 잘 극복하도록 해줄 수도 있다. 그리고 그렇게 한다고 해서 더 아파지지는 않는다. 하지만 격렬하고 경쟁적인 스포츠는 하지 않아야 한다.

6. **아이의 발열이 일사병이나 중독같이 감염 이외의 다른 원인에서 비롯된 것이라고 믿을 만한 이유가 있으면, 즉시 병원 응급실로 데려가라.**
당신이 살고 있는 지역에 응급실이 하나도 없는 경우에는 어디든 의료 치료를 받을 수 있는 곳으로 즉시 데려가라.

7. **"감기에 걸리면 잘 먹이고 열이 나면 굶겨야 한다"는 해묵은 이야기를 귀담아듣지 말라.**
어떤 병에 걸리든 영양은 회복에 중요한 영향을 끼친다. 감기든, 아니면 발열이든 아이가 먹을 수 있는 만큼 먹이는 것이 좋다. 감기와 발열은 모두 몸에 공급되는 단백질과 지방, 그리고 탄수화물을 빠르게 연소시키므로 영양소를 보충해 주어야 한다. 아이가 먹으려 들지 않거든 열량이 있는 과일 주스 같은 음료도 도움이 된다. 유대인이 아니더라도 닭고기 수프는 도움이 될 것이다.

8. **발열과 함께 흔하게 나타나는 증상은 상당한 양의 수분이 빠져나가게 만든다.**

그대로 놔두면 탈수가 생길 수 있으므로 충분한 양의 음료를 마시게 하면 그런 위험을 막을 수 있다. 과일 주스가 좋지만, 아이가 싫어하면 대개 다른 어떤 음료라도 좋다. 시간당 240밀리리터 정도를 먹게 하는 것이 요령이다.

8

두통을 다독이는 법

아이의 머릿속을 괴롭히는
진짜 원인을 잡아내기

　신체적인 것이든, 정신적인 것이든, 또는 감정적인 것이든 거의 모든 비정상적인 몸 상태는 두통을 일으킨다. 아이들이 겪는 두통의 신체적인 원인으로 가장 흔한 것은 몸의 어딘가에 생긴 바이러스나 박테리아 감염이다. 하지만 알레르기나 신진대사의 교란, 또는 정신적인 상처 같은 것도 원인이 될 수 있다. 다음으로 잦은 이유가 심리적이거나 감정적인 스트레스다.
　두통에 의학적인 치료가 필요한 경우는 드물다. 치료하는 경우에도 두통을 유발하는 질환이나 부상을 치료하는 것이지, 두통 자체를 치료하는 게 아니다. 아이가 "머리가 아프다"고 할 때 즉각적으로 필요한 조치는 원인을 알아내는 것이다. 대부분의 경우 당신은 그 원인을 즉시, 그리고 어쩌면 의사보다 더 효율적으로 알아낼 수 있다.

의사들이 두통의 원인을 찾을 때 사용하는 방법은 통계적으로 접근하는 것이다. 의사들은 두통 이외에 다른 증상이 있는지, 또는 두통이 생기기 전에 감정적으로 그 원인이 될 만한 일상적이지 않은 어떤 사건이 일어나진 않았는지 아이와 부모에게 질문을 던져서 두통의 원인을 찾으려 한다. 그렇게 해서 소득이 없고 신체 검진에서도 임상적인 이상이 드러나지 않으면 의사는 있음직한 원인을 찾고 그렇지 않은 것들을 배제하기 위해 일련의 포괄적이거나 배타적인 검사를 실시한다. 있음직한 원인에 대한 통계적인 빈도를 바탕으로, 의사는 해당하지 않는 항목을 소거해 나가는 과정을 시작할 것이다. 그 모든 과정을 거쳤는데도 원인을 알아내지 못하면, 의사는 아이의 두통이 어떤 형태의 감정적이거나 정신적인 스트레스의 결과라고 추정한다. 그런 다음 의사는 아세트아미노펜(타이레놀)이나 아스피린 같은 진통제를 처방하면서 부모에게 다른 부가적인 증상이 나타나는지 주의 깊게 아이를 지켜보라고 주의를 줄 것이다.

여태까지 진료해 온 나의 경험을 바탕으로 보면 소아 두통의 85~90퍼센트는 병력만으로도 진단할 수 있다. 감기나 독감에 걸렸는지, 아니면 아이에게 두통이 생기기에 앞서 감정적인 분노를 경험한 것은 아닌지 알아보기 위해서 병원에 가야 할 필요까지 있을까? 대부분의 경우에는 당신이 의사보다 두통의 원인을 더 잘 파악할 수 있다. 당신에게는 정신적이거나 감정적인 상처를 불러일으킬 만한 사건이나 증상을 찾기 위해 아이의 행동과 반응을 24시간 내내 지켜볼 기회가 있다. 당신은 아이의 정상적인 행동 패턴을 잘 아니까 아이를 괴롭히는 원인이 무엇인지 대체로 감지할 수 있다. 즉, 당신에게는 정신적이거나 감정적인 원인을 분리해낼 지식과 경험이 있지만 의사는 그렇지 않다. 의사가 의지할 수 있는 것은 진료를 하는 짧은 시간 동안 당신이나 아이에게서 끌어낼 수 있는 얼마 되지 않는 정보가 전부다.

아이가 머리가 아플 때 득달같이 의사에게 달려가는 것이 너무 조급하다고 말하는 이유는 바로 그 때문이다. 병원에 가기 전에 구조화된 관찰 프로그램을 시작하고, 원인을 파악하기 위한 시도로 질문을 던져보아야 한다. 또한 아주 어린 아이가 "머리가 아프다"고 말할 때는 정말로 머리가 아프다는 뜻임을 알아두어야 한다. 두통을 치료하기 위해 병원에 온 아이 중에서 형제자매나 놀이 친구가 장난감으로 때려서 생긴 진짜 외상을 호소하는 아이들의 숫자를 알면 깜짝 놀랄 것이다!

두통의 원인을 알아내는 법

소아 두통의 가장 흔한 원인이 되는 기본적인 검사로 조사를 시작해 보자. 다음 질문에 대한 답을 찾아보라.

- 아이에게 10장에 기술되는 일반적인 감기나 독감 증상도 있는가? 그런 증상이 있다면 두통 역시 틀림없이 감기에 따르는 증상 중 하나라고 여겨도 된다. 의학적인 치료는 필요치 않다.
- 두통이 생기기 전에 아이가 머리를 맞거나 넘어진 적이 있는가? 머리를 다치면서 의식 상실이 함께 나타난 적이 있는가? 의식을 잃은 적이 있거나, 그렇지 않더라도 시간이나 장소에 대해 제대로 인식하지 못하거나, 현기증같이 신경 쓰이는 다른 증상이 있으면, 즉시 의사에게 전화하라. 그보다 더 좋은 방법은 응급실로 데려가는 것이다. 당신이 없을 때 입은 상처라서 의식을 잃었는지 알 수 없다면 안전하게 가는 편이 좋다. 병원으로 데려가라.
- 두통이 아이가 전에 먹어보지 않은 음식에 대한 알레르기를 의미할 수도 있으니, 최근에 식단이 변하지 않았나 생각해 보라.
- 당신이 처음으로 아이의 두통을 알게 된 것은 언제인가? 최초의 두통이 생기기 전에 무언가 불쾌하거나, 무섭거나, 감정적으로 상처를 남길 만한 사건이 있진 않았는가?
- 두통이 특징적으로 매일 비슷한 시간에 생기는가? 특정한 사건이나 활동(학교, 피아노 레슨 등) 시간과 관계가 있지는 않은가?
- 아이 근처에 관심을 받거나 연민을 불러일으키기 위해, 또는 책임을 피하기 위해 일상적으로 두통을 핑계로 삼는 사람이 있는가?

- 이전에 아이가 두통 때문에 불쾌하거나 피곤한 일, 또는 하기 싫은 활동이나 행사를 하지 않아도 된 적이 있었는가?
- 이전의 두통으로 아이가 어떤 보상을 얻었는가? 늘어난 관심이나 측은한 마음을 빠뜨리지 말라.

종류가 광범위하긴 하지만 다음과 같은 질문들을 부가적으로 던져보면 두통의 원인이 분명하게 드러날 수도 있다.

- 아이에게 최근에 가족이나 친구에 관련된 사정 때문에 감정적인 불화가 생긴 일이 있는가? (예: 사랑하는 사람의 죽음, 이혼이나 별거 가능성에 대한 걱정을 고조시키는 부모의 다툼)
- 불쾌하거나 무서운 상황 때문에 두통이 생기지는 않았는가? (예: 학교 친구와 물리적으로 충돌하는 것에 대한 두려움, 숙제를 하지 않아서 학교에서 받을 처벌에 대한 두려움, 시험에 대한 걱정)
- 아이의 생활 패턴에 생긴 최근의 변화가 두통을 낳은 것은 아닌가? (예: 친구나 친척과의 이별, 새로운 동네로 이사해서 친구를 사귀어야 하는 상황, 여행 중 걸린 가벼운 질병, 여름의 시작)
- 책임을 모면하고 싶은 욕구에서 두통이 촉발된 것은 아닌가? 일이나 책임을 피하기 위한 구실로 두통을 일상적으로 사용하는 친척이나 다른 가까운 친구에게서 증상을 '빌려온' 것은 아닌가? (예: 설거지를 하기 직전에 항상 두통이 생기는 친척 때문에

아이가 혼자서 설거지를 해야 한다면 아이는 여기서 함축된 뜻을 파악할 수도 있다!)
- 아이에게 두통이 생기고 없어지는 일과 직접적으로 관계가 있는 사건이 있는가? (예: 아이가 아침밥을 먹는 밥상에서 머리가 아프다고 호소하다가 당신이 학교에 가지 않아도 된다고 허락하자 금방 두통이 가시는 경우라면 학교에서 친구들이나 선생님과 문제가 있는지 의심해 보아야 한다.)

감정적인 두통이라도 실재한다

항상 명심해야 할 것은 아이의 두통이 몸 어딘가가 좋지 않아서가 아니라 감정적인 문제로 생겼다고 하더라도 두통은 실재한다는 사실이다. 어른들이 흔히 하는 말로 "너 때문에 머리가 아파"라는 것은 단순히 거슬린다는 표현 이상인 경우가 종종 있다. 다른 사람들의 행동, 걱정, 두려움, 근심 등 인간의 모든 감정은 항상 당신에게도, 아이에게도 정말로 고통스러운, 문자 그대로 진짜 두통을 일으킬 수 있다.

이런 종류의 원인 때문에 두통이 생긴 것이라면 의학적으로 치료해서는 안 된다. 그런 두통에 필요한 것은 사려 깊고 동정심 가득한 부모의 돌봄이다. 아이는 사랑과 애정, 이해, 정신적인 지지, 그리고 부모로서의 순수한 관심으로 드러나는 당신의 도움을 필요로 한다. 아스피린이나 타이레놀 같은 진통제를 주는 것으로는 아이에게 필요한 감정적인 지지를 대신할 수 없다.

대부분 인내심을 가지고 아이를 관찰하고 최근에 일어난 사건이나 상황을 돌아보면, 두통의 원인을 알아낼 수 있다. 그런 방법으로도 알 수 없으면 혹시 다른 증상이 생기진 않는지 발견할 수 있도록 계속해서 아이를 주의 깊게 지켜보라. 발열, 구토, 기침, 피부 발진, 시각적인 불안정, 체중 감소, 만성적인 피로와 권태, 그 외에도 정상적인 상태와는 다른 어떤 신체적인 변화가 나타나는지 지켜보아야 한다.

두통이 생기는 위치도 원인을 파악하는 데 도움이 될 수 있다. 머리의 앞부분이 아픈 것이라면 부비강副鼻腔이 두통의 원인은 아닌지 의심해 보아야 한다. 두통 외에도 코에서 초록색을 띠거나 노란 분비물이 나오는 증상이 있을 수 있다. 이 상태는 보통 저절로 낫는다. 참을 수 없을 만큼 아픈 경우에는 두통을 완화하기 위해 제한된 양의 타이레놀을 복용할 수 있다. 충분한 습기로 코에 연결된 통로가 열려 분비물이 배출되도록 가습기를 사용하고 아이에게는 충분한 양의 음료를 먹여서 탈수를 방지해야 한다. 이런 조치가 듣지 않고 두통이 참을 수 없을 만큼 심해지면 더 효과가 좋은 진통제(코데인)를 처방받으러 병원에 가야 할 수도 있다. 나는 개인적으로 코데인이나 다른 마약 계열 약물을 처방하는 것을 좋아하지 않는다. 중독성이 있을 뿐만 아니라 일부 심각한 경우를 포함해서 다른 부작용들도 많기 때문이다. 그렇지만 심한 고통을 덜어주기 위한 코데인의 제한적인 사용은 용인될 수 있다.

부비강염(축농증)이 계속 재발하는 경우에는 치료를 되풀이해서 하는 것보다 예방책을 찾아보아야 한다. 음식이나 환경 알레르기에 원인이 있을 가능성을 고려해 보고 원인이 되는 것을 직접, 또는 전문가를 고용해서 찾아내도록 노력하라.

정면의 부비강염은 6살이 되기 이전에는 생기지 않는다. 그러므로 아이가 6살 미만이면 부비강염 때문이 아닐 가능성이 높다. 주의해야 할 점이 또 있다. 부비강에 생긴 문제는 기압이 변하면 더 커질 수 있다. 그러니 아이가 이런 증상을 겪고 있을 때는 비행기에 태워서는 안 된다.

긴장성 두통

머리 뒤쪽에 생기는 두통은 감정적인 원인에서 생기는 긴장의 산물일 가능성이 높다. 머리의 측면이 아프면 편두통일 가능성이 있지만 아이들에게는 편두통 자체가 극히 드물고 10살 이하에게서는 사실상 알려지지 않았다. 편두통은 가족력이 있거나 유전적인 경우가 보통이지만 알레르기가 원인일 가능성도 알아보아야 한다. 편두통에는 구토 증상이 함께 나타나서 환자가 구토한 후 잠이 들면 사라지는 경우가 종종 있다. 고통을 완화하기 위해 진통제를 복용하는 것 말고는 특별한 치료법이 없다.

이 모든 노력을 기울여서도 두통의 원인을 밝힐 수 없고 고통이 계속 아이를 괴롭힌다면 의사의 도움을 구하는 것이 좋겠다. 그렇다고 해서 당신이 기울인 노력과 시간이 낭비된 것은 아니다. 의사가 더욱 정확한 진단을 내리는 데에 도움이 될 상세한 정보를 줄 수 있으니 말이다. 또한 감기, 독감, 또는 다른 흔한 질환의 증상이라고는 보이지 않는 증상이 나타나는 경우에도 물론 병원에 가야 한다.

의사를 만나면 그럴듯한 원인을 찾아보면서 그동안 알게 된 모든 정보를 상세하게 전달하라. 그 모든 정보는 의사가 반드시 참고해야 하는 중요한 내용이다. 의사가 당신의 말에 관심을 기울이지 않는 것처럼 보이거나 그에 필요한 시간을 할애할 의향이 없는 것 같다면 의사를 잘못 고른 것이다.

의사는 또한 머리끝에서 발끝까지 세심하고 철저하게 신체적인 검사를 해야 한다. 그 검진에는 보통 다음과 같은 요소들이 포함되어야 한다.

- **망막의 상태를 알아보기 위해 눈의 뒤쪽을 검안경으로 들여다보는 검진.**

눈 뒤쪽의 신경과 혈관을 들여다봄으로써 의사는 뇌에 종양이 있을 때 생기는 두개골 내 압력 증가나 혈관의 장애를 드러내는 이상을 발견할 수 있다. 뇌종양은 아이들에게는 극히 드물다. 종양이 있다면 아침에 더욱 심해지는 경향이 있는 구토나 구역질, 기절 발작, 현기증, 시력에 관련된 문제, 그리고 다른 신경계 이상으로 인한 증상도 나타난다. 아이들에게서 뇌종양은 아주 드물기 때문에, 두통을 초래할 수 있는 원인으로는 목록의 맨 아래쪽에 실린다.

- **고막에 구멍이 났거나 감염되지는 않았는지, 혹시 이물질이 들어 있지는 않은지 확인하기 위해 검이경을 사용한 고막과 외부 공기관의 검진.** 어린아이들은 귀에 크레용이나 콩, 구슬, 그리고 다른 물건들을 집어넣기도 하는데, 그것 때문에 염증이 생겨서 두통이 일어나기도 한다.
- **아이에게 맞는 사이즈의 조그마한 기구를 사용한 혈압 측정.** 높은 혈압은 신장 질환이나 특정한 종양, 또는 혈관 기능 장애를 뜻하는 증상일 수 있다.
- **반사 망치로 아이의 반사 반응을 알아보고 핀이나 브러시, 조율 포크 같은 것으로 감각 지각 기능을 알아보는 세심한 신경계 검진.** 의사는 보통 양쪽 사지에서 반사 반응과 힘줄이 같은 수준으로 있는지 알아본다. 양쪽 팔과 다리에서 동일한 반사 반응이 일어나지 않으면 중추 신경계나 말초 신경계의 이상이나 척추 질환, 뇌

종양, 아니면 다른 신경계 기능 이상이 생긴 것일 수 있다.
* **청진기를 이용해서 심장과 가슴을 검진하고 몸의 여러 다른 부위의 맥박을 재는 것도 그만큼 중요하다.** 심장 질환이나 폐의 문제, 그리고 혈관의 기능 장애를 발견하기 위한 것이다.
* **한 번에 전부 해야 하는 것은 아니지만 의사는 아이 몸의 모든 부위를 시각적으로 검진할 때 완전히 벗은 몸의 상태를 검진해야 한다.** 간과 갑상선, 그리고 림프샘에 이상이 있는 것은 아닌지 복부 상태를 조사해야 한다.

위에 기술한 것들은 아픈 아이가 반드시 받아야 하는 검사지만 항상 받지는 못한다. 소아과 의사들은 보통 아주 많은 환자를 보기 때문에 병력 청취와 신체 검진을 비롯한 모든 것을 서둘러 끝내려고 몰아친다. 사실, 많은 의사가 신체 검진을 건성으로 한다. 나는 시카고에 있는 쿡 카운티 병원에서 인턴으로 일할 때 그런 광경을 처음으로 목격했다. 장차 전문의가 될 사람들을 대상으로 한 시험이었다. 시험 내용 가운데 지원자가 이불로 가려진 환자를 검사하는 것이 있었는데, 놀랍게도 검진한 지원자들 가운데 상당수가 환자의 다리가 나무라는 사실을 발견하지 못했다! 같은 병원의 응급실에서 일하는 동안 나는 마이클 리즈 응급실에서 이송되어 온 환자를 받은 적이 있다. 환자에게는 1차 진단을 한 메모가 딸려 왔는데 관상 동맥 심장 발작이라고 쓰여 있었다.

내가 환자의 재킷을 벗겼을 때 드러난 것은 찔린 상처였다!

의사에게 질문하는 것을 두려워하지 말라

그러니 의사가 철저하게 검사를 할 것이라고는 기대하지 말고, 혹시 빠뜨리는 것이 있거든 질문을 던져라. 당신의 질문에 의사가 화를 내거나 둘러대는 애매한 대답으로 무시하는 태도를 보인다면 다른 의사에게 가는 것을 고려해 보라. 당신이 던진 질문에 대한 근거를 대야 할 것 같으면 이 책에서 읽은 것을 말해 주면 된다. 그러면 의사는 버럭 성을 낼 것이다!

병력과 신체 검진에서 두통의 원인을 알아내지 못하면 (어쩌면 알아내고서도) 아마도 의사는 검사를 몇 가지 해보자고 말할 것이다. 드러나지 않은 감염 사실과 당뇨병 같은 신진대사 이상을 알아보기 위한 혈액 검사와 소변 검사가 포함되어 있을 것이다. 두통의 다른 원인이 밝혀지지 않았다면 이 2가지 검사 모두 받아보는 것이 좋다. 의사들이 일상적으로 하는 다른 많은 검사와는 달리 혈액 검사와 소변 검사는 상당히 정확한 답을 주기 때문이다. 그렇지만 이 2가지를 제외한 다른 검사들을 어느 정도로 실시해야 할지에 대해서는 나는 상당히 유보적인 입장이다.

예를 들어 두개골의 엑스레이를 찍거나 CAT 스캔을 하거나 뇌파 검사를 하는 것이 도움이 되는 경우는 드물다. 그렇지만 많은 의사가 이런 검사를 실시하고자 한다. 너무나 많은 의사가 할 수 있는 것은 뭐든지 해야 한다는 생각에 사로잡혀 있는 듯하다. 내 판단으로는 두개골 엑스레이와 CAT 스캔은 거의 도움이 되지 않으며 될 수 있으면 하지 말아야 한다. 불필요하게 방사능에 노출되는 것은 가능한 한 피해야 하기 때문이다. 일시적인 혼수 상태나 지속적인 구토, 또는 기억 상실이나 눈의 초점을 맞추지 못하는 등의 다른 증상이 뒤따르지 않는 한 머리에 외상이 있다는 것도 두개골 엑스레이를 반드시 찍어야 할 이유는 되지 못한다.

뇌파 검사에도 같은 경고가 적용된다. 뇌파 검사는 뇌종양과 혈전, 그리고 간질 진단에는 유용한 수단이지만 다른 목적에 쓰일 때는 대부분 신뢰할 수 없다. 전반적으로, 진단 도구로서 뇌파 검사가 제공하는 정보는 옳아야만 할 때에도 틀릴 가능성이 높다. 심각하게 생명을 위협하는 신경계 질환이 있는 환자들의 20퍼센트에서 뇌파 검사 결과가 정상으로 나왔고, 신경계에 아무런 문제도 없는 환자들의 20퍼센트에서 뇌파 검사 결과가 비정상으로 나왔다는 연구 결과가 있다. 나는 이전의 책에서 라임 젤라틴으로 머리를 채운 마네킹에 뇌파 검사 기계를 연결해 본 연구자에 관한 이야기를 쓴 적이 있다. 뇌파 검사 기계에서는 마네킹이 살아 있으며 건강하다는 결과가 나왔다!

검사를 끝낸 의사가 약을 복용하라고 권할 수 있다. 두통의 원인을 분명하게 알아냈다면 고통을 덜어주기 위해 진통제를 제한적으로 사용하는 것을 용인할 수 있다. 하지만 그렇지 못한 경우라면 진통제를 사용하지 말아야 한다. 아스피린과 아세트아미노펜에는 약 자체에 수반되는 위험이 있을 수 있기 때문이다. 확실한 진단이 내려져서 꼭 필요하지 않은 한 항히스타민이나 향정신성 약물의 사용은 거부해야 한다. 의사가 좋아하진 않겠지만 당신에게는 당연히 의사가 처방하는 약이 어떤 도움이 될지, 그리고 그 이득이 약이 초래할 수 있는 잠재적인 위험이나 부작용보다 못하지 않은지 질문할 권리가 있다.

두통의 원인이 발견되지 않았을 경우 두통으로 인한 고통을 완화시킬 약을 복용하는 것에 반대하는 내 의견에는 더 자세한 설명이 있어야 할 것 같다. 고통은 무언가가 잘못되었다는 것을 알리는 자연의 방식이다. 진통제를 사용하면 고통을 끝낼 수 있을지 모르겠지만 그것으로 근본이 되는 문제를 해결하지는 못한다. 아이는 여전히 아프지만 고통은 사라졌다. 그러면 아무래도 두통을 초래한 원인을 찾는 데에 소홀하게 될 수 있다. 진통제를 사용하지 않고도 두통이 완전히 없어지거나 두통의 원인을 파악할 때까지는 다른 부가적인 증상이 나타나지는 않는지 당신과 의사가 경계심을 가지고 지켜보는 것이 중요하다.

 ## 두통에 대한 멘델존 박사의 명쾌한 조언

1. **아이에게 따뜻하고 섬세하고 상냥하고 사랑에 넘치는 환경을 제공해서 감정적인 원인에서 비롯되는 두통이 생기지 않도록 신경 쓰라.**

   아이와 신뢰감 있는 관계를 맺어서 아이에게 불안한 사건이나 상황이 생겼을 때 정신적인 지지와 위안을 줄 수 있어야 한다. 이것은 부모의 기본적인 역할이고 아이의 건강과 성장에 가장 큰 영향을 미친다는 점을 한순간도 잊어서는 안 된다.

2. **부모의 기대를 충족시킬 수 없을 거라는 두려움 때문에 아이가 정신적으로 아파질 수 있는 과도한 요구를 하지 않도록 주의하라.**

   아이들은 어른들과 같은 부담을 질 수도 없고 그런 기대를 해서도 안 된다. 사람들이 말하는 것처럼 **아이의 일은 놀면서 배우는 것이다.**

3. **아이가 계속 두통을 호소하지만 그 외의 다른 증상이 없는 경우라면 원인을 당신이 스스로 판단하도록 노력해 보라.**

   다른 원인을 고려하기 전에 먼저 감정적인 원인과 일반 감기나 독감에 걸렸을 가능성이 있지는 않은지 생각해 보라.

4. **두통 외의 다른 증상이 나타나지 않는다면 경계를 풀어도 된다.**
   그 두통이 몸에 더 심각한 문제가 생겼다는 의미일지도 모른다는 걱정을 섣불리 할 필요는 없다. 병원에 가기에는 아직 이르다.

5. **당신의 불안과 스트레스가 이미 너무 높은 수준이고 아이의 두통이 또 하나의 걱정거리가 되고 있다면 아이를 병원에 데려가라.**
   하지만 의사가 아이에게 하는 일을 주의 깊게 감시하는 게 좋을 것이다.

6. **며칠 동안 계속해서 하루에도 여러 번씩 머리가 아프거나 쉴 새 없이 고통에 시달린다면 다른 증상이 없어도 병원에 데려가야 한다.**

7. **아이를 병원에 데려가면 의사가 신체와 신경계 검사를 철저하게 하고 병력을 주의 깊게 청취하는지 확인하라.**
   아이는 의사가 제공할 수 있는 최선을 받을 가치가 있다. 그러므로 의사가 아이를 소홀하게 취급하는 것 같거든 다른 의사를 찾아라.

8. **혈액 검사와 소변 검사 외에 의사가 하려는 모든 검사에 의문을 제기하라.**
   관련 증상이 있거나 신체와 신경계 검진에서 이상이 발견된 경우가 아니라면 두개골 엑스레이와 뇌파 검사 같은 다른 검사에는 반대해야 한다. 의사가 하고자 하는 다른 검사들의 필요성에 대한 설명을 요구하라. 의사가 화를 내거나 애매모호하게 둘러대려고 한다면 다른 의사를 찾아가는 것을 고려하는 게 좋을 것이다.

9. **두통의 원인이 밝혀져서 그에 해당하는 치료를 하는 경우가 아니라면 고통 완화를 위해 약한 진통제를 짧은 기간 동안 주는 것 이외에는 아이에게 약을 먹이지 말라.**

만약의 경우를 위한 투약은 절대로 받아들이면 안 된다. 동시에 의사에게 아이의 신체적·신경계적인 상태 변화를 지켜봐달라고 주장해야 한다. 엄마 역시 원인을 정확하게 알아내는 데 도움이 될지도 모를 부가적인 증상이 나타나지는 않는지 방심하지 말고 경계해야 한다.

10. **아이의 두통이 사고로 인한 부상 때문이라는 것을 당신이 알고 있는 상태에서 아이가 의식 상실을 보였거나, 현기증을 호소하거나, 시간이나 장소를 제대로 인식하지 못하거나, 혼란스러워한다면 즉시 병원 응급실로 데려가라.**

당신이 없는 상태에서 일어난 일이라서 의식을 잃은 적이 있는지 알 수 없을 경우에도 즉시 응급실로 데려가라.

9

엄마, 배가 아파요!

알레르기, 중독, 충수염 등 복통의 원인 짚어내기

　소아과에 아이들이 올 의미가 없는 병으로 발열과 보통 감기와 더불어 둘째가라면 서러워할 증상이 복통이다. 복통은 아이들에게 흔한 증상이지만 신체의 내부 기관에 원인이 있을 가능성은 드물기에 보통 심각한 병을 가리키지는 않는다. 여태까지 내가 진료했던 경험에서 보자면 '복통' 때문에 병원에 온 꼬마 환자들 가운데 실제로 의학적인 투약이 필요했던 것은 10명 중에서 1명 정도밖에 되지 않았다.

　다른 증상(중요한 것으로는 구토, 설사, 식욕 상실, 체중 감소 등)이 따르지 않는 한 일반적으로 복통은 걱정할 필요가 없다. 당신이 조금만 주의를 기울이면 아이가 왜 아픈지 아마도 알아낼 수 있을 것이다. 대부분 아이가 배가 아픈 건 너무 많이 먹거나 너무 빨리 먹기 때문에 생긴 소화불량으로 생긴 결과거나, 다른 질환의 부산물이거나, 정신적이거나 감정적인 문제로 생긴 결과거나, 음식, 약물, 또는 아이가 먹는 음식에 들어 있는 화학 첨가제에 대한 알레르기라는 사실을 알게 된다.

정신적·감정적인 원인은 두통에 관한 장에서 이미 설명한 것과 유사하다. 예를 들어 아이가 아침, 즉 학교에 가기 직전이 되면 반복적으로 배가 아파진다고 가정해 보자. 당신은 학교를 빠지게 하는 것이 내키지 않지만, 아이가 너무 고통스러워하므로 학교에 가지 않아도 된다고 허락하면 그 순간 아이의 복통은 기적적으로 사라질 것이다! 이런 일이 몇 차례 반복되면 당신은 아이가 거짓말을 하는 것 같아 꾸짖거나 벌을 주고 싶은 생각이 들 것이다. 그러지 말라. 아이는 진짜로 아프다. 다만 복통의 원인인 마음의 상처에서 해방되어 안심했기 때문에 복통이 즉시 사라졌을 뿐이다.

이런 증상은 '학교 공포증'이라는 이름이 따로 붙을 정도로 매우 흔하다. 아이를 병원에 데려가는 것만으로는 문제를 해결할 수 없다. 그보다 아이가 학교에서 잘 지내고 있는지 물어보라. 아이가 학교에서 괴롭힘을 당하고 있는가? 엄격한 선생님 때문에 괴로워하고 있는가? 숙제를 다 하지 못해서 걱정하고 있는가? 아이가 아주 어리다면, 엄마와 떨어져서 낯선 환경에 처하는 상황을 두려워하는 것은 아닌가? 당신이 아이가 근심스러워하는 원인을 알아내 없앨 수 있다면 아이의 고통도 없어질 가능성이 크다.

두통의 경우처럼, 복통도 불쾌한 일을 기피하고 싶은 마음이나 사랑받고 싶은 욕구를 완전하게 채우지 못한 아이들에게서 따뜻한 관심을 받고 싶어 하는 욕구가 무의식적으로 발현된 형태일 수 있다. 더 많은 부모가 '오늘 당신의 아이를 안아주었나요?'라는 조언을 따른다면 계속 재발하는 '복통' 중에서 상당수는 저절로 나을 것이다.

알레르기가 복통을 유발하는 경우도 많다

알레르기와 화학 물질도 흔히 배가 아프게 만드는 원인이다. 유당 불내증(우유에 대한 알레르기)은 부모들이 생각하는 것보다 훨씬 흔한 질환이다. 하지만 우유 이외에도 아이들(과 어른들)에게 알레르기를 일으킬 수 있는 음식은 광범위하다.

아이가 겪는 복통이 음식물 알레르기인지 아닌지 판단하려면 시간과 노력이 필요할 뿐만 아니라 아이가 그런 과정을 거부할 수도 있다. 그러나 음식 알레르기가 원인인 경우라면 확실히 효과가 있다. 아이의 식단에서 특정한 음식을 한 번에 하나씩 차례로 없애보라. 그리고 지속적으로 복통이 사라지는지 관찰한다. 그런 실험에서 의심이 가는 음식이 있거든, 다시 식단에 그 음식을 포함해서 복통이 재발하는지 지켜보라. 그것을 먹고 아이가 다시 복통이 생기면 당신은 답을 찾은 것이다!

여러 가지 음식에 알레르기가 있다면 1가지 음식을 없앤다고 해도 복통이 사라지지 않고 다른 음식이 계속 아픔을 유발할 것이기 때문에 찾는 과정은 더 어려워진다. 그런 경우라면 거꾸로 알레르기를 일으킬 법한 모든 음식을 식단에서 제거한 다음 하나씩 다시 넣는 방법을 택해야 한다. 어떤 음식이 들어갔을 때 아이에게 복통이 다시 생긴다면 당신은 범인 하나를 잡은 것이다. 그 음식은 영구적으로 먹이지 않도록 하고, 아이가 알레르기를 보이는 모든 음식물을 찾아낼 때까지 다른 음식들을 한 번에 1가지씩 다시 식단에 넣어본다.

첫 번째 접근법을 사용하면, 가장 가능성이 높은 후보를 먼저 제거함으로써 과정을 신속히 진행할 수 있다. 화학 첨가제가 든 식품이 주범일 가능성이 가장 크다. 그것은 가공 처리된 음식과 제조된 식품을 사실상 완전히 끊어버리고 자연식품과 집에서 조리한 음식에만 의지해야 한다는 뜻이다. 자연식품이나 '100퍼센트 천연 재료 사용'이라는 라벨이 붙은 식품을 사고, 라벨을 주의 깊게 읽어라. 알레르기를 일으킬 수 있는 자연식품에는 토마토, 오이, 오렌지, 살구, 자두, 복숭아, 매실, 산딸기, 포도 등이 있다. 그러나 아이가 다른 음식에 알레르기를 보였을지도 모른다.

일단 화학 첨가제가 들어 있지 않은 식품을 찾다 보면 우리가 매일 먹는 음식들에 화학 첨가제가 얼마나 널리 퍼져 있는지 놀랄 것이다. 당신이 수많은 식품 포장의 곁면에 조그맣게 인쇄된 내용을 일일이 다 읽어본다면 입맛이 뚝 떨어지는 것을 느꼈을 것이다. 탄산나트륨sodium cabonate, 탄산칼륨potassium carbonate, 트리폴리인산나트륨sodium tripolyphosphate, 알긴산나트륨sodium alginate, 인산이나트륨disodium phosphate, 이노신산이나트륨disodium inosinate, 그리고 구아닐산이나트륨disodium guanylate으로 만든 맛있어 보이는 수프에 대해서 어떻게 생각하는가? 무엇이 들어가 있는지 알면서 그런 수프를 대접받는다면 아마도 먹기가 두려울 것이다. 당연하다. 그러나 위에 언급한 화학 물질들은 유명한 브랜드의 중국식 국수용 수프 믹스에 들어가 있는 것들이다!

모든 화학적인 착색제, 보존제, 안정제, 그리고 맛 강화제는 그 위험성도 문제지만 알레르기를 일으킬 수 있는 물질이다. 이런 물질들은 나중에 자세하게 다룰 주의력 결핍 장애를 유발하는 가장 큰 원인이다. 화학 첨가제를 피하기란 쉽지 않다. 하지만 당신은 할 수 있다. 화학 첨가제를 피하고 자연식품에 의지할수록 아이의 복통을 치료할 수 있을 뿐만 아니라, 당신과 가족 모두가 더욱 건강해질 것이다.

내가 당신에게 식품 탐정이 되라고 촉구하는 이유는 2가지다. 먼저 의사는 그렇게 하고 싶어도 할 수가 없으며, 그렇게 하고 싶어 하지도 않는다. 둘째로, 아이가 느끼는 불편함의 원인을 당신이 찾아내서 없앨 수 있다면 아이를 병원에 데려갔을 때 생길지 모르는 더 큰 불편함과 잠재적인 위험을 피하도록 돕는 것이다. 복통이 반복적으로 있더라도 아이가 잘 자라고 건강해 보이고 키와 체중이 계속 늘어난다면, 그리고 다른 증상이 없다면, 의학적으로 그 복통을 치료할 방법도 없고 병원에 가야 할 필요도 없다. 아이를 정신적으로 격려하고 알레르기성이거나 감정적인 원인이 있는 것은 아닌지 찾아보라.

복통을 '치료'하려고 약을 먹여서는 안 된다

아이가 '배가 아프다'고 호소할 때 나는 약을 먹이는 것을 권하지 않는다. 어떤 부모들은 배가 아픈 아이들에게 중탄산나트륨(베이킹 소다)이나 처방전을 받지 않아도 살 수 있는 다른 제산제를 먹인다. 그것은 2가지 점에서 현명치 못한 행동이다. 우선 아이가 '배가 아프다'고 할 때는 위가 아니라 복부 내의 다른 곳(장, 콩팥, 또는 다른 기관)이 아프다는 뜻일 수도 있기 때문이다. 그런 경우라면 제산제는 도움이 안 된다. 둘째로, 아이들에게는 흔치 않은 증상이긴 하지만, 아이가 겪는 고통이 과도한 위산 분비 때문이라면 중탄산나트륨이 일시적으로 도움이 되긴 하지만 위 내의 모든 산을 중화해 버리기 때문에 역작용을 일으킨다. 아이의 위는 산을 재생산하느라 과도하게 일해야 하고, 아마도 이전 상태보다 산이 더욱 많이 분비될 것이다. 당신이 해줄 수 있는 유일하고도 즉각적인 구제책은 사랑과 위안, 연민, 그리고 기분 전환을 적당하게 제공하는 것이다. 복통의 원인이 감정적인 문제였다면 그것만으로도 통증을 없앨 수 있을 것이다.

　복통이 항상 무해하다고 말하는 것이 아니다. 복통은 50가지 이상의, 때로는 심각하거나 심지어는 생명까지 위협할 수 있는 질병에 수반되는 증상 중 '1가지'다. 만약 심각한 문제를 나타내는 복통이라면 모든 경우에 다른 증상이 같이 나타난다. 하지만 아이를 병원에 데려가면 의사는 영양적인 문제나 감정적인 문제에 원인이 있을 가능성을 무시하고 그 '1가지 증상이 존재한다는 사실을 바탕으로 무분별한 진단 과정을 시작할 것이다. 복부 통증은 수많은 질환에서 나타나는 증상이므로 의사는 아이에게 끝도 없이 많은 검사를 할 수 있다. 이 검사 상당수는 정확도가 거의 최저 수준밖에 되지 않기 때문에 의사가 오진을 하게 될 수도 있다. 또 많은 검사가 아이에게 고통스럽고 정신적인 상처를 남기기 때문에 결과적으로 엄마에게도 고통스럽다. 사실상 이 검사들은 모두 위험하며 심지어 어떤 것은 아이를 죽게 만들지도 모른다. 더욱이 다른 증상이 따라오는 것이 아니라면 그 모든 검사는 불필요하다.

　더 큰 위험은 그런 검사들을 실시하기 위해서 의사가 아이를 입원시킬 수도 있다는 점이다. 많은 검사에 장을 비운다든지 하는 사전 준비가 필요한데, 입원해야 훨씬 빠르고 철저하게 검사 준비를 할 수 있다. 그런 입원과 검사에는 치료비 이상의 값비싼 대가가 따른다. 보통은 헛된 탐색이기 일쑤고, 검사와 엑스레이에 따르는 위험을 제외하고도 아이들은 대부분 입원이라는 경험에서 정신적 상처를 입게 된다. 또한 건강한 아이가 입원하는 동안 병에 걸릴 위험도 실제로 존재한다.

만약 아이가 복통 이외에도 구토나 설사, 또는 피가 섞인 대변 같은 몇 가지 다른 증상을 보이거든 즉시 의사에게 데려가야 한다. 앞서 말했던 것처럼 여러 가지 질환 가운데 하나에 걸렸을 수도 있기 때문이다. 가장 가능성이 높은 것은 충수염*이다.

충수염 진단

15~30살 남자들에게 가장 흔하게 발병하기는 하지만, 충수염은 태어난 지 몇 주 되지 않은 유아를 비롯한 모든 연령대에서 생긴다. 충수염은 아마도 아주 어린 아이들에게 가장 위험하다

---

*   대중에게는 흔히 '맹장염'으로 알려져 있다. 이 염증 부위를 제거하는 수술을 가리켜 흔히 '맹장을 제거한다'고 표현하나, 이 책에서는 의학적으로 맞는 표현인 '충수 제거'로 표기한다. (편집자 주)

고 할 수 있을 것이다. 진단하기도 어렵고, 많은 경우가 진단을 내리기도 전에 충수가 터져버리기 때문이다.

충수염에는 거의 항상 구토와 발열이 따른다. 그렇지만 구토는 지속적이지 않을 수도 있으며, 발열 역시 미미할 수 있다. 초기에는 복부 전체에 통증이 있지만 몇 시간 이내에 오른쪽 아랫배에서만 통증이 느껴진다. 그 지점에 가해지는 압력이 극심한 통증을 유발한다. 충수가 터져버리면 통증은 다시 복부 전체로 확대된다. 발병하기 전에는 대부분 식욕 상실 증상이 먼저 나타난다.

아이를 병원에 데려가면 의사는 병력을 주의 깊게 청취하고, 특히 통증이 생기기 전에 일어난 사건에 특별한 관심을 기울여야 한다. 의사는 아픈 지점을 파악하는 동작을 비롯해 신체를 철저하게 검진해야 한다. 이런 검진에는 복부 근육을 긴장시키기 위해 아이에게 똑바로 누워 다리를 들어보라고 하는 것과 아이가 고통 때문에 복부의 어느 한쪽을 감싸지는 않는지 확인하기 위해 걷도록 하고 지켜보는 것이 포함되어야 한다. 백혈구 숫자가 증가했는지 확인할 혈액 검사와 백혈구가 소변에 섞여 배출되는지 알아볼 소변 검사도 해야 한다. 전자는 염증이 생겼다는 것을 가리키며, 후자는 요로 감염을 나타낸다.

검사를 한 결과 충수염이 의심되면 소아과 의사는 아마도 아이를 외과로 보낼 것이다. 외과 의사가 충수를 제거하는 수술을 권하면 애초에 진찰했던 소아과 의사도 같은 의견인지, 공동으로 책임을 지는지 확인하라. 외과의들은 수술이 직업이며 충수염이라고 의심할 정당한 사유가 있다면 대개 자신들의 재능을 발휘할 기회를 잡으려고 들 것이다. 그 결과 해마다 몇천 개의 건강한 충수들이 제거되고 있다. 수술은 아프고 돈이 들 뿐만 아니라, 충수 자체에도 유용한 역할을 한다고 믿을 만한 본질적인 이유가 있다. 그러므로 아이가 위험하지 않은 이상 충수를 제거하도록 하는 것은 현명치 못하다. 게다가 충수염도 충수가 터지는 경우에는 치명적일 수 있지만, 충수 절제 수술 자체로 인한 사망률은 거의 충수염의 사망률만큼이나 높다. 아이의 수술을 허락하기 전에 소아과 의사와 외과 의사의 진단 소견이 일치하는지, 그리고 맹장이 터질 가능성이 높은지 확인하라.

수술에 동의해야 하는 경우라면 수술이 진행되는 동안 소아과 의사에게 수술실에 배석해달라고 요청하라. 무언가가 잘못될 경우를 위한 대비책이다. 또한 정말로 무언가가 잘못된다면 당신에게는 증인이 하나 생기는 것이다. 일반적으로는 잘 알려지지 않은 사실이지만 많은 연구가 대학 병원의 수술실에서 환자나 환자 보호자의 동의를 받지도, 알리지도 않은 상태에서 행해진다. 당신의 아이가 부지불식간에 연구 대상이 되지 않도록 소아과 의사에게 수술을 참관해달라고 요청하는 것이 현명하다.

계속 재발하는 복부 통증은 아이를 괴롭히는 그 어떤 만성 질환만큼이나 괴롭다. 아이가 겪는 고통과 괴로움은 엄마에게도 영향을 끼치게 마련이다. 다행스럽게도, 오랜 의학계의 책임 회피적 변명을 인용하자면, 당신은 '그것을 끌어안고 사는 법을 배울' 필요가 없다. 이 장에서 내가 제시한 충고를 따르면 아이에게 재발하는 복통의 원인을 파악할 수 있을 것이다.

 ## 복통에 대한 멘델존 박사의 명쾌한 조언

아이들이 겪는 복통의 대부분은 다른 부가적인 증상이 나타나지 않는 한 의학적인 치료를 받을 필요가 없다. 따라서 아이가 '배가 아프다'고 호소할 때 이를 구별해야 한다. 복통의 원인이 충수염인지, 장폐색인지, 또는 의사의 도움을 받아야 할 다른 심각한 질병인지, 아니면 당신이 직접 다룰 수 있는 문제인지 판단을 내리게 해줄 조언 몇 가지는 다음과 같다.

1. 복통 이외의 다른 증상이 없는 경우라면 의사보다 당신이 원인을 더 잘 알아낼 수 있다.

    그러나 발열, 구토, 소변볼 때 통증, 피가 섞인 대변 같은 다른 증상이 함께 나타난다면 반드시 의사에게 상의해야 한다.

2. 다른 증상이 전혀 없다면 복통이 일어나기 전의 사건이나 상황을 주의깊게 돌이켜보라.

    아이가 너무 많이, 너무 빨리 먹었는가? 익숙하지 않은 음식이나 음료를 먹었는가? 독성 물질을 섭취하거나 유리구슬이나 옷핀 같은 물건을 삼켰는가? 전에 한 번도 먹은 적이 없는 약을 먹진 않았는가? 친구와의 싸움이나 언쟁, 나쁜 성적표, 심한 꾸짖음이나 처벌 같은 정신적인 상처가 남을 만한 경험을 했는가? 복통이 반복해서 계속 일어나는 경우라면, 어떤 비슷한 사건이 일어나기 전에 통증이 생기는가? 하고 싶지 않은 경험(학교 등)이나 불쾌한 일(설거지 등)을 회피하는 것과 관계가 있는가? 이런 질문을 공들여 돌이켜보면 아이의 복통이 정서적인 원인에서 나온 것인지 판단할 수 있다.

3. **병원에 가야 하는 경우라면 의사의 행동을 꼼꼼히 감시하라.**

   병력을 주의 깊게 청취하는지, 신체 검진을 철저하게 하는지 확인해야 한다. 백혈구 숫자의 증가를 알아볼 혈액 검사(염증의 존재 여부)와 소변 내 백혈구의 존재를 확인할 소변 검사(요로 감염), 그리고 하복부 오른쪽에 국한되는 통증(충수염)을 확인하기 위한 검진을 제대로 하는지 확인한다.

4. **충수가 통증을 일으킨 범인이라고 결론을 내린다면 의사는 아이를 외과 의사에게 보낼 것이다.**

   외과 의사가 수술을 추천하면 소아과 의사도 그 결정에 동의하는지, 그리고 공동으로 책임을 지는지 확인하라. 그리고 수술이 진행되는 동안 소아과 의사에게 수술실에 배석해달라고 요청하라.

5. 수술을 하기 전이나 후에 아이를 혼자 병원에 남겨두어서는 안 된다. 엄마가 직접 돌보거나, 여의찮으면 아이가 잘 회복되고 있다는 것을 확신시켜 줄 만한 친척이나 친구가 아이의 곁에 머무르게 하라. 그리고 가능한 한 빨리 아이를 퇴원시키는 것이 좋다.

10

기침, 재채기, 콧물

무분별한 항생제 사용으로부터
내 아이의 기관지를 지키는 법

　미국인들이 매년 처방전이 없이도 살 수 있는 기침과 감기를 위한 일반 의약품을 사는 데 사용하는 금액은 과테말라, 온두라스, 그리고 엘살바도르 정부를 각각 운영하는 데 들어가는 비용을 합친 것보다도 많다. 항생제와 항히스타민제, 그리고 의사들이 처방하는 다른 의약품을 사는 데 들어간 비용을 합하면 코스타리카와 에콰도르 역시 끼워 넣을 수 있을 것이다. 이것은 매우 적절한 비유다. 왜냐하면 위에 언급한 정부들과 감기 약에는, 대다수가 맡은 바 일을 잘하지 못한다는 공통점이 있기 때문이다.

　기침과 감기, 그리고 독감은 모든 사람에게 영향을 미친다. 그러나 아이들은 어른보다 그런 질환들에 훨씬 취약해서 유행하는 질병에 걸릴 가능성이 훨씬 높은 듯 보인다. 치료를 받으면 감기 증상이 완화될 수는 있겠지만, 그 어떤 약을 먹어도 실제로 감기를 낫게 할 수는 없다. 사실 불필요하고 종종 역효과를 초래하는 투약에 관해서, 환자에게는 말해주지 않는 의사들만의 농담이 있다. "감기는 치료하지 않으면 보통 7일 가고 치료하면 1주일가량 간다"는 말이다.

　감기는 대부분의 사람이 1년에 적어도 1번 정도는 걸리는 아주 보편적인 현상이기 때문에 감기의 원인이나 치료법에 관한 이론은 셀 수 없이 많다. 이들 이론은 대략 원칙 이론과 바이러스 이론이라는 2가지 카테고리로 나눌 수 있다. 감기는 겨울철에 더욱 많이 걸린다는 사실을 바탕으로, 원칙 이론에서는 감기가 혹독한 날씨에 노출되는 것과 관계가 있다는 입장을 견지한다. 엄마들과 할머니들이 선호하는 이 이론은 아이들이 목도리를 하지 않았거나 장갑을 끼지 않았거나 방수용 덧신을 신지 않았기 때문에 감기에 걸린다고 주장한다. 의사들이 신봉하는 바이러스 이론에서는 100종류 이상의 바이러스가 감기에 걸리게 만들며, 겨울철에 더욱 자주 감기에 걸리는 이유는 학교에 다니는 아이들이 교실에 집단 수용되어 그중 감염된 아이와 접촉하기 때문이라고 말한다. 바이러스 이론에서는 목도리 2개를 두르고 부츠 안에 모직 양말을 3켤레나 신고 있는 아이도 감기에 걸릴 것이라고 주장한다.

　나 자신의 느낌으로는 2가지 이론 모두, 또는 둘을 절충시킨 이론이 맞는 것 같다. 감기가 바이러스성 감염이며, 바이러스는 기침이나 재채기를 하는 사람들을 통해 공기 중으로 전파되거나 딱딱한 표면에 존재하는 바이러스와의 접촉을 통해서 전파된다는 사실에는 의문의 여지가 없다. 그러나 추위에 노출되면 감기에 걸린다는 증거가 없음에도 불구하고 나는 아이들이 밖으로 나갈 때는 옷을 든든하게 입어야 한다고 주장하는 엄마들과 할머니들의 편에 마음이 기운다. 이런 모순은 부분적으로 엄마와 할머니 들은 의사와 과학자 들보다 건강에 대해서 잘 안다는 내 생각 때문이기도 하며, 또한 추위에 노출되는 것이 감기의 직접적인 원인인 바이러스에 대한 저항력을 낮추는가 하는 문제가 (내 마음속에서는) 아직 결론이 나지 않았기 때문이기도 하다.

어쨌든 추운 날씨에 아이에게 옷을 든든하게 입혀서 손해 볼 것은 없다. 그렇지만 의사가 아이의 감기는 바이러스성 감염이기 때문에 항생제로 치료해야 한다고 주장하면 손해 볼 것이 생긴다. 항생제는 바이러스에는 듣지 않기 때문이다. 이 문제에 대해서는 이 장의 후반부에서 자세히 다루도록 하겠다.

감기와 독감의 증상

아이마다 아주 많이 다르긴 하지만 감기의 증상은 보통 근육통, 피로, 콧물, 기침, 재채기, 흐려진 눈, 그리고 미열이다. 역시 바이러스 때문에 생기는 독감은 감기와 같은 증상에다 구토와 설사, 몸살, 그리고 많은 경우에서 고열이 나는 것이 특징이다.

콧물이 투명하거나, 회색을 띠거나, 또는 흰색이라면 아이는 아마도 감기나 독감 같은 바이러스성 감염에 걸린 것이다. 콧물이 노랗거나 녹색을 띠는 경우라면 박테리아성 부비강염을 뜻하는 고름이 있다는 것을 나타낸다. 감기에 걸리면 또한 합병증으로 기관지염이나 중이염 같은 다른 박테리아성 감염이 생길 수도 있다.

보통 감기와 독감에는 의학적 치료가 필요치 않다. 앞서 말했듯이 감기를 치료하기 위한 투약은 단순히 증상을 완화할줄 뿐이며 스스로 치유하려는 몸의 노력을 방해하기 때문에 오히려 역효과를 낼 수도 있다.

'가장 흔한 폐렴'으로 알려진 바이러스성 폐렴도 마찬가지다. 바이러스성 폐렴은 환자와 의사 모두 엑스레이를 사용하지 않으면 파악할 수 없는 질환이다. 증상은 보통 가벼우며 이 폐렴으로 인해 아이가 위험해지는 일은 없다. 의사가 하는 엑스레이 검사를 제외하면 말이다. 그러나 박테리아성 폐렴은 다르다. 박테리아성 폐렴은 보통 39도가 넘는 고열과 피부가 푸르죽죽해지는 현상으로 알아낼 수 있다. 아이에게 이런 증상이 나타나면 한 치의 의심도 없이 응급 상황이라는 생각이 들 것이다. 즉시 아이를 병원 응급실로 데려가야 한다.

다른 호흡기계 질환 중 아이들에게 상대적으로 흔한 것이 후두염이다. 역시 바이러스 감염 때문에 생기는 후두염은 아이가 숨을 쉴 때마다 들리는 금속성의 헐떡거리는 소리와 쉰 목소리의 금속성 기침 소리, 그리고 숨을 들이마실 때 가슴을 비정상적으로 집어넣는 증상으로 파악할 수 있다. 아이가 후두염에 걸렸을 경우에는 뜨거운 물이 나오도록 샤워기를 틀어놓은 욕실에 들여보내 20분 정도 수증기가 함유된 공기를 들이마시게 하면 그런 증상을 완화할 수 있다. 그러고도 상태가 나아지지 않는다면 박테리아성 폐렴이 아닌지 의심되니 병원으로 데려가야 한다.

그러나 뚜렷하게 심한 호흡 곤란 증상이 있지 않은 한 아이를 병원에 데려가거나 처방전 없이 살 수 있는 약을 먹여 증상을 낫게 하려고 해서는 안 된다. 의사가 처방한 것이든, 아니면 동네 약국에서 산 것이든 감기와 독감 증상을 치료하는 데 흔히 사용되는 약은 여섯 가지 종류로 나뉜다. 충혈 완화제, 가래약, 항히스타민제, 기침 억제제, 진통제, 그리고 항생제가 그것이다. 이런 약물들에는 몇 가지 공통점이 있다. 필요가 없다는 점, 종종 바람직하지 않거나 위험한 부작용을 가지고 있다는 점, 질병에 대항하려는 몸 자체의 노력을 방해할 수 있다는 점, 그리고 돈 낭비일 뿐이라는 점이다. 이런 약들은 보통 아이에게 나타나지도 않은 증상을 다루는 약물 1~2가지를 포함하여 여러 가지를 섞어서 처방된다.

혈관 수축제로도 알려진 충혈 완화제는 콧구멍 안의 점막이 부어서 코로 호흡이 곤란한 증상을 경감시키기 위해서 처방된다. 충혈 완화제는 부은 점막을 수축시켜서 콧구멍을 열어준다. 일시적으로는 증상이 호전되지만, 문제가 바로 여기에 있다. 증상이 호전되는 것이 일시적이기 때문에 다시 코로 호흡이 곤란해지면 엄마는 아이에게 같은 약을 더 먹이기 십상이다. 그것이 되풀이되면 궁극적으로는 반동 작용이 일어나서 코가 막히는 증상이 애초에 약을 먹이기 이전보다도 심해지게 된다. 코가 막혔을 때 엄마가 취할 수 있는 더 분별력 있고 위험이 없는 조치는 앞서 언급했듯이 수증기가 가득한 욕실에 자주 들여보내거나 가습기를 트는 방법이다.

개별적으로 처방되는 일이 잦지만 복합 약에도 들어가는 항히스타민제는 알레르기를 치료하기 위해 사용되는 약이다. 우리 몸은 알레르기에 대항해서 싸울 때 천연 히스타민을 분비하게 되는데, 이런 작용 때문에 눈에서 눈물이 나고 콧물이 나온다. 항히스타민제는 히스타민이 분비되는 것을 막아 코의 점막을 건조하게 만들고 감기를 치료하려는 몸의 노력을 방해한다. 감기 환자에게는 수분이 더 많이 필요하면 했지, 적어서는 안 된다.

가래약은 폐의 점액을 녹여서 아이가 기침을 편하게 할 수 있도록 해주려는 약이다. 하지만 제약 회사에서 이런 작용을 한다고 주장하며 시판하는 약들의 대부분은 아직 FDA에서 효과가 있다는 승인을 받지 못했다. 제약 회사들조차도 효과를 증명할 수 없는 약을 사는 데 돈을 쓰는 것은 이치에 닿지 않는다.

기침 억제제인 덱스트로메토르판 하이드로브로마이드dextro-methorphan hydrobromide는 여러 종류의 감기약에 3~20밀리그램까지 들어 있다. FDA에서는 이 성분이 일단 효과는 있다고 간주한다. 하지만 여기서 생기는 질문은 "왜 이 약을 복용하려고 하는가?"다. 아이의 기침이 신경 쓰이겠지만, 기침은 목적이 있어서 하는 것이다. 폐에 가득 차 있는 점액을 제거하려고 아이의 몸이 작동시킨 메커니즘을 왜 방해하려고 하는가?

감기와 독감에 가장 흔히 쓰이는 진통제는 아스피린과 아세트아미노펜이다. 이 약을 처방하는 목적은 보통 2가지다. 하나는 열을 내리기 위해서인데, 그에 대해서는 앞 장에서 이미 자세하게 다뤘다. 다른 목적은 독감 때문에 생기는 고통과 통증을 줄이기 위해서다.

독감을 아스피린으로 치료하는 데 따르는 위험

의사에게 이런 경고를 들어본 적이 있을 것 같진 않지만, 독감 때문에 아스피린을 복용하면 실제로 상당한 위험이 따른다. 콤파진Compazine이나 토라진Thorazine, 그리고 타이건Tigan 같은 구토 억제제도 마찬가지다. 원래 정신 질환을 치료하기 위해 개발된

콤파진과 토라진은 특히 위험하다. 이 약물들은 아이에게는 치명적일 수 있는 라이 증후군과도 관계가 있다. 라이 증후군은 뇌염과 간염에서 주로 나타난다. 최근엔 독감이 유행하는 계절에는 아스피린과 이런 약물을 처방하지 말라고 권장되고 있다. 더구나 독감이라는 진단을 받은 아이에게는 절대로 주어서는 안 된다. 그 약효가 결합되어 라이 증후군의 원인이 될 수 있기 때문이다.

나는 독감이나 감기 증상을 완화하기 위해서라면 어떤 종류의 투약도 하지 말기를 권한다. 아이가 너무 심하게 아파서 도저히 참지 못하겠거든 적절한 양만큼만 약을 먹이되 하루 이틀을 넘기지 않도록 한다. 그리고 아이가 가장 심하게 괴로워하는 증상을 완화시키는 약만으로 약의 종류를 제한한다. 3~4가지 증상을 한꺼번에 치료하려는 종합 감기약을 먹여서는 안 된다.

또한 처방전 없이 살 수 있는, 시럽으로 된 감기약에는 고농도의 알코올이 들어 있는 것이 많다는 사실을 알아야 한다. 어쩌면 제대로 된 성분은 그것뿐인지도 모르겠지만. 알코올 성분 덕택에 감기 환자들은 조금이라도 잠을 잘 수 있을지도 모른다. 그렇지만 그런 효과를 바란다면 아이들이긴 하지만 브랜디 한 잔이 나을 수도 있다. 브랜디는 최소한 아이에게 필요치도 않은 약물로 오염되어 있지는 않다!

감기나 독감에 걸린 아이를 병원에 데리고 가면, 의사는 1~2가지 증상을 완화할 약과 더불어 아마도 여러 증상을 한꺼번에 다루는 종합 감기약을 처방할지도 모른다. 미국에서 가장 자주 처방되는 약품 목록에서 수위를 다투는 많은 약들이 이 범주에 속하며 그중에서 많은 약을 생산하는 제약 회사들은 FDA에서 효과를 입증하거나 시판을 중지하라는 명령을 받았다. 그러나 그 약들의 효과도 의심스럽고 모든 투약을 중지하면 환자들이 더욱 잘 지낼 수 있을 것임에도 불구하고, 의사들은 계속해서 처방을 내린다.

유감스럽게도 아이가 감기에 걸려서 의학적인 도움을 받으려 할 때 일어날 수 있는 최악의 상황은 따로 있다. 바이러스성 감염에는 아무짝에도 쓸모없는 항생제를 처방받을 것이라는 사실에 진짜 위험이 있다. 몇십 년 전 항생제가 처음 도입된 이래 온 세상 사람들은 항생제를 궁극의 구명 약으로 받아들여 왔다. 처음에는 항생제가 적절한 용도에 사용되었기 때문에 '기적의 약'이라는 라벨을 달 만한 가치가 있었다. 항생제는 매독이나 임질 같은 인류가 가장 두려워하던 감염 질환들을 정복했다. 일부 낙천적인 미래주의자들은 모든 박테리아성 감염 질환이 지구상에서 완전히 사라지는 날이 올 것이라고 예측하기도 했다.

그러나 아쉽게도 그런 날은 오지 않았다. 새로운 형태의 치료 수단을 부여받은 의사들이 대개 그렇듯이, 극단은 곧 보통이 되었다. 항생제를 처방하는 질병의 범위는 점점 더 넓어졌다. 처방에서 항생제가 효과를 보이는지 아닌지의 여부는 생각지 않고 말이다. 원래는 목숨을 위협하는 박테리아성 감염 질환을 치료하기 위해 개발된 항생제지만, 지금은 여러 항생제가 감기와 독감을 치료하려고 처방되고 있다.

바이러스성 감염을 치료하겠다고 항생제를 처방해서 위험한 부작용에 환자를 노출시키고 불필요하게 돈을 낭비하게 만든 것만으로도 의사들은 충분히 비난받을 만한 이유가 있다. 그러나 백치 같은 의료 행위라고밖에는 말할 수 없는 더욱 나쁜 영향이 존재한다. 만연된 항생제의 무차별적인 사용으로 일어나는 더욱 위험한 이중의 해악은 다음과 같다. 첫째로 전반적으로 항생제에 내성이 있는 미생물이 나타난다는 점과, 둘째로 아이가 불필요하게 반복적으로 항생제를 접하게 되면 나중에는 알려진 모든 치료법에 내성이 있는 미생물에 감염되는 위험에 처하게 될지도 모른다는 점이다.

왜 항생제를 과도하게 사용해서는 안 되는가

의사들, 특히 소아과 의사들이 항생제를 무차별적으로 사용하는 것은 그리 드문 일이 아니다. 실제로 항생제는 예외적으로 처방된다기보다는 오히려 사용하는 것이 일종의 규범처럼 되어 있다. 항생제의 사용에 관한 한 병원 연구의 결과에서는 전체 환자의 3분의 1에 항생제가 처방되는 것으로 드러났다. 그런데 그중에서 항생제를 사용할 이유가 없는 환자에게 처방했거나 약의 종류나 투약량을 잘못 처방한 경우가 64퍼센트였다. 이 연구 논문의 저자는 이렇게 말했다.

"미생물의 성장을 억제할 수 있는 약을 대량으로 사용하다 보면 이런 약물에 내성을 가진 미생물을 선발하는 것과 같은 결과를 낳을 수 있다. 그런 약의 적절한 사용은 물론 환자에게 대단히 중요하지만, 사용 가능한 치료법에 내성이 있는 미생물에 감염될 수 있는 환자들에게도 잠재적으로 중요성하다. 항생제는 복용 자체가 그 궁극적인 유용성에 영향을 미치게 될 수도 있으므로 이런 점에서 독특하다."

항생제는 나쁜 균뿐만 아니라 좋은 균들도 죽여서 그 항생제에 내성을 가진 다른 나쁜 균들이 뒤를 이어 번성할 것이라는 말을 참 어렵게도 썼다. 다른 방법을 사용해서 치료할 수 있는 질병을 완벽하게 치료하지 않고 남겨둠으로써 의사는 이미 개발된 항생제가 제어하지 못하는 새로운 질병을 만들어낸다. 의학적인 부주의와 무능력 때문에 치러야 할 값비싼 대가다.

미생물의 항생제에 대한 내성이 자꾸만 증가하면, 마침내 의료 기술의 수준은 몇십 년 전 페니실린이 처음 소개되기 이전 시대로 돌아가 버릴지도 모른다. 사실, 패혈증(혈류의 감염) 같은 일부 감염 질환의 사망률은 이미 항생제가 사용되기 이전의 수준으로 돌아갔다. 의사들이 행태를 바꿔서 항생제의 사용을 더 신중히 하고 주의하지 않으면, 노벨화학상을 받은 월터 길버트Walter Gilbert 하버드 대학교 교수가 경고한 날을 보게 될지도 모른다. 길버트는 이렇게 말했다.

"감염성 질환의 80퍼센트가 이미 개발된 모든 항생제에 내성을 가지게 될 날이 곧 올지도 모릅니다."

왜 수많은 의사가 항생제로는 치료가 되지 않는 감기와 독감, 그리고 여타 바이러스성 감염에 항생제를 처방하는가? 그들은 서로 환자들이 원하기 때문에 처방해 준다고 말한다. 그러나 부모들이 아이들을 병원에 데려가는 것은 의학적인 조언을 '받기' 위해서지, '주기' 위해서가 아니다. 그러므로 그런 합리화는 용납되지 않는다. 더 그럴듯한 가능성은 이렇다. 의사들이 감기와 독감 같은 바이러스성 감염 환자에게 항생제를 처방하는 이유는, 감기와 독감을 치료하는 약은 실제로 없지만 의사의 권위가 떨어지지 않도록 언제나 환자에게 무엇이든 주라고 배웠기 때문이다. 나는 그것을 충분히 이해할 수 있다. 나 자신이 의대에 다니는 동안 끊임없이 세뇌되었기 때문이다. 그러나 이해할 수 없는 것은 의사들이 그런 강박 증상을 버릴 수 없다면 왜 같은 목적을 달성할 수 있으면서도 아무런 해도 끼치지 않는 위약*을 환자에

---

* 僞藥, placebo

게 주지 않는가다.

 감기에 걸린 아이를 병원에 꼭 데려가야겠거든 의사가 처방하려 들 항생제나 다른 쓸모없는 약들로부터 아이를 지켜야 한다. 의사가 그런 처방전을 발행할 가능성은 매우 높다. 과거의 연구 결과들을 보면 감기 때문에 병원에 간 환자들의 95퍼센트가 1장 이상의 처방전을 받았고 그 가운데 60퍼센트가 항생제였다. '아이를 지켜야 한다'고 말한 것은 쓸모없는 투약 때문에 돈을 낭비하는 것 말고도 다른 위험이 관련되어 있기 때문이다. 항생제의 부작용이 발생하는 비율은 결코 낮다고는 할 수 없다. 한 공식적인 연구에서는 페니실린 G와 설피속사졸sulfisoxazole을 함께 투여한 아이들의 4퍼센트와 암피실린ampicillin을 투여한 아이들의 29퍼센트가 구토와 묽은 대변, 그리고 피부 발진의 부작용을 보였다. 대부분은 부작용이 그리 심각하지 않았지만 치료를 받은 아이들의 약 2퍼센트에게서는 증세가 심각하게 나타났다. 실질적으로 복용하는 모든 사람에게 원치 않는 부작용이 나타나는 일부 약을 처방하는 데 익숙한 의사들은 그런 정도의 비율을 그렇게 높다고 보지 않는다. 그러나 자신의 아이가 아무런 도움도 되지 않을뿐더러 애초부터 처방되어서는 안 될 약물의 심각한 부작용을 겪는 2퍼센트에 해당할지도 모르는 위험을 감수하고 싶지 않은 부모에게는 분명히 높은 비율이다.

 의사가 테트라사이클린tetracycline을 처방하거든 특히 경계해야 한다. 아이가 8살 이하이고 특별히 생명이 위험한 질환에 걸린 것이 아닌데도 테트라사이클린을 처방하는 의사라면 뒤도 돌아보지 말고 즉시 병원에서 나오도록 하라. 다른 의사를 찾으라. 그 의사는 자기가 무슨 짓을 하고 있는지 모르거나 아니면 알면서도 아랑곳하지 않는 사람이다.

1975년 미국 소아과 학회에서는 8살 이하의 어린이에게 테트라사이클린을 처방하지 말라고 권고했다. 테트라사이클린은 뼈의 성장을 지체시키고, 간을 손상시키고, 위장 장애와 메스꺼움, 설사, 구토, 피부 발진을 일으킬 수 있기 때문이다. 또한 테트라사이클린을 장기간 복용하면 아이의 이에 영구적으로 노란 얼룩이 생길 수 있다.

아이를 병원에 데려가야 할지, 의사가 처방하는 약을 먹여야 할지 고려할 때 항상 염두에 둘 것이 있다. 많은 의사는 이치에 닿든 그렇지 않든 간에 '할 수 있는 것이라면 뭐든지 한다'는 사실이다. 항생제의 사용에 관한 많은 연구가 그 사실을 뒷받침한다. 예전에 커다란 도시 병원 한 곳에서는 처방을 내리는 의사들에게 약국에서 항생제를 내주기 전에 감염 질환 전문가의 승인을 받도록 요구했다. 그러나 이런 제한 조치가 없어지자 암피실린의 사용이 8배로 늘었다. 이 예와 비슷하게, 클로람페니콜 chloramphenicol이 제한 약품의 목록에 오르자 사용량이 10분의 1로 대폭 줄었다.

항생제의 오용에 관한 문제를 장황하게 다루는 이유는 당신 아이의 안녕과 미래의 건강에 중요하기 때문이다. 나는 당신이 다른 약의 사용에도 물론 반대를 제기할 수 있고, 의사들이 잔뜩 가진, 무익하고 기회주의적인 속임수를 사용할 기회를 주어야 할 듯한 압박감에도 잘 대처하기를 바란다. 대부분의 호흡기 질환에 관한 한 소아과 의사들이 받는 수련은 그다지 훌륭하다고는 할 수 없으며 당신이 가지고 있는 건전한 상식을 대체하기에는 위험할 수도 있다.

기침과 감기, 독감에 대한 멘델존 박사의 명쾌한 조언

 감기와 독감, 그리고 후두염에 걸리는 것은 바이러스 때문이며, 현재까지 의학적인 치료법은 전혀 알려지지 않았다. 그런 질환들은 우리 몸의 방어 메커니즘이 보통 며칠 안에 치료할 수 있기 때문에 의학적인 간호는 필요치 않다. 하지만 감기나 독감, 또는 후두염에 걸린 아이가 겪는 불편함을 완화하고 회복을 앞당겨줄 몇 가지 방법은 있다. 감기와 독감에 대처하는 데 도움이 될 몇 가지 조언은 다음과 같다.

1. 아이의 방, 또는 집 전체에 습도를 높게 유지하라.

    가습기는 자주 청소해야 한다. 그렇지 않으면 오히려 균을 퍼뜨리는 역할을 할 수도 있다. 아이가 코로 숨을 쉬는 데에 불편을 겪거나 후두염으로 인한 기침 때문에 힘들어하면 욕실로 데려가서 문을 꼭 닫고 샤워기를 가장 높은 온도로 틀어놓는다. 그리고 20분 정도 수증기가 가득한 공기를 마시게 한다.

2. 기침, 재채기, 발한으로 손실되는 수분을 보충하도록 아이에게 음료를

먹이려고 노력해야 한다.

시간당 240밀리리터 정도의 음료를 마시게 하라. 영양소가 들어 있는 과일 주스를 마시게 하면 가장 좋지만 일단은 아이가 수분을 섭취하도록 하는 것이 우선이다. 물이나 차, 어떤 것이든 좋은데, 정 아무것도 마시려 들지 않을 때는 탄산음료라도 아이가 마시려는 음료를 주면 된다.

3. **아이가 충분히 휴식을 취하도록 해주어야 한다.**

초기 단계에는 침대에 누워 있게 하는 편이 좋지만 강제할 필요는 없다. 침대에 누워 있기 싫다고 저항한다면 일어나게 해도 좋다. 하지만 가능한 한 체력을 너무 소모하지 않도록 하라. 지나치게 격렬한 활동을 하는 경우가 아니라면 밖에 나가도록 허락하는 것도 나쁘지 않다.

4. **약을 먹이면 증상이 약간은 완화되겠지만, 최대한 모든 약을 기피하라.**

그냥 보고 있기 어려울 정도로 아이가 힘들어하거든 서너 가지 증상을 한꺼번에 치료하는 종합 감기약 대신, 아이를 가장 괴롭히는 증상에만 사용되는 약을 준다. 이틀 이상 약을 먹여서는 안 된다. 진해정鎭咳錠은 많이 복용하면 부작용이 따를 수 있으므로 피한다. 진해정은 사탕 같은 맛이 나기 때문에 아이들이 과다 복용하기 쉽다.

5. 증상을 완화시키려고 처방전 없이 살 수 있는 일반 감기약을 아이에게 주고 싶은 유혹에 굴복하기 전에 상기해야 할 것이 있다.

   스스로를 치료하려는 아이 몸의 노력을 당신이 방해하는 것일지도 모른다. 수분 공급과 습도에 지속적인 관심을 기울이는 것으로 당신은 할 만큼은 거의 다 해주었다고 볼 수 있다.

6. 박테리아성 폐렴일지도 모르는 심한 호흡 곤란이나 피부가 푸르게 변하는 증상이 아이에게 나타나지 않는 경우에는 병원에 가지 않는 편이 좋다.

   그런 증상이 나타난다면 지체하지 말고 즉시 병원이나 응급실로 가야 한다.

7. 아이가 감기에 걸렸든 그렇지 않든 간에 영양과 비타민이 풍부하고 화학 첨가제가 들어 있지 않은 균형 잡힌 식사를 하도록 해야 한다.

   현재 시판되는 대부분의 조리된 음식에는 화학 첨가제가 들어 있다.

8. 약국 선반에 가득한 약을 통째로 먹이는 것보다 인내와 사랑이 듬뿍 담긴 애정, 그리고 부드러운 위안이 아이를 훨씬 나아지게 할 수 있다는 사실을 반드시 기억해야 한다!

11

인후염,
근거 없는 협박

인후염의 원인과 주의해야 할 편도선 절제술

 북온대 기후 지역에 살면서 겨울 동안 인후염에 한 번도 걸리지 않는 아이는 거의 없다. 가렵고 따끔따끔한 목은 아프고 거슬린다. 아이에게뿐만 아니라 부모에게도 말이다. 먹거나, 말하거나, 삼키거나, 어쩌면 잘 때에도 방해가 된다. 그래서 인후염에 걸리면 아이들은 통증을 없애달라고 애처롭게 계속 호소할 수밖에 없다.

 아이가 인후염에 걸렸을 때 부모들의 본능적인 반응은 아이를 병원에 데려가는 것이리라. 그러나 그런 충동에 굴복한다면 인후염을 겨냥한 의학적 개입에 멍석을 깔아줄 뿐이다. 의사는 분명히 인후 배양throat culture* 검사를 하려 들 것이고 그 결과 연쇄상 구균이 존재하면 아마도 항생제를 처방할 것이다. 그런 조치

---

* 인후부의 세포를 채취하여 감염 여부를 알아보는 검사법

는 병의 진행 과정이 다소 짧아지게 할 수 있지만 아이가 겨울 내내 인후염으로 고생할 가능성도 높이는데, 그 이유는 나중에 설명하겠다.

대부분의 인후염은 의사에게 직접적으로 책임이 있는 것은 아니지만, 그런 증상이 나타날 때 부모들이 걱정과 우려를 품게 되는 건 의사들 탓이다. 부모들은 목의 통증이 연쇄상 구균 감염 때문일 수 있으며 치료하지 않은 상태로 오래 방치하면 심각한 결과를 낳을지도 모른다는, 의사들이 주입한 믿음 때문에 걱정한다. 심각한 결과라는 것은 심한 신장염*, 또는 류마티스열**과 일생을 가는 심장 질환인데, 둘 다 부모로서는 불안해할 만하다. 그러니 아이가 겪는 통증이 심해지면 부모가 즉시 의사를 찾는 것도 놀랍지 않다.

그러나 당신은 부모로서 어떻게 하면 값비싼 데다 위험할지도 모르는 전문적인 도움에 불필요하게 의지하지 않고 자신의 두려움을 덜 수 있는지 알아두어야 한다. 연쇄상 구균 감염과 인후염에 대해 의사가 알려주려 하지 않는 사실들을 알아야 할 필요가 있다.

---

* 연쇄상 구균에 감염되어 생긴 독소에 대한 알레르기로 나타나는 신장 질환으로 부종, 혈증, 단백뇨 등의 증상이 수반된다.
** 발작성 고열과 다발성 관절염, 심장 염증 등을 특징으로 하는 염증성 질환. 증상이 류마티스 질환과 유사해 이런 이름이 붙었다.

먼저 대부분 인후염이 생기는 원인은 현대 의학으로는 치료할 수 없는 바이러스 때문이라는 사실이다. 의사들이 처방할 수 있는 유일한 원칙에 맞는 치료법으로는 인후염을 치료할 수 없다. 그저 증상만 다소 완화할 수 있을 뿐이며, 아주 쉽고 간단하므로 의대 문 앞에도 가보지 않은 부모들도 얼마든지 훌륭하게 적용할 수 있다.

둘째, '연쇄상 구균'이 있는지 알아보기 위해 인후 배양 검사를 하는 것은 당신의 돈과 의사의 시간을 낭비하는 짓임을 알아두어야 한다. 그 검사로 아이가 연쇄상 구균에 감염되었는지 그렇지 않은지가 밝혀지지 않는다는 사실에는 의심의 여지가 없다. 그러나 임상 검진으로는 감염 여부를 상당히 만족스럽게 밝힐 수 있다. 임상 검진은 아주 간단하므로 충분한 정보를 가진 부모라면 스스로 행할 수 있다.

셋째, 설사 연쇄상 구균에 감염되었더라도 아이가 류마티스열에 걸릴 확률은 매우 낮다. 나는 지난 25년 동안 소아과 진료를 해오면서 1년에 1만 번 환자를 진료했지만, 실제 류마티스열에 걸린 환자를 본 것은 단 1번뿐이었다. 현실 세계에서 인구의 대부분에게는 류마티스열의 위험이 존재하지 않는다고 해도 과언이 아니다. 극도로 궁핍하고 번잡한 환경에서 사는, 영양실조에 걸린 아이가 아니라면 류마티스열은 극히 드물다.

이제 어떻게 해서 이런 주장들을 자신 있게 내밀 수 있는지 검토해 보도록 하자. 내 주장은 당신의 의사가 말한 것과 상반될 수도 있을 것이다. 그가 무언가 설명을 하긴 했더라면 말이다.

대부분의 인후염은 바이러스로 인해 생기기 때문에 의사들은 진정으로 치료할 수가 없다. 유효한 치료법이 없기 때문이다. 그러나 이 바이러스 감염은 몸의 정상적인 방어 시스템에 잘 반응하기 때문에 보통 3~4일 정도면 증상이 사라진다.

그보다 덜 흔한 인후염의 원인은 박테리아 감염인데, 대개 연쇄상 구균 간균streptococcus baccili이 주범이다. 이 인후염은 잘 알려진 것처럼 페니실린 치료에 24~48시간 이내에 반응한다. 연쇄상 구균은 치료하지 않으면 혈류 속에서 생성된 항체에 굴복해서 보통 일주일 이내에 사라진다. 항생제는 단순히 이 과정을 약간 앞당길 뿐이다.

인후염의 세 번째 원인은, 만약 존재하면 걱정해야 할 당연한 이유가 있는 3가지 질환이다. 우선, 다른 것들과 비교할 때 상대적으로 흔한 질환은 전염성 백혈구 증가증이다. 두 번째는 한때는 두려움의 대상이었지만 실질적으로 사라졌다고 할 수 있는 디프테리아다. 세 번째 질환은 상대적으로 드물긴 하지만 가장 무서운 백혈병이다. 이 3가지 질환 모두 의사의 치료를 받아야 한다. 다음에 나올 진단 지침을 참고했을 때, 어느 하나라도 의심해 보아야 할 것 같다는 생각이 들면 즉시 병원에 가야 한다. 전염성 백혈구 증가증과 디프테리아는 19장에서 자세하게 다룬다.

부모가 통제할 수 있는 인후염의 원인

 마지막으로, 놀랄 정도로 많은 인후염이 외부적인 환경에서 비롯되는데, 부모로서 당신은 그런 환경을 통제할 상당한 능력이 있다. 이런 환경은 목 점막을 자극해서 통증이 생기게 한다. 겨울철 공기의 습도가 낮아서 생기는 건조함과 (의사의 조언이 있건 없건 간에) 감기 증상을 낫게 하려고 당신이 복용시킨 항히스타민제, 흡연이나 연기로 가득한 공기, 그리고 거주지 환경 주위의 화학 물질로 오염된 공기, 성대를 자극하는 너무 잦은 비명과 고함이 목 점막을 자극하는 주범이다.

 바이러스 때문에 생긴 인후염의 진단에는 보통 소거법을 사용한다. 다른 원인으로 생기는 증상이 나타나지 않고 의사로서도 인후염에 대한 다른 설명을 찾을 수 없다면 원인을 바이러스에게로 돌린다. 대부분은 그 진단이 맞다.

 바이러스성 인후염에는 적용할 수 있는 치료법이 없으며, 의사는 그 사실을 당신에게 말해주어야 한다. 그러나 일부 의사는 자기가 도움이 되지 않는다는 사실을 인정하기보다는 인후 배양 검사를 하고 '어쩌면 연쇄상 구균 감염일지도 모른다'는 이유로 즉시 페니실린 치료를 시작하려고 할 수 있다.

 그런 가능성을 미연에 방지할 수 있는 가장 좋은 방법은 아이에게 의사의 도움이 필요하다는 분명한 징후가 나타나지 않는

한 의사를 피하는 것이다. 병원에 가야 할지 말지 여부를 결정할 때 알아두어야 할 몇 가지 사항은 다음과 같다.

바이러스성 감염의 발발은 하루나 이틀 정도의 기간에 걸쳐 점진적으로 일어나는 것이 특징이다. 바이러스성 인후염이 생길 것 같은 첫 번째 징후로는 보통 연구개 주변에 희미하게 쑤시는 듯한 느낌이 생긴다. 이런 느낌은 무언가를 삼킬 때 더욱 명확해진다. 하루나 이틀 사이에 신경 쓰이고 거슬리는 인후염이 생긴다. 이때 콧물(투명하고 물기가 많은 액체 상태)과 미열, 기침, 그리고 림프절이 붓는 증상이 같이 나타나는 경우가 종종 있다. 증상이 그런 순서로 진행된다면 당신의 아이가 걸린 질환은 바이러스성 인후염이라고 무리 없이 추정할 수 있다. 1주일이 넘어도 증상이 계속되거나 호흡 곤란 증세가 나타나는 경우를 제외하면 병원에 데려가지 않아도 된다.

대조적으로 박테리아성 감염은 빠르게 나타나고, (며칠이라기보다는) 몇 시간 이내에 고열과 더불어 턱 밑 부분에 있는 림프절이 부어오르며 목구멍에 극심한 통증이 생긴다. 콧물이나 기침, 그리고 다른 감기 증상은 생기지 않을 수도 있다.

'인후염'은 심각한 상태가 아니다

　4살 이상의 아이들에게 나타나는 인후염의 대부분은 의사들이 '전형적인 3박자'의 증상이라고 알고 있는 것, 즉 '편도선과 목구멍 안에 생기는 고름'과 '부은 림프절'과 '39도를 넘는 고열' 증상을 찾아보면 진단할 수 있다. 보통은 핑크색을 띠는 목구멍이 붉게 변하고, 엉겨붙은 상한 우유같이 보이는 흰색이나 노란색의 반점 같은 것들이 생겼으면 고름이 있는 것이다. 아이가 4살 이하라면 연쇄상 구균의 존재 여부를 알아볼 때 임상 검진에만 의존할 수는 없다. 인후 배양 검사가 도움이 될 수도 있겠지만 그렇다고 검사해야 할 만한 이유는 없다. 왜냐하면 면역 반응과 관련된 이유 때문에 4살 이하의 아이들은 어쨌든 류마티스열에 걸리지 않기 때문이다.
　아이의 인후염 증상이 보통의 바이러스성, 또는 박테리아성 감염 기간인 1주일 이상 계속되거든 병원으로 데려가라. 전염성 백혈구 증가증이나 백혈병에 걸린 것은 아닌지 확인하기 위한 경계 조치일 뿐이지만, 이 두 질환은 집에서는 할 수 없는 혈액 검사로 진단해야만 하기 때문이다. 며칠 늦게 아이를 병원에 데려간다고 해서 위험이 더 커지는 것은 아니다. 인후염의 초기 단계에서는 의사도 그런 검사를 하지 않을 것이고, 해서도 안 된다. 전염성 백혈구 증가증의 치료법은 단순히 푹 휴식을 취하는 것인데, 인후염에 걸린 아이라면 이미 푹 쉬고 있을 것이므로 일찍 안다고 해도 별로 특별한 의미는 없다. 백혈병은 아주 드물게 발병하는 질환이므로 백혈병에 걸렸는지 알아보기 위해 무차별적으로 검사하는 것은 타당하지 않다.

그렇다고 디프테리아에 걸렸을 확률은 심지어 백혈병보다 더 낮다. 디프테리아에 걸렸다면 인후염이 심한 호흡 곤란(질식 등)으로 진전되기 때문에 알아차릴 수 있을 것이다. 그런 증상이 나타나지 않는 한 의사도 디프테리아를 의심하지는 않을 것이다. 의사도 아마 디프테리아가 발병한 사례는 한 번도 본 적이 없을 것이기 때문이다.*

환경적인 상황 때문에 생긴 인후염이라면 당신의 상식을 적용하는 것만으로도 물리칠 수 있다. 아이의 인후염에 발열이나 림프절의 부종, 그리고 고름 같은 다른 증상들이 수반되지 않는다면 맨 먼저 의심해야 할 범인은 건조한 공기다. 북반구의 기후에서는 겨울 동안 평균적인 가정의 습도가 약 15퍼센트 정도다. 이 숫자가 별로 실감이 나지 않는가? 그렇다면 사하라 사막의 보통 습도가 18퍼센트라는 사실을 생각해 보면 느낌이 올 것이다! 건조한 공기가 문제라면 병원에 가는 데 돈을 쓸 게 아니라 좋은

---

* 국내에서는 1988년 이후 디프테리아 환자 발생 사례가 보고되지 않았다. (편집자 주)

가습기를 사는 것이 나을 것이다. 다른 환경적인 원인에 대해서도 같은 추정을 해볼 수 있다.

인후 배양 검사와 페니실린

부모나 선생님, 또는 의학에 대한 전문적인 지식을 가지고 있지 않은 다른 사람들은 연쇄상 구균에 감염된 아이가 치료를 받지 않으면 류마티스열에 걸릴 심각한 위험에 처한다고 믿도록 의사에게 길들여진다. 기본적으로 류마티스열이 우려의 대상이 되는 이유는 연쇄상 구균이 류마티스성 심장 질환을 일으킬 수 있기 때문이다. 인후염에 걸린 아이가 병원에 왔을 때 일반적인 소아과 의사들은 부모에게 아이가 '연쇄상 구균'에 감염되었는지 알아보기 위해 인후 배양 검사를 하겠다고 말한다. 의사는 그런 검사를 하는 데 대한 변명으로 류마티스열의 위험을 상기시킬 것이다. 하지만 그러면서도 인후 배양 검사가 거의 의미가 없는 이유에 관해서는 입을 다물 것이다.

예를 들면, 의사는 인후염이 대개 바이러스 때문에 생기는 질환이며 전형적인 3박자의 증상으로 연쇄상 구균이 존재한다는 임상적인 증거가 없으면 인후 배양 검사는 낭비일 뿐이라는 사실을 말해주지 않는다.

또한 인후 배양 검사 결과가 양성으로 나온다고 하더라도 아이가 꼭 연쇄상 구균에 감염되었다는 의미는 아니라는 것도 말해주지 않을 것이다. 평균적으로 완벽하게 건강한 학령기 아이들의 20퍼센트 정도는 겨울 내내 목구멍에 연쇄상 구균 박테리아가 있지만 인후염에 걸리지 않는다. 아이들의 몸에 있는 시스템이 만들어낸 자연적인 면역 덕분이다.

완벽한 상황에서 인후 배양 검사를 했을 때도 실제 연쇄상 구균 감염 여부가 밝혀지는 비율은 겨우 85퍼센트에 지나지 않으며 자격이 있는 연구소가 아닌 개인 병원에서 검사를 했을 때는 정확성이 50퍼센트 정도로 떨어진다는 사실 역시 의사는 말하지 않는다. 그렇게 정확성이 떨어지는 것은 개인 병원에서 검사 업무를 담당하는 사람들은 종종 경험이 부족하고 훈련도도 떨어지며 검사할 기회가 그리 많지 않기 때문이다.

페니실린을 복용하면 앓는 기간이 3~4일 정도 단축되긴 하겠지만, 그것 때문에 겨울 내내 감염이 재발하게 될 수도 있다는 사실을 의사가 말해주지 않으리라는 것도 뻔하다. 연쇄상 구균 간균을 나가떨어지게 하는 항생제는, 질병에 대항하는 우리 몸의 자연스러운 방어 시스템인 항체의 발달도 막는다. 연쇄상 구균 감염을 치료하지 않고 그냥 자연스러운 과정을 거치게 내버려두면 아이의 몸에서 연쇄상 구균을 격퇴하는 항체가 생겨서 남은 겨울 동안 재감염이 되지 않도록 아이를 보호한다. 류마티스열을 예방하는 데 효과적인 항체에 저해되는 것이 바로 페니실린의 작용이다. 겨울이 시작될 무렵에 아이가 인후 배양 검사와 페니실린 처치를 받았다면, 그 항생제 치료의 결과로 다가올 몇 달 동안 계속 아이의 편도선은 약을 바르는 면봉의 과녁이 될 것이다. 당신의 아이가 겨우내 몇 번이고 계속해서 인후염의 치료를 받았다면, 그런 처지에 놓이게 한 주범은 연쇄상 구균이라기보다는 치료 그 자체다.

  의사는 아이가 페니실린에 알레르기가 있는지 물을지도 모른다. 사실 오진 소송이 두려울 테니 거의 물어볼 것이다. 그러면서도 그는 페니실린의 알레르기 반응으로 나타날 수 있는 증상에 대해서는 아마 말해주지 않을 것이다. 페니실린은 설사와 발진을 일으킬 수 있다. 드물긴 하지만 과민성 쇼크를 일으켜서 죽는 경우도 있다. 아이가 페니실린을 투여받는 것이 처음이라면 반드시 의사에게 그 사실을 말하고 치명적인 쇼크를 일으킬 수 있는 어떤 반응도 밀접하게 관찰해 달라고 말해야 한다. 또한 반드시 기억해 두어야 할 사실은, 연쇄상 구균에는 페니실린이 계속 잘 듣겠지만 페니실린을 무차별적이고 불필요하게 사용하면, 아이가 이후 감염될 수 있는 더욱 위험한 박테리아를 치료하는 데는 제대로 효과를 나타내지 못할 수도 있다는 것이다. 앞서 설명했듯이 페니실린에 내성이 있는 박테리아가 아이에게 침입하면 목숨을 구하기 위해 정말로 필요한 시점에는 약이 제대로 듣지 않을 수도 있다.

　경구 복용 페니실린을 처방한다면 의사는 약을 10일 내내 4시간마다 정확하게 복용하지 않으면 류마티스열을 예방하는 효과를 발휘하지 못한다고 설명할 것이다. 그러나 그런 경고를 해준다고 하더라도 그대로 따르지 못하는 경우가 많다는 증거가 있다. 왜 그런지는 쉽게 이해할 수 있을 것이다. 보통 항생제를 복용하면 2~3일 안에 인후염의 증상이 나아진다. 약이 아니라 자연의 힘으로 나아진 것일지도 모르지만, 부모들은 대개 약이 잘 들었다고 생각한다. 연쇄상 구균에 관해서는 항생제가 들었다고도 말할 수 있을 것이다. 그러나 류마티스열을 예방하기 위한 목적으로 약을 복용하는 경우라면 처방을 받은 기간 내내 복용하지 않으면 완전한 효력을 발휘하지 못한다.

　설사 그런 사실을 알고 있다 하더라도, 아이가 더 이상 아프지도 않고 아픈 것처럼 보이지 않는데도 나머지 8일간 4시간마다 약을 꾸준히 복용시키는 결연한 부모에게는 정말로 대단하다고 감탄하지 않을 수 없다. 반복적으로 조사를 한 결과 페니실린을 처방받았을 때 처방에 순응하는 비율은 50퍼센트 이하였다. 즉 페니실린이 처방된 사례의 절반 이상에서 부모들은 예방해야 할 병(연쇄상 구균이 아니라 류마티스열)에 대항하는 효과를 발휘할 만큼 약을 지속적으로 오래 먹이지 않는다는 것이다.

류마티스성 심장 질환은
대부분 걱정하지 않아도 된다

아이들이 류마티스성 심장 질환에 걸릴 위험이 크다면 의사의 지시를 따르지 않는 것은 우려할 만한 일이다. 그러나 현실에서 그 질환이 문제가 되는 것은 가장 위험군인 소수의 그룹(의학적인 치료를 받을 기회가 거의 없고, 치료를 받는다 하더라도 필요한 만큼 오랫동안 약을 복용할 가능성이 아주 적은, 매우 가난한 가정의 아이들)뿐이다.

하지만 사회 경제적 지위가 아주 낮은 일부 계층을 제외하면 류마티스열이 거의 사라졌다는 압도적인 증거가 있는데도 그 질환에 걸릴 위험이 매우 미미하다는 사실을 말해주는 의사는 거의 없다. 의사들은 부모들이 류마티스열과 그에 수반되는, 평생을 가는 심장 질환의 위험이 인후염에 걸린 모든 아이에게 닥친 절박한 위험인 양 믿게 하거나, 또는 적어도 그렇게 믿게 내버려두었다. 그런 결론은 통계적인 수치뿐만 아니라 간단한 논리를 동원해도 반박이 가능하다.

먼저, 인후염에 걸린 아이 중에 류마티스열이 발생한 비율에 관한 연구는 모두 실질적으로 군대 기지와 보육원이라는 폐쇄된 모집단을 대상으로 한 것이다. 폐쇄된 집단의 전염병학이 개방된 집단을 대상으로 했을 때와 다르다는 것은 이미 잘 알려진 사실이다. 그러나 그런 폐쇄된 집단을 대상으로 한 연구 결과가 전체 인구에 적용되어 왔고 몇백만에 이르는 환자가 거의 존재하지도 않는 질환을 예방하기 위해 인후염 치료를 받았다. 페니실린을 사용하지 않을 때가 페니실린을 치료 약으로 사용할 때보다 더 위험한지 의문을 제기하는 것이 공정하다. 류마티스열의 위험을 경고하는 데는 의사들이 재빠르지만, 자기들이 사용하는 치료법의 위험을 부모에게 알려주는 의사들이 얼마나 많은지는 모르겠다!

류마티스열이 무서운 위험이라면, 인구가 밀집된 대도시 중에서도 특히 결핍된 환경에서 사는 인구가 많은 뉴욕 같은 곳에서는 수없이 많은 사례가 관찰되리라고 가정할 수 있을 것이다. 그러나 그런 가정은 진실과는 거리가 멀다. 사실 1970~1977년에 뉴욕의 유명한 벨뷔 병원에서 관찰된 류마티스열 사례는 57건밖에 되지 않았다. 그리고 내가 가지고 있는 데이터 중에서 가장 최근인 1978년의 경우에는 한 건도 없었다.

의사들에게 압박을 가하면 류마티스성 심장 질환이 발생하는 비율이 감소하고 있다는 사실 자체는 인정할 것이다. 그러나 그들은 그 감소 경향이 페니실린 때문이라고 주장하곤 한다. 그런 주장은 이치에 맞지 않는다. 류마티스열 자체가 페니실린이 등장하기 오래전부터 이미 감소하기 시작했기 때문이다. 25년 전 시카고의 중심가 지역에서 발견된 류마티스열 사례를 기재한 기록을 만들기 위한 시도가 있었다. 지역 내 모든 의사는 그들이 치료한 류마티스열 사례를 보고해 달라는 부탁을 받았다. 그러나 유복한 중심가 지역과 시카고 교외에서는 류마티스열 사례가 전혀 발견되지 않았기 때문에 그 시도를 포기할 수밖에 없었다. 보고된 사례들은 시카고의 궁핍한 지역뿐이었기 때문에 심각하게 위험한 상태에 놓인 가난한 아이들만이 위험하다는 사실이 다시 한번 입증되었다.

지금까지의 연구 결과들은 류마티스열의 발생이 한 방에 아이들이 얼마나 밀집되어 지내는지와 관계가 있다는 사실을 보여준다. 그 사실은 또한 군사 시설과 보육원에서 실시된 연구에서 나온 결과를 설명해 준다. 분명히 류마티스열은 사회 경제적인 질환이므로 가난한 아이들에게라 할지라도 페니실린을 사용한다고 해서 큰 효과를 본 것 같지는 않다. 페니실린의 효과는 환자의 영양 상태에 따라 달라지고, 가난한 상황에서는 좋은 영양 상태를 기대하기 어렵기 때문이다.

류마티스열로 진단을 받는 사례가 점점 줄어든다는 것은 명백하지만, 류마티스열 자체가 큰 위험이라는 주장이 과연 정당한가라는 문제는 덜 확실하다. 40년 전에 류마티스성 심장 질환으로 진단을 받은 환자들을 연구한 결과 90퍼센트가 고전적인 기준을 잘못 적용하여 생긴 오진이었다. 당연히 환자라고 여겼던 10명 중 9명은 아예 병 자체에 걸리지 않았던 것이다. 그러므로 류마티스성 심장 질환이 위험한 적이 아예 없었기 때문에, 더는 위험하지 않다고 말하는 것은 그릇된 정보다. 여러 해 전에 류마티스성 심장 질환으로 진단을 받은 후 속을 태워온 사람들에게는 이 사실이 중요한 의미를 지닌다.

마지막으로, 아직도 류마티스열이 걱정해야 할 문제라고 우기는 의사에게 1가지 질문이 있다. 연쇄상 구균 감염 사례 가운데 15~50퍼센트가 진단받지 않아 치료를 받지 않고, 치료를 받은 환자 가운데 절반 정도가 의사의 지시를 따르지 않아 예방 효과를 보지 못한다는 사실을 고려할 때, 인후염 때문에 류마티스열에 걸렸을 그 많은 환자는 다 어디에 있는가?

연쇄상 구균의 치료에 대한 3가지 시각

의사들은 대부분 인후염의 적절한 치료법에 관해 견해가 두 편으로 갈려 있다. 어느 쪽도 아닌 제3의 입장도 있긴 하지만, 소수만이 속해 있는 고독한 집단이다.

첫 번째 집단의 의사들은 인후 배양 검사의 결과를 기다릴 필요 없이 모든 종류의 인후염에 즉각 페니실린을 투약해야 한다고 주장한다. 정확히 말하자면, 그들은 증상 발생 후 48~72시간 이내에 페니실린을 투여하지 않는다면, 나중에 사용하더라도 류마티스열이 생길 위험을 돌이키지 못한다고 말한다. 인후 배양 검사를 실시하기 전에 이미 얼마간 증상이 존재하고 있었기 때문에 검사 결과를 기다리느라 페니실린의 투여를 24~48시간 미루면 효과를 제대로 얻지 못할 수도 있다는 것이다.

두 번째 집단은 인후 배양 검사의 결과가 나올 때까지 페니실린을 억제해야 한다고 주장한다. 그들은 페니실린 자체의 위험성과 무차별적인 사용으로 인한 위험, 그리고 아이에게 필요하지 않을지도 모르는 처방에 보호자의 돈을 낭비하게 할 수는 없다는 사실을 지적한다.

나는 세 번째 집단에 속해 있는데, 우리는 인후 배양 검사와 항생제 모두 지양해야 한다는 입장을 견지한다. 설사 아이가 연쇄상 구균에 감염되어 있다고 하더라도 영구적인 후유증을 남기는 질환에 걸릴 희박한 가능성보다는 치료로 인한 위험이 더 크기 때문이다.

내가 취하는 이런 입장은 25년에 걸친 관찰과 경험의 산물일 뿐이다. 나는 의대와 수련 과정을 마치고 시카고의 호숫가에 사는 유복한 단골들을 진찰하는 소아과 병원에 들어갔다. 내 상사는 랠프 쿤스타터Ralph Kunstadter라는 똑똑하고 양심적인 내과 의사였다. 나는 곧 그가 인후 배양 검사를 거의 하지 않는다는 사실을 알아차리고 깜짝 놀랐다. 이유를 묻자 그는 그 검사가 부적절하고 시간 낭비라고 여기기 때문이라고 대답했다.

쿤스타터 박사는 나보다 20년 앞서, 의대가 자연의 치유력을 완전히 무시해 버리기 전에 수련 과정을 거쳤다. 그의 사례를 보았지만 나는 그때까지 배운 지식에 깊이 물들어 있었기 때문에 한동안 계속해서 인후 배양 검사를 했다. 그러나 마침내 나는 애써 검사를 하고 환자들에게 추가 비용을 물도록 해서 나온 결과가 쿤스타터 박사보다 나을 게 없다는 사실을 알게 되었고, 그래서 인후 배양 검사를 포기했다. 앞서 말한 것처럼 15년 동안 같이 진료하면서 쿤스타터 박사와 함께 환자를 적어도 15만 명 보았는데도 류마티스열에 걸린 환자는 딱 한 명뿐이었다. 류마티스열을 딱 1건 예방하기 위해 인후염에 걸린 모든 아이를 페니실린으로 치료하는 것은 무릅써야 하는 위험에 비하면 분명히 밑지는 장사다.

왜 편도선 절제 수술을 피해야 하는가

마지막으로 당신 아이의 편도선에 관해 한마디 덧붙이고 싶다. 박테리아가 목구멍으로 들어가는 것을 가로막는 편도선에는 몸이 박테리아성 질환과 싸우고 있을 때 염증이 생기기도 한다. 의사가 편도선에 염증이 생겼기 때문에 제거해야 한다고 설득하려 든다면 경계해야 한다. 말도 안 되는 핑계이기 때문이다.

편도선 절제 수술은 몇십 년간 의사들에게 기본적인 수입을 보장해 주는 수술이었다. 1930년대에는 의사들이 1년에 150~200만 명이나 되는 아이들의 편도선을 제거했다. 편도선의 제거를 의학적으로 정당화할 수 있는 근거가 거의 없음에도 불구하고, 편도선을 온전하게 지닌 채 10대가 되는 아이는 거의 없었다. 이 무익한 수술의 결과로 몇백만의 아이들이 정신적인 상처를 입었고, 질병에 대한 자연적인 방어 시스템을 잃어버렸으며, 심지어 일부 아이들은 죽기까지 했다.

편도선이나 아데노이드adenoid*를 꼭 절제해야 하는 경우는 아이가 거의 호흡하지 못할 정도로 편도선이 너무 많이 부어서 공기의 통로가 차단되었거나 악성 종양이 생겼을 때뿐이다. 그러나 의사들은 감염된 편도선을 제거하지 않으면 청력을 상실할 수도 있다거나, 하다못해 인후염이 계속 재발한다는 입증되지 않은 주장으로 이 무책임한 행위를 옹호하면서 오랫동안 편도선 절제 수술을 쉽게 시행해 왔다.

정당한 사유가 없어도 편도선을 제거해야겠다는 의사들의 강박 관념은 1940년대 중반에 시행된 실험적인 연구에서 증명되었다. 연구에서는 의사 한 무리에게 어린이 1천 명을 진단하게 했

---

* 인두를 보호하는 역할을 하는 인두편도. 목구멍의 위쪽, 코의 뒤쪽에 있는 림프구 세포들이 밀집된 조직이다.

는데, 의사들은 611명의 편도선을 제거하는 것이 좋겠다고 권고했다. 나머지 389명을 다른 집단의 의사들에게 데려가자, 의사들은 그 가운데 174명의 편도선을 제거하라고 조언했다. 원래 1천 명이나 되었던 아이 중에서 겨우 남은 215명을 세 번째 그룹의 의사들에게 검진을 받도록 했다. 이미 다른 두 그룹의 의사들이 검진하는 과정을 거쳤음에도 불구하고, 아이 215명 중에서 89명이 편도선을 제거하라는 권고를 받았다! 이런 과정을 한두 번만 더 거쳤으면 나머지 126명의 아이도 아마 수술 권고를 받지 않았을까.

편도선과 아데노이드는 질병에 대한 인체의 면역 활동이 일어나는 주요 장소인 림프절 조직이다. 편도선과 아데노이드는 아이의 목구멍 안으로 박테리아가 들어가는 것을 가로막는 역할을 하므로 박테리아에 감염되는 것이 불가피하다. 편도선과 아데노이드를 제거하면 감염을 막는 제일선이 사라지며 그 책임은 목에 있는 림프절로 넘어간다. 그러면 몸이 가지고 있는 면역 능력이 감소하므로 아이가 호지킨 림프종Hodgkin's lymphoma*의 희생자가 될 위험이 커질 수도 있다.

정당한 사유가 없는 편도선의 절제에 대한 대중 매체의 비판 덕분에 부모들이 반대하고 나선 결과, 해마다 실시되는 편도선

---

*　악성 림프종의 일종

절제 수술 건수는 이전의 3분의 1로 줄어들었다. 그럼에도 불구하고 아직도 너무 많은 수술이 시행되며 당신의 아이도 희생자가 될 수 있다. 이 수술이 꼭 필요한 경우는 1만 명 중에서 하나가 있을까 말까 의심스럽지만 아직도 해마다 실시되는 편도선 절제 수술이 몇십만 건에 달한다. 그 결과 해마다 100~300명의 아이가 죽어가고, 1천 명 중에서 16명의 비율로 합병증 때문에 고통을 받는다.

나는 오래전부터 의사들이 편도선에 그렇게 쉽게 칼날을 댈 수 있도록 만든 것은 하느님이 저지르신 유일한 실수일 것이라고 결론지었다. 아이의 편도선이 너무 많이 부어서 호흡을 어렵게 만들 정도가 아니라면 의사가 정당한 사유를 제시하지 않는 한 편도선을 절제하게 하지 말라. 혹시 꼭 필요한 사유를 제시하더라도 나는 두 번째 의견을 구해보라고 권하고 싶다.

 ## 인후염에 대한 멘델존 박사의 명쾌한 조언

　인후염은 상당히 불편하긴 하지만 그 자체로는 특별히 심각한 상태가 아니다. 연쇄상 구균에 감염되어서 생긴 것이더라도 말이다. 심각한 질환이 있음을 가리킬지도 모르는 다른 부가적인 증상이 계속해서 남아 있지 않은 한 의학적인 치료는 필요치 않다. 인후염에 걸린 아이를 둔 부모를 위한 몇 가지 조언은 다음과 같다.

1. 아이에게 미열이 있고 인후염이 생겼다고 해서 의사에게 득달같이 달려가지 말라.
  증상이 1주일 이상 지속되는 경우에만 병원에 가라.

2. 발한, 기침, 재채기, 코의 분비물, 설사, 잦아진 호흡, 그리고 식욕 상실로 인해 빠져나가는 수분을 보충해 주어야 한다.
  아이가 깨어 있는 동안은 시간당 240밀리리터 정도의 수분을 섭취하게 하라. 상당히 많은 양이기 때문에 아마도 아이는 그렇게 많이 마시려 들지 않을 것이다. 그러므로 아이가 선택할 수 있도록 다양한 음료들을 제공해서 더 많은 수분을 섭취하도록 장려한다. 불소가 들어 있지 않은 물, 차(보통 차나 허브 차 모두 괜찮다), 과일이나 채소 주스, 국, 또는 정 아무것도 마시려 들지 않는 경우에는 최후의 수단으로 탄산 음료라도 먹이도록 하라.

3. **아이의 방은 물론이고 가능하면 집안 전체에 적절한 습도를 유지하라.**
차가운 수증기를 공급하는 가습기가 가장 좋고 안전하다. 그렇지만 가습기를 청결하게 유지하는 것이 중요하다는 사실을 반드시 염두에 두어야 한다. 그렇지 않으면 오히려 균을 퍼뜨리는 결과가 되어 목에 다른 염증까지 유발할 수 있기 때문이다. 어떤 상황에서는 어려울 수도 있겠지만 가능한 한 아이 방의 습도는 최소한 50퍼센트 이상으로 올려놓도록 노력해야 한다.

4. **아이가 요란스럽게 통증을 호소하면 타이레놀 같은 단순한 진통제를 정해진 양만큼만 주는 것으로도 충분하다.**
물론 진통제에도 위험이 따르긴 하지만 통증을 일시적으로 경감시키기 위한 소량의 복용이 위험하다고는 생각지 않는다. 어떤 엄마들은 진통제 대신 독주를 1숟가락 정도 먹이기도 하는데, 이것도 진통제만큼 잘 듣는 경우가 종종 있다. 나로서는 이유를 알 수 없지만 이런 대안을 선택하는 엄마들은 맑은 독주(진 또는 보드카)를 선호하는 것 같다. 어쩌면 값비싼 위스키를 아이에게 낭비하고 싶지 않아서일지도 모른다!

5. **병에 걸리면 열이 오르는 것은 몸이 스스로 치료하기 위해서 가동하는 메커니즘이라는 사실을 다시 한번 상기시키고 싶다.**

그 과정에 간섭하려 드는 것은 현명하지 못한 일이다. 40도를 넘지 않는 열이라면 경련 발작을 제외하면 다른 심각한 위험은 없다. 경련 발작이 일어나도, 물론 무섭기는 하겠지만 위험한 경우는 거의 없다. 그리고 경련이 일어나는 것은 열이 얼마나 높은지가 아니라 얼마나 빨리 올라가는지에 달려 있기 때문에 막기가 거의 어렵다.

6. **많은 의사가 열을 낮추기 위해 아스피린이나 다른 약들을 쉽게 처방한다.**

나는 이런 경향에 질겁하곤 한다. 의사들은 모두 의대에서 임상 수련에 들어가기 전에 체온이 0.5도 오를 때마다 혈류 속에서 질병과 싸우는 백혈구의 활동성은 2배가 된다는 사실을 배운다. 이 과정은 백혈구 주화성leucotaxis이라고 알려져 있다. 나는 도대체 왜 의사들이 자기 환자들이 나으려고 분투하는 메커니즘에 제동을 걸려 하는지 이해할 수가 없다.

7 **인후염은 (연쇄상 구균 감염으로 인한 결과라고 할지라도) 치료하지 않**

아도 나아지고 1주일이나 그 이전에 사라진다.

1주일이 지난 후에도 증상이 계속되면 병원에 가라. 연쇄상 구균 감염이 아닌 다른 질환, 즉 전염성 백혈구 증가증이나 아주 드물긴 하지만 디프테리아나 백혈병에 걸렸을 수도 있다.

전염성 백혈구 증가증은 혈액 검사를 하면 쉽게 파악할 수 있다. 일반적인 치료법은 영양을 잘 섭취하고 침대에서 푹 쉬는 것 이상은 없다. 매우 심각한 경우에는 스테로이드 호르몬(보통 부신피질 호르몬제인 프레드니손pred-nisone)으로 치료할 수도 있는데, 이 치료법 자체가 극단적이고 논란의 여지가 있기 때문에 고도로 위험한 경우에만 사용해야 한다. 디프테리아는 워낙에 극히 드문 질환이기 때문에 아이가 극도로 심각한 호흡 곤란 증상을 보이지 않는 한 아마 의사도 의심해 보지 않을 것이다. 아이가 질식할 듯 숨이 막히거나 완전하게 호흡하지 못하면 즉시 가장 가까운 병원 응급실로 데려가라.

8. **의사들은 류마티스성 심장 질환을 미연에 방지하기 위한 수단이라며 인후염을 치료하면서 페니실린을 사용하는 것을 정당화한다.**

인후염의 결과로 류마티스성 심장 질환이 생기는 비율은 극히 드물기 때문에 항생제 치료를 정당화할 사유가 되지 못한다. 그럼에도 불구하고 아이를 병원에 데려갈 경우 의사가 페니실린을 처방하면 인후염의 증상은 24~48시간 이내에 가라앉기 시작할 것이다. 1주일이 지나도 증상이 계속되면 반드시 의사에게 알려주어야 한다. 아이가 걸린 인후염이 연쇄상 구균이 아닌 다른 위험 때문에 생겼을 수 있으므로 의사는 진단이 맞는지 적절한 검사를 실시해야 한다.

9. **아이가 부어오른 편도선 때문에 목구멍이 막혀서 만성적인 호흡 곤란을 겪는 경우가 아니라면, 수술이 정말로 필요하다는 두 번째 의견을 구하지 않은 채 단순히 주치의의 의견에 따라 편도선 절제 수술을 해서는 안 된다.**

편도선은 아이의 몸에 꼭 필요한 것이다. 아이의 편도선은 몸이 질병에 대항하는 자연적인 방어 시스템이므로 절제 수술을 해야 할 필요가 있다는 명백한 증거가 없는 한 수술을 해서는 안 된다.

12

귀앓이, 아프지만 위험하지는 않다

귀에 이물질이 들어갔을 때,
염증이 일어났을 때

　모든 소아 질환 중에서 가장 아픈 것이 귀앓이일지도 모른다. 귀가 아픈 아이들은 굉장히 고통스러워한다. 속수무책으로 바라만 보아야 하는 데다가 어쩌면 귀앓이가 청력 상실이나 다른 심각한 결과를 낳을지도 모른다는 생각에 아이의 귀앓이는 부모에게도 괴롭다.
　통계적으로 소아과에 오는 모든 환자의 8퍼센트는 중이염 환자이며, 감염증으로 진단받는 경우의 17퍼센트가 역시 중이염 때문이다. 그렇지만 모든 감염증의 17퍼센트가 중이염이라는 것은 아니다. 왜냐하면 중이염은 모든 소아 질환 가운데 가장 과다 진단과 과다 치료를 받는 질환이기 때문이다.
　아이가 귀가 아프다고 호소하면 대부분의 부모는 서둘러 병원에 데려가려 한다. 아이가 아플 때 병원은 최후의 수단이라고 생각하는 부모들조차도 그렇다. 귀앓이에 대한 유별난 걱정은 아이가 겪는 심한 아픔 때문이거나 아니면 곧 통증이 심해질 것이라는 두려움 때문이다. 게다가 귀의 감염증 때문에 아이가 청력을 잃게 되거나 유양돌기염mastoiditis*에 걸릴지도 모른다는 잘못된 믿음을 가지고 있는 부모들이 많지만, 그것은 환자를 불안하게 만들곤 했던 과거의 유물일 뿐이다.

나는 이런 걱정을 하는 부모들을 비난할 생각은 추호도 없다. 부모들이 그렇게 믿도록 만든 것은 의사들이기 때문이다. 소아과 의사들은 또한 귀에 염증이 생기지 않았는데도 감염증이 있다고 진단하는 경우가 자주 있다. 아이가 계속 재발하는 귀의 염증 때문에 겨우내 일시적인 청력 저하를 경험할 수도 있다는 것은 사실이다. 하지만 그렇다고 하더라도 걱정할 필요는 없다. 봄이 오고 꽃이 피면 아이의 청력도 되살아나게 마련이다. 소아과 분야에서 25년 넘게 진료를 해오면서 나는 귀에 생긴 염증 때문에 영구적으로 청력이 상실된 경우는 한 번도 본 적이 없다. 내가 어렸을 때 부모들의 큰 걱정거리였던 유양돌기염 역시 한 건의 사례도 본 적이 없다. 귀에 생긴 염증에 대해 치료를 받든, 받지 않든 간에 말이다. 신기한 일이지만 그 병은 없어져 버렸다.

---

*　중이염의 합병증이라고 알려져 있으며, 고열을 동반하고 귓구멍에서 고름이 나와 귀의 공동에 고여서 청력 장애가 심해진다.

귀에 통증이 생기는 것은 유스타키오관을 통한 귀의 배출 통로를 무언가(보통 염증)가 방해할 때 생기는 압력 때문인 경우가 대부분이다. 박테리아와 바이러스 감염은 외이도(외이염)과 중이(중이염), 그리고 내이에 생길 수 있다. 내이염은 아이들에게는 거의 생기지 않지만, 어른들에게 생기면 어지러움과 현기증 그리고 이명(귀에서 들리는 잡음) 같은 증상이 따라올 수 있다.

이물질 때문에 생기는 귀앓이

귀앓이의 다른 원인 가운데 상대적으로 흔한 것이 귓속에 이물질이 들어가는 것이다. 귓속에 들어 있는 이물질은 그 자체로 통증을 유발하거나 염증을 일으켜서 아프게 만든다. 아주 어린 아이들은 조그만 물건들을 귓속이나 콧구멍 속에 쑤셔 넣는 것을 즐거워하는 듯 보인다. 심지어 "귀 안의 콩"이라는 노래를 만든 사람도 있을 정도다. 귓속에 들어가는 물건이 콩뿐만이 아니라는 것은 분명하게 말할 수 있다. 여러 해에 걸쳐서 내가 귓구멍에서 꺼낸 물건들 중에는 종이 조각, 면봉, 비비탄, 비타민 정제, M&M 사탕, 젤리 빈, 시리얼 조각, 그리고 심지어는 종이 클립이나 옷핀도 있다.

아이가 귀에 무언가를 집어넣었다고 말하거나 그렇게 생각할 만한 이유가 있거든 즉시 의사에게 데려가라. 이물질이 저절로 나오는 경우는 거의 없다. 그리고 엄마가 직접 꺼내려고 시도하는 것도 위험하다. 이물질이 들어갔다고 생각할 만한 이유가 없으면 아이의 귀앓이가 48시간 이상 계속되지 않는 한 병원에 데려가지 않아도 된다.

알레르기 때문에 귀에 염증이 생기는 경우도 잦다. 알레르기는 아이가 박테리아에 감염되기 쉽게 만들 수 있다. 가장 흔한 원인은 성분 조정을 하지 않은 우유나 아기들이 먹는 조제분유에 들어 있는 상태의 우유다. 우유는 점막을 부어오르게 만들어서 유스타키오관을 통한 분비물의 배출을 방해한다. 그럼으로써 분비물이 축적되어 감염이 생긴다. 분유를 먹는 아기들에게 귀의 염증이 많이 생기는 것은 우유 알레르기 탓일 경우가 많다. 그러나 다른 음식이나 먼지, 꽃가루 등으로 일어나는 알레르기도 같은 영향을 줄 수 있다. 염소 처리된 수영장 물도 알레르기를 일으킬 수 있다.

또한 귀에서 귀지를 없애려는 부모들과 의사들의 노력이 아이의 외이도와 고막에 상처를 입힐 수도 있다. 귀지를 파내는 것은 거의 아무런 쓸모가 없는 행위다. 그리고 꼭 필요한 경우에는 안전하게 할 수 있는 방법이 있다. 아이의 귀에 상처를 입히고 싶지 않다면 오랫동안 부모들에게 조언해 온 간단한 원칙을 따르라고 권하고 싶다.

"당신의 팔꿈치보다 작은 것은 어떤 것이든 아이의 귓구멍에 집어넣지 말라."

왜 어떤 아이들은 다른 아이들보다 귀지가 많이 생기는지 과학적으로 밝혀진 바가 없다. 그렇지만 실제로 어떤 아이들은 귀지가 더 많이 생긴다. 또한 귀지의 양이나 농도, 색깔에는 인종적인 차이가 있다. 귀지가 쌓이면 약하고 일시적인 청력 손실이 생기는 경우가 가끔 있지만, 아이들에게 이런 일이 생기는 경우는 거의 없다.

귀지를 없애는 가장 좋은 방법은 2~3일간 하루에 두 번씩 아이의 귀에 과산화수소를 몇 방울 떨어뜨리는 것이다. 귀에 과산화수소를 넣으면 부글거리거나 울리는 소리에 아이는 놀라서 질겁하겠지만 아이를 다치게 만드는 일은 아니다. 과산화수소를 넣고 몇 분 동안 그대로 놔두었다가 주사기로 부드럽게 물을 밀어 넣어 귀를 씻어낸다. 또는 시판되는 귀지 제거제를 사용할 수도 있겠지만 과산화수소가 훨씬 값이 쌀 뿐만 아니라 효과는 똑같다.

귀지 제거에 따르는 위험

부모나 의사가 귀지를 강제로 제거하려고 어떤 도구를 사용하는 행위는 권할 수 없다. 심지어 면봉조차도 좋지 않다. 어떤 부모들은 포장에 그런 용도로 사용해서는 안 된다고 (아주 작은 글씨로) 씌어 있음에도 불구하고 아이의 귓구멍에서 귀지를 파내는 데에 면봉을 즐겨 사용한다. 그것이 위험하고 불필요한 이유는 다음과 같다.

1. 면봉이 진입하는 통로는 어둡고 그 끝에는 연약한 막이 있다. 그리고 당신은 어디에서 멈춰야 할지를 모른다.
2. 귀의 안쪽은 먼지나 부스러기가 들어오는 것을 막기 위해 수많은 솜털과 분비샘 들이 있는 연약한 구조로 만들어져 있다. 분비샘에서는 점액과 기름을 분비한다. 귀의 안쪽은 아주 예민하기 때문에 부드러운 면봉일지라도 그 안으로 진입하는 것은 당신의 앞마당에 탱크가 밀고 들어오는 것과 같다.
3. 귀는 유해한 물질을 외이도 밖으로 내보내는 고유의 메커니즘을 가지고 있다. 면봉으로 귀를 청소하려 드는 것은 이 메커니즘을 방해하는 짓이다. 면봉은 귀지와 먼지를 오히려 안쪽으로 밀어 넣고 단단하게 뭉치게 만들 수도 있는데, 그런 상태가 되면 자연적인 제거 과정이 제대로 효과를 발휘하지 못한다. 또한 외이도와 고막 자체에도 물리적인 손상을 입힐 수 있다.

의사 역시 아이의 귀에서 귀지를 제거하는 데 어떤 도구를 사용해서는 안 된다. 의사는 고막을 보고 감염이 생긴 것은 아닌지 판단을 내려야 하므로 귀지를 제거하는 도구를 사용해야 한다고 말할 것이다. 그것은 정당한 사유가 되지 못한다. 의료 기구가 한번 미끄러지기라도 한다면, 또는 몸부림치는 아이가 갑자기 머리를 흔들기라도 한다면 고막에 상처가 날 수 있기 때문이다. 그런 상처는 저절로 치료가 되긴 하겠지만 미약한 청력 손실을 유발하는 흉터가 남을 수도 있다.

때때로 아이가 스스로 귓구멍을 연필같이 뾰족한 물건으로 찔러서 고막에 상처를 낼 수 있다. 고막은 치료를 받지 않아도 대개 저절로 낫는다. 사실 진료를 하면서 그렇지 않은 경우는 한 번도 본 적이 없다. 그렇지만 일단 고막에 상처가 생기면 이비인후과 의사에게 보이는 편이 현명한 예방책일 것이다. 극히 드물긴 하지만 고막에 난 상처를 수술로 회복시켜야 하는 경우도 있다. 하지만 이런 종류의 상처로 인한 수술이나 항생제 치료에 동의하기 전에 꼼꼼하게 의사에게 질문을 제기해야 한다.

압력 차로 생긴 귀앓이

비행기나 엘리베이터에 탔을 때 생기는 기압 차도 귀에 통증을 일으키는 다른 부차적인 원인들 가운데 하나다. 압력의 변화는 가끔 통증을 유발하고 일시적으로 귀가 들리지 않게 될 수 있다. 어른들도 비행기에 타면 흔히 그런 증상을 겪듯이 말이다. 내부와 외부의 압력이 같아지면 이런 증상은 곧 사라진다. 그러나 압력이 같아지지 않는 경우에는 유스타키오관이 막혀서 감염증이 생길 수도 있다. 어른들이나 조금 큰 아이들은 보통 침을 삼키거나, 하품하거나, 껌을 씹거나, 아니면 입을 꽉 다물고 공기를 꽉 머금은 채로 코를 통해 공기를 배출하려는 시도를 통해 압력이 같아지게 만들 수 있다. 이 마지막 방법이 위험하다는 증거는 어디에도 없다. 이런 방법을 따라 하라고 할 수 없는 아기의 경우에는 보통 비행기가 이착륙하는 동안 젖을 먹이면 압력 차로 인한 통증을 겪지 않을 수 있다. 유아들에게 적용할 수 있는 다른 대안으로는 무언가 씹거나 삼킬 것을 주면 된다.

대부분의 의사는 귀앓이를 어떻게 치료하는가

이제 화제를 돌려 귀가 아픈 아이를 병원에 데려가면 어떤 일이 벌어지는지 생각해 보자. 내가 의대에 다니던 시절에 교수님은 귀의 염증을 치료하지 않으면 귀머거리가 될 수 있다고 진지하게 주의를 주었다. 오랫동안 나도 똑같이 진지한 태도로 이 정보를 환자들에게 전달하면서 항생제, 충혈 완화제, 항히스타민제를 잇달아서 환자들에게 사용했다. 그리고 그 이후 환자들의 고막에 구멍을 뚫어 배출을 용이하게 하는 플라스틱 튜브를 삽입하는 시술이 성행하자 나 역시도 충실하게 유행에 따랐다.

시간이 흐르면서 많은, 어쩌면 대부분의 환자가 항생제를 처방 받은 기간만큼 복용하지 않으며 처방 약을 아예 먹지 않는 환자들도 많다는 사실을 알게 되었다. 의료 분야에서는 그런 행동을 '환자의 불복종'이라고 부르는데, 의사들과 제약 회사들은 똑같이 그 행동에 눈살을 찌푸린다. 그렇지만 불복종이라는 행동 그 자체보다 더 나를 고민하게 했던 것은 불복종하는 환자들이 지시에 잘 따른 환자들만큼 빨리 회복되며, 그중 귀머거리가 된 사람은 한 명도 없었다는 깨달음이었다!

처음에는 나도 지시에 따르지 않으면서도 상태가 나아진 환자들에게 의사들이 흔히 하는 말, 즉 "운이 좋으셨습니다. 그게 다입니다"라는 말로 납득하려 했다. 그러나 오래지 않아 이런 합리화로는 만족할 수가 없었다. 치료를 받지 않은 수많은 환자가 아무런 약도 먹지 않은 채 회복이 되었는데, 그렇게 많은 행운이 존재할 리가 만무했다.

그런 과정을 거치면서 나는 항생제를 더는 신용하지 않게 되었고 항생제 처방을 그만두었다. 그러나 환자들에게 뚜렷한 부정적인 영향은 전혀 나타나지 않았다. 얼마 지나지 않아 고막 절개술(플라스틱 튜브의 삽입)도 믿을 수 없게 되었다. 그렇게 된 것은 많은 엄마가 이 수술을 거부했기 때문이었다. 또한 다른 엄마들이 삽관 수술을 한 직후에 거부 의사를 다수 표명하기도 했다. 당시의 의학적 소견에 구애받지 않았던 그 부모들의 경우에서도 처방을 받은 기간 동안 튜브를 삽입한 채로 놔둔 이들과 비슷한 결과가 나타났다. 나는 환자의 이익이 아니라 의사와 제약 회사의 이익을 위해 고안된 약과 처치를 몰아넣고 문을 잠가버리는 창고에 항생제와 함께 고막 절개술과 튜브도 넣어버렸다.

이제는 귀가 아파서 온 어떤 환자에게도 항생제와 충혈 완화제와 항히스타민제를 권하지 않는다. 나는 고막 절개술을 적극적으로 반대하고 있으며 내 학생들에게도 그렇게 하라고 가르친다. 환자들이 귀의 염증 때문에 청력을 잃지는 않는다. 물론 내 환자들도 청력을 잃지 않는다.

불행하게도 이렇게 생각하는 의사들은 소수고, 나머지 다른 이들은 여전히 책에서 배운 대로 진료한다. 아이의 귀가 아파서 병원에 가면 보통 정해진 패턴대로 진행된다. 일단 간호사가 체온을 잰 다음 진료실에 들어온 의사는 어디가 아파서 온 것인지 물을 터이고, 소홀하게 신체 검진을 할 것이다. 아이의 목구멍을 살펴보고, 심장과 폐의 소리를 들어본 다음 검이경檢耳鏡을 통해 고막의 상태를 들여다보려 들 것이다.

검이경의 끝 쪽에서 나오는 불빛으로 의사가 보게 되는 것은 염증이 생겼을 수도, 그렇지 않을 수도 있는 외이도와 고막이다. 외이도를 벗어난 곳에 염증이 생겼다면 아마도 중이일 것이다. 중이는 고막 뒤에 있으므로 실제 감염된 곳이 있다고 하더라도 의사는 그 장소를 직접 보지 못한다. 그러므로 의사는 감염 장소를 실제로 보았다기보다는 오히려 고막의 상태를 관찰해서 진단을 내리는 것이다.

정상적인 고막은 보통 진주 빛깔을 띤다. 중이염이 심해지면 고막은 붉은색이 진해진다. 아이의 고막을 들여다보는 의사는 이 2가지 색깔 중에서 하나를 보게 되거나, 그 중간 정도의 분홍색이나 붉은색을 보게 될 것이다. 새빨개진 고막이 관찰되면 의사는 아이의 중이 부분에 심한 염증이 생겼다며 아목시실린 amoxicillin*을 10일간 하루에 3번 먹도록 처방할 것이다. 고막의 색깔이 분홍색이나 좀 엷은 빨강색을 띤다면 약한 중이염이라고 진단하면서, '똑같은 방법으로 치료하려 들 것이다'.

이 의사는 2가지 측면에서 아이를 잘못 치료하고 있다. 첫째로, 고막이 분홍색이거나 연한 붉은색이라는 사실이 아이가 중이염에 걸렸음을 의미하는 것은 아니다. 아이가 화를 내거나 울었을 때도 고막의 색이 붉어지며, 중이염이 아닌 다른 원인으로 인해 열이 올랐을 때, 또는 알레르기 반응이 나타날 때도 그

---

* 경구 투약 페니실린

런 현상이 나타날 수 있다. 분홍색이나 연한 붉은색의 고막이 관찰되었다는 사실 하나만으로는 귀에 염증이 생겼다고 진단할 수 있는 근거가 되지 못한다. 몇 시간 후 다시 검사하면 정상적인 색깔을 보일 수도 있기 때문이다.

두 번째 실수는 고막의 색이 분홍색이든, 새빨갛든, 또는 심지어 청보랏빛을 띠고 있든 간에 똑같이 항생제로 치료한다는 것이다. 항생제를 사용하는 것이 조금이라도 정당화될 수 있는 유일한 경우는 귀에서 실제로 고름이 나오는 경우뿐이지만 실제로 그런 경우는 전체 귀 관련 염증 가운데 1퍼센트도 되지 않는다. 심지어 귀에서 고름이 나오는 경우라도 나는 항생제를 사용하는 것이 정당하다고는 생각지 않는다.

일련의 통제된 연구를 실시한 결과, 귀의 염증을 치료하려고 항생제를 사용하든 그렇지 않든 간에 중요한 결과들, 즉 청력 상실과 염증 부위 확장과 유양돌기염이라는 측면에서 볼 때 아무런 차이가 없었다. 항생제를 사용하면 통증과 감염 기간을 약간 줄일 수는 있지만, 그 대가로 항생제는 몸의 자연적인 면역 반응도 억제한다. 결과적으로 감염 기간을 약간 줄이기 위해서 당신은 1개월 내지 1개월 반마다 아이에게 새로운 염증이 생길 가능성을 높이는 것이다.

내가 본 가장 최근의 연구에서는 네덜란드에서 아이 171명을 대상으로 실시한 이중 맹검 실험의 결과를 인용해서 보고했다.

대상자의 반은 항생제를 사용한 치료를 받았고 나머지 반은 항생제 없이 치료를 받았는데, 질병을 겪는 임상적인 과정(통증, 체온, 귀의 분비물, 고막의 상태나 청각 능력의 변화)에서 두 집단 사이에 의미 있는 차이가 드러나지 않았다.

일부 의사는 귀의 염증에 항생제를 사용하는 것에 대한 내 견해 때문에 나를 힐난한다. 가끔은 내가 항생제 사용을 반대함으로써 아이들의 목숨을 위험에 처하게 하고 있다고 비난한다. 하지만 내 대답에는 반박할 수 없으리라고 생각한다. 적어도 여태까지 반박을 받은 적은 없었다. 내 대답은 이렇다.

아이들에게 생기는 귀 염증은 대부분 의사의 치료를 받지 않는다. 항생제 치료를 받은 환자 가운데 의사의 지시에 순응하는 비율은 놀라울 정도로 낮다. 뉴욕주 버팔로에 있는 아동 병원에서 중이염 때문에 항생제 처방을 받은 아이 300명을 대상으로 조사한 결과, 처방받은 그대로의 양을 실제로 복용한 환자는 50퍼센트 미만이었다. 지시를 완전히 따른 환자는 300명 중에서 22명에 지나지 않았다. 요컨대, 귀에 염증이 생긴 아이의 대부분이 치료를 받지 않고, 항생제 처방을 받은 아이의 대부분이 지시를 따르지 않는다는 사실을 감안하면 항생제는 쓸모가 없다고 할 수 있다. 만약 청력 상실을 막기 위해서 항생제가 정말로 필요하다면 전국 대부분 아이들의 청각에 결함이 생겨야 할 것이다.

앞서 항생제를 무차별적으로 사용하는 행위에 따르는 위험을 이야기한 바 있다. 그런 위험은 귀에 생기는 염증의 경우에서도 마찬가지다.

의사들은 또한 오랫동안 귀의 염증을 치료하기 위해 경구 복용 충혈 완화제와 항히스타민제를 처방해 왔다. 주로 처방되는 약물이 슈도에페드린 염산염pseudoephedrine hydrochloride과 클로르페니라민 말레산염chlorpheniramine maleate이다. 이 약들의 시판 상품명은 액티피드Actifed와 수다피드Sudafed다. 이 약물들, 또는 이와 유사한 약물들이 중이염이나 감기에 걸린 몇백만의 아이들에게 처방된다. FDA에서는 여러 해 동안 이 약들의 효과에 대해서 의문을 제기했고 마침내 제약 회사에 그 효용을 증명하든지, 아니면 약물을 퇴출시키라고 요구했다. 그럼에도 의사들에게는 그 약들을 처방할 권리가 계속 주어졌다. 1983년 피츠버그 의대에서 3년 동안의 연구 끝에 내린 결론은 이 약들이 중이염의 치료에 효과가 없다는 것이었다. 이 연구는 500명 이상의 아이를 대상으로 한 것이었는데, 대상의 반에게는 이 약들을 주었고 나머지 반에게는 위약을 주었다. 두 집단의 회복률은 같았다.

앞에서 나는 당신이 귀의 염증이 초래할지도 모르는 결과에 대해서 두려움을 가지고 있다면 이제 그것을 제쳐놓아도 된다는 점, 그리고 대부분은 염증을 치료하기 위한 약물 사용이 불필요할 뿐만 아니라 어쩌면 그것이 오히려 역효과를 일으킬 수도 있다는 점을 납득시키고자 했다. 앞에서 잠깐 언급했던 수술(고막 절개술)에 대해서도 같은 충고가 적용된다. 고막 절개술은 오늘날 아이들에게 가장 흔하게 시행되는 수술이 되었다.

고막 절개술이 꼭 필요한 경우는 거의 없다

의사들은 액체가 심하게 차오르고 만성적으로 재발하는 중이염을 치료하는 방법으로 종종 고막 절개술을 사용한다. 이 액체는 고름이 아니고 투명하다. 고막 절개술의 목적은 내이 내부의 진공 상태를 풀어서 이 액체가 유스타키오관을 통해 나오게 만들려는 것이다. 맥주가 캔에서 잘 나오지 않을 때 뚜껑에 다른 구멍을 하나 더 뚫으면 원래의 구멍에서 맥주가 잘 나오는 것과 같은 원리다.

시술을 하면서 의사는 고막에 구멍을 내고 폴리에틸렌 튜브를 삽입한다. 튜브는 몇 주 또는 몇 달 동안 그대로 남겨둔다. 어떤 때는 튜브를 일부러 제거하지만 튜브가 저절로 빠져버리는 경우도 있다. 근본적으로 고막 절개술을 하는 이유는 청력의 상실을 막기 위해서지만 그것은 전혀 이치에 맞지 않는다.

통제된 연구를 실시한 결과, 양쪽 귀에 모두 염증이 생기고 한쪽 귀에만 튜브를 삽입했을 때, 양쪽 귀에서 생기는 결과는 거의 똑같다는 사실이 드러났다. 한편, 이 수술은 그 자체가 많은 위험과 부작용을 동반한다. 청력 상실을 막기 위한 방법으로 정당화된 고막 절개술은 고막에 흉터를 남기고 딱딱하게 만들 수 있으며, 그 결과로 청력을 잃을 수도 있다. 믿어지지 않겠지만 재발하는 중이염을 치료하기 위해 실시하는 이 수술의 부작용 가운데 하나가 '심한' 중이염이다!

한밤중에 할 수 있는 일

아이가 한밤중에 귀가 아프다고 당신을 깨우면 어떻게 해야 할까? 우선, 아이가 무척 아파하더라도 그 즉시 응급실로 데려가야 할 필요는 없다. 의사가 할 수 있는 훌륭한 즉각적인 치료법 중에서 당신이 할 수 없는 것은 없다. 전기담요로 아이의 몸을 따뜻하게 데워주고 2시간마다 (뜨겁지 않고) 따뜻한 정도로 데운 올리브유를 2방울씩 아이의 귀에 넣어주어라. 아이가 잠들 수 있도록 약간의 위스키를 먹이는 것도 좋다(어린 아기에게는 10방울, 그리고 더 큰 아이들에게는 찻숟가락으로 최대 1숟가락 반 정도 먹인다. 필요하다면 1시간 후, 그리고 다음 1시간 후에도 같은 양을 먹인다). 심한 통증이 계속되면 아이에게 맞는 양의 아세트아미노펜을 먹인다. 몸이 스스로 방어하고 있는 동안 통증을 경감시키기 위해서다.

48시간이 지나도 통증이 계속되면 외상이 있거나 귀에 이물질이 들어간 것은 아닌지 확인할 수 있게 병원에 가도록 한다. 외상도, 이물질도 원인이 아니고, 귀에서 고름이 나오는 것도 아니라면, 다른 치료를 받지 말고 아이를 집으로 데려와 저절로 나을 때까지 기다리도록 한다.

의사 대부분은 이런 의견을 일반적으로 인정되는 의학적인 원칙과는 근본적으로 동떨어진 조처라고 여길 것이다. 나는 그것이 일반적으로 인정되는 근본적인 의학적 조치이며 내 접근법은 오히려 신중하다고 단언한다. (앞서 나는 내 주장을 뒷받침하는 근거들을 제시했다.) 과학적으로 통제된 연구 결과들은 귀의 염증에 대한 기존의 처치가 효과가 없으며, 어쩌면 환자에게 손상을 입힐 수도 있다는 사실을 확증했다. 올리브유와 위스키가 귀의 염증을 치료한다는 과학적인 증거는 제시할 수 없다. 그렇지만 내 환자들은 올리브유와 위스키가 분명히 통증을 줄여준다는 사실을 증언해 줄 것이다. 게다가 올리브유와 위스키가 아무런 해가 되지 않는다는 사실은 모두가 분명히 알고 있다.

한편 내 환자들이 그렇듯이 다른 의사들의 환자도 염증 때문에 청력을 잃지는 않는다. 그렇지만 그들 가운데 일부는 그들이 받은 치료법 때문에 청력 결함을 겪는다.

 ## 귀앓이에 대한 멘델존 박사의 명쾌한 조언

    귀의 염증은 영구적인 청력 결함을 일으키지 않는다. 유양돌기염은 극히 드문 질환이어서 오늘날 진료하는 의사들 가운데 유양돌기염을 실제로 본 사람은 손에 꼽을 수 있을 정도다. 항생제나 다른 약물, 그리고 고막 절개술이라는 수술을 이용하는 기존의 치료법은 염증에 대항하는 인체의 자연 방어 시스템보다 나을 것이 전혀 없다. 아이가 귀가 아프다고 호소하면 다음과 같은 단계를 따르도록 하라.

1. **병원에 가기 전에 48시간 동안 기다려본다.**

2. **전기담요를 사용하고 2방울 정도의 (뜨겁지 않은) 따뜻한 올리브유를 외이도에 떨어뜨려서 통증이 낫게 한다.**
    통증이 참을 수 없을 정도라면 적절한 양의 아세트아미노펜을 먹인다. 부작용이 있을 수 있으니 아스피린을 먹여서는 안 된다. 1955년에 레지던트로 일하던 나는 의사가 된 이래 처음으로 아스피린에 중독된 사례를 진단해야 했다. 그 환자는 사망했으며,

나는 그때부터 아스피린을 경계해 왔다.

3. **통증이 48시간 이상 지속되면 병원에 데려가라.**
   염증이 있다고 하더라도 그것을 치료하기 위해서가 아니라 귀에 외상이 있거나 이물이 들어 있을 가능성을 배제하기 위해서다.

4. **의사가 도구를 사용해서 아이의 귀에서 귀지를 제거하도록 해서는 안 된다. 당신도 마찬가지다.**

5. **아이를 진찰한 의사가 바이러스나 박테리아 감염을 발견하고 항생제를 처방하려 들거든 그 필요성에 의문을 제기하라.**
   이물질이 있을 경우에는 의사가 제거하도록 하지만 항생제를 처방하면 역시 의문을 제기해야 한다. 아이가 스스로 자기 고막에 상처를 입혔다면 소아과 의사는 당신을 이비인후과 의사에게로 보낼 것이다. 이비인후과 의사가 수술 치료나 항생제를 권하면 경계를 늦추지 말아야 한다. 오랫동안 진료해 오면서 그런 치료가 꼭 필요한 경우는 한 번도 본 적이 없다.

6. **아이에게 만성적으로 재발하는 중이염이 있다면 알레르기나 이전에 먹었던 항생제 때문일 가능성이 크다.**
   의사가 고막 절개술을 권하면 두 번째 의견을 구하지 않고서 동의해서는 안 된다. 과거에 소아과 의사들이 가장 선호하던 수술이 편도선 절제 수술이었지만, 이제는 고막 절개술이 되었다. 그러나 고막 절개술이 득이 된다는 신뢰할 만한 과학적 증거는 존재하지 않는다. 반면 오히려 해를 끼친다는 증거는 상당히 있다.

13

아이의 시력 보호하기

사시, 약시, 결막염, 다래끼,
시력에 대한 일반적인 통념

　대부분의 사람처럼 아마 당신도 감각 기관 중에서 가장 소중한 것이 시각이라고 여길 것이고, 당신의 아이가 시력을 잃어버릴지도 모른다는 생각만으로도 등골이 서늘할 것이다. 그것은 정당한 걱정이다. 그러므로 아이가 적절한 시력 관리를 받게 하는 것이 중요하다. 또한 중요한 것은 부적절한 치료를 어떻게 해서든 피하는 방법을 당신이 알아야 한다는 사실이다.

　시력은 정상적인 눈으로 볼 수 있어야 하는 정도에 각 개인의 눈이 볼 수 있는 능력이 얼마나 합치되는지 그 비율로 측정한다. 즉, 20/20 시력은 20피트(6미터) 떨어진 곳에서 볼 수 있어야 하는 것을 그만큼 떨어진 곳에서 볼 수 있다는 뜻이다. 20/50 시력은 50피트(15미터) 떨어진 곳에서 볼 수 있어야 하지만 20피트 거리에서밖에 보지 못한다는 뜻이다.*

갓 태어난 아기의 경우 전체적인 것은 볼 수 있지만, 세부적으로 구별하는 능력은 제한되어 있다. 아기의 시력은 5살 무렵 최고로 완성될 때까지 점차적으로 향상된다. 6개월 무렵이 되면 시력 자체는 20/20이 가능할 만큼 발달하지만 눈과 두뇌의 상호 작용이 아직 충분히 발달하지 않았기 때문에 그 정도의 시력은 되지 못한다. 특별한 시각적 문제가 없다면 2살 무렵에는 약 20/70, 3살에는 20/30이나 20/40, 4살에는 20/25, 그리고 5살이 되면 마침내 20/20의 시력에 도달한다.*

일부 부모들은 3살 난 아이의 시력이 20/40이라는 말을 들으면, 걱정스러워하며 고민에 빠지기도 한다. 당신이 꼭 알아야 할 것은 어떤 사람에게든 20/20 시력이 필수적인 것은 아니라는 사실이다. 아이들은 20/40 시력으로도 잘 해나갈 수 있으며, 3살 때 20/40이었던 아이들이 5살이 될 무렵에는 시력이 20/20로 올라가는 경우도 종종 생긴다. 이 사실을 꼭 알아야 하는 중요한 이유는 또 있다. 어떤 의사들은 20/40 시력을 가진 3살 난 아이에게 교정용 안경을 처방하기도 한다. 하지만 교정이 필요한 특수한 시력 장애가 있거나 양쪽 눈의 시력이 차이가 나서 초점을 완전하게 맞추지 못하는 경우가 아니라면 그런 조치는 필요치

---

* 국내에서는 보통 6미터 떨어진 거리에서 시력을 측정한다. 20/20 시력이 흔히 말하는 '시력 1.0'에 해당한다. (편집자 주)

않다. 양쪽 눈의 시력이 차이가 난다면 반드시 교정을 해야 한다. 그렇지 않으면 한쪽 눈이 제대로 기능을 발휘하지 않을 수도 있기 때문이다.

가장 흔한 시력 장애 3가지는 근시와 원시, 그리고 난시다. 이 세 상태 모두 눈의 모양 때문에 생기는 것이지, 눈이 약하다거나 질병이 있다는 뜻은 아니다. 각막과 망막 사이의 거리가 너무 멀면 눈은 망막의 바로 위가 아니라 그 앞쪽에 초점을 맺는다. 그래서 생기는 것이 근시다. 그 거리가 너무 짧으면 초점은 망막의 뒤쪽에 맺히고 그럼으로써 원시가 생긴다. 난시는 각막이나 수정체가 고르지 못하기 때문에 생긴다. 이 모든 증상은 안경이나 콘택트렌즈를 사용하면 교정할 수 있으며, 그 때문에 앞으로 눈에 더욱 큰 위험이 생기지는 않는다.

이런 상태 때문에 안경이 필요한 아이들은 전체의 약 10퍼센트 정도다. 그렇지만 교정용 렌즈를 끼지 못했다고 상태가 더 나빠지는 것은 아니다. 원시는 아이가 21살 성인이 되었을 무렵에는 없어지는 경우가 종종 있다. 근시는 일반적으로 계속 나빠지지만 역시 21살 정도가 되면 대부분 고정된다.

사시는 보통 저절로 낫는다

생후 첫 몇 달 동안은 아이의 양쪽 눈이 따로 놀 수도 있기 때문에 부모는 아이가 '사시'가 아닌지 걱정할지도 모른다. 눈이 이렇게 움직이는 것은 유별나거나 비정상적인 상태가 아니다. 3개월 무렵이 되면 아기의 눈은 방 안에서 움직이는 물체를 따라갈 때 일치해서 움직이기 시작한다. 그러나 일부 아이들은 한쪽 눈이나 다른 쪽 눈이 가끔 '동조하지 않고' 돌아다니는 '교차 사시'라고 알려진 상태를 보이기도 한다. 이 증상은 5살 무렵까지는 대개 저절로 낫는다. 그렇지만 그런 증상을 보이는 아이를 병원에 데려가면 의사는 아이에게 필요치 않은, 어쩌면 수술까지 포함될지도 모르는 치료를 받으라고 권한다.

만약 아이의 양쪽 눈 가운데 하나가 '구석에 주저앉아' 전혀 기능하지 못하는 경우라면 심각한 상태일 수도 있다. 이때 교정을 해주지 않으면 이 눈은 영구적으로 손상될 수 있다. 약시라고 불리는 이 상태는 정상적인 안구와 정상적인 시신경을 가지고 있음에도 불구하고, 눈이 시각적 자극을 받아도 눈을 관장하는 두뇌 감각 담당 부분에 전달하지 않기 때문에 정상적인 시력이 없다. 정상적인 쪽의 눈에 안대를 대어 '느린' 쪽을 억지로 사용하도록 하거나, 안경을 사용하여 눈을 운동하게 하거나(사시 교정술), 아니면 앞의 방법이 실패할 정도로 심한 경우에는 수술을 동원하면 그런 상태가 되는 것을 막을 수 있다.

약시로 진행될지도 모르는 진짜 사시는 아이가 학교에 갈 나이가 되기 전에 반드시 교정해야 한다. 아이의 눈동자 중에서 하나가 '구석에 주저앉아' 있으면 유능한 의사에게 데려가 교정을 받아야 한다. 그러나 덜 극단적인 방법을 모두 시도해 보았는데도 실패한 경우가 아니라면 의사가 수술에 의지하도록 해서는 안 된다.

그렇지만 아이를 병원에 데려가기 전에 아이의 증상이 눈동자가 구석에 고정된 진짜 사시인지, 상대적으로 흔한 교차 변종은 아닌지 확실히 해야 한다. 왜냐고? 2~3살 정도 먹은 교차 사시인 아이들에게 (심지어 수술까지 포함하는) 교정을 받아야 한다고 주장하는 의사를 너무 많이 보아왔기 때문이다. 아이가 5살이 되기 전에 저절로 나을 것이 거의 확실한 상태라는 사실에도 불구하고 말이다.

이 책의 요점이 불필요하게 의학 치료를 받지 말라는 것이긴 하지만, 아이가 치료가 필요한 상태인 경우 주저하지 말고 도움을 구해야 한다는 점도 똑같이 중요하게 강조하고 싶다. 눈에 상처가 나는 것이 바로 그런 경우다. 심하게 다쳤다면 당신이 직접 치료하려고 하거나 소아과 의사에게 맡겨서는 안 된다. 즉시 유능한 안과 의사에게 가거나 안과 의사를 부를 수 있는 병원 응급실로 가도록 하라. 부모나 그 분야의 전문가가 아닌 의사의 아마

추어적인 치료는 아이의 눈에 영구적인 손상을 입힐 수 있다.

당신이 해야 하는 유일한 즉각적인 처치는, 화학 물질에 의한 화상이라면 눈을 깨끗하고 살균된 물로 씻어내고 부드럽고 따뜻하게 압박해 주는 것뿐이다. 그러는 동안 누군가 다른 사람을 시켜서 안과 의사나 병원 응급실로 전화를 걸어 상처를 자세히 설명하고 병원으로 향하기 전에 당신이 해야 할 다른 조치는 없는지 알아보도록 하라.

아이의 눈에 무언가 작은 알갱이가 들어갔는데 눈물로는 제거되지 않을 때는 그것을 씻어내도록 해본다. 눈꺼풀을 잡아당기고 살균된 점안기를 사용해서 끓여서 식힌(끓는 물이 아니다) 물을 아이의 눈에 떨어뜨린다. 대부분의 이물질은 위쪽 눈꺼풀에 있는 경우가 많으므로 그쪽에 특히 신경을 쓴다. 그렇게 해서도 이물질이 나오지 않으면 아이가 눈을 비비지 못하게 하고 병원으로 데려가라. 이물질이 뾰족하거나 연마재 같은 것이면 눈에 상처가 날 수 있다.

시력 문제의 대부분이 과다 치료를 받는다

눈에 상처가 생기는 경우와는 별도로, 의사들은 다른 모든 병에 그러하듯이 시력 문제도 과다하게 치료하는 경향이 있다. 의사들이 필요치도 않은 교정용 안경을 끼게 했기 때문에 많은 아이들이 안경으로 인한 귀찮음과 친구들의 놀림을 감수해야 한다. 아이 2천 명과 소아과 의사 300명을 대상으로 한, 아이들의 눈 관리에 대한 공식적인 연구에서 안경을 끼고 있는 아이들 10명 가운데 7명에게 안경은 아무런 도움이 되지 못한다는 사실이 드러났다. 대개 그 아이들의 시력이 교정이 필요할 만큼 나쁘지 않았기 때문이었다. 무서운 것은 그 안경을 검사해 본 결과 40퍼센트가 시력 정확도 테스트에서 맞지 않았다는 사실이다!

부모들은 일상적인 시력 검사를 주장하는 의사들 때문에 불필요한 노력과 돈을 상당히 낭비한다. 어떤 때는 이런 검사를 1년에 1번씩 해야 한다고 요구하기도 한다. 이런 말도 안 되는 짓거리의 유일한 수혜자는 검사를 실시하는 의사뿐이다. 명백하게 시력에 문제가 있는 경우가 아니라면 아이에게는 일상적인 시력 검사가 필요하지 않다. 더군다나 1년에 한 번씩 검사하는 것은 말할 필요도 없다.

검사가 가능해지는 연령인 4살 무렵이 되면 시력 검사를 해보는 것이 현명한 조치다. 그리고 9살이나 10살 정도에 다시 하면 된다. 그것을 제외하면 집이나 학교에서 시력 문제가 의심되지 않는 한 다른 검사는 불필요하다. 어른들을 위한 신중한 접근법은 40살까지는 10년마다 한 번씩, 그 후부터는 5년마다 1번씩 시력 검사를 하는 것이다.

의사들은 또한 대개가 알레르기와 자극 물질 때문에 생기는 안과 질환들도 지나치게 치료한다. 아이들의 눈에 생기는 가장 흔한 질환은 결막염의 일종인 '유행성 결막염'이다. 결막염은 거의 알레르기 때문에 생기지만 가끔은 바이러스와 박테리아 감염이 원인이 되기도 한다. 또한 담배 연기나 다른 형태의 공기 오염에 노출되거나 눈이 피로하고 적절한 수면을 취하지 못하면 만성적으로 눈이 충혈되기도 한다.

알레르기성 결막염은 꽃가루, 먼지, 동물의 분비물, 약물, 화장품, 음식, 화학 첨가제, 그리고 다른 많은 알레르기를 일으키는 물질들 때문에 생긴다. 이런 경우는 보통 가려움증과 충혈로 특징지을 수 있지만 눈물 이외의 다른 분비물이 눈에서 나오지는 않는다. 다른 형태의 알레르기성 결막염은 '수영장 결막염'인데, 이 병은 그 이름만으로도 어떤 것인지 알 수 있다.

봄철 결막염은 그 이름이 암시하듯이 계절적이다. 보통 이 결막염은 봄에 나타나서 여름 동안 계속되며 겨울철에는 나타나지 않는다. 증상은 가렵고, 눈물이 나고, 약간 예민해지며, 점액질이지만 화농성은 아닌 분비물이 나온다.

마지막으로 가장 거슬리는 범주가 카타르성 결막염이다. 이 결막염은 전염성이다. 이 결막염에 걸린 아이의 눈은 빨갛고, 빛에 예민해진다. 가렵고 화끈거리며 끈적끈적한 점액이나 고름이 나와 눈꺼풀의 가장자리에 모인다. 이런 형태의 결막염에 걸린 아이들은 아침에 눈꺼풀이 달라붙어서 눈을 뜰 수 없게 되는 일도 그리 드물지 않다. 아이에게는 정말로 무서운 일일 수도 있으니 시력을 잃는 것이 아니라고 안심시켜 주어야 한다. 전염성 질환이기 때문에 다른 가족들에게 병이 옮지 않도록 수건을 함께 쓰지 않는 등, 위생적인 조처가 필요하다.

부모가 꼭 결막염의 종류를 구분할 수 있어야 하는 것은 아니다. 하지만 아이에게 이런 증상이 계속 재발한다면 알레르기성 원인을 의심하고 찾아보아야 한다. 이런 증상에 꼭 즉각적인 의학 치료가 필요하지는 않다. 그렇지만 카타르성 결막염으로 인한 화농성 분비물이 며칠 계속해서 나온다면 병원에 가서 국부적인 항생제 치료를 받는 것이 좋다. 대부분 아이가 걸린 결막염은 (뜨겁지 않은) 끓인 물과 청결한 천으로 부드럽게 닦아내는 데 반응을 보인다.

알레르기 반응이라는 의심이 들거든 문제를 일으킨 원인이 되는 알레르기를 파악할 수 있도록 아이의 생활을 면밀하게 검토해 보라. 아이의 활동과 장소, 그리고 식단과 약물에 어떤 변화가 있진 않았는지, 또는 그 문제가 생기기 이전에 일어난 유별난 사건이나 상태가 있었는지 찾아보라. 다시 한번 말하지만 이 일은 의사보다 당신이 훨씬 더 잘할 수 있다.

눈꺼풀의 가장자리에 있는 피지선에 염증이 생겨서 나타나는 다래끼도 아이들이 고통스러워하는 흔한 증상 가운데 하나다.

다래끼가 생길 때는 눈에 이물감이 있다. 이어서 눈물이 나고 아픈 자극이 생기며 눈이 충혈된다. 그러고는 마침내 여드름과 비슷한 상처가 눈꺼풀의 가장자리에 생긴다. 약물 치료는 필요치 않으며 몇 시간마다 눈을 뜨겁게 압박해 주면 염증 부위가 퍼지지 않기 때문에 다래끼의 고름이 빠지고 없어진다. 종종 붕산이나 황산마그네슘 수용액을 사용하기도 하지만 끓여서 식힌 보통 물도 똑같이 효과가 있다.

시력에 관한 미신

시력에 관한 잘못된 통념 때문에 많은 시간과 돈이 낭비된다. 이런 믿음 가운데 몇 가지는 부모와 아이 사이에 마찰을 만들기도 한다. 어떤 사람은 다음 내용을 대체로 믿고 있을 것이고 대부분은 그중 일부만 믿고 있을 것이다. 그렇지만 어떤 것이든 아래의 내용을 뒷받침하는 과학적인 증거는 존재하지 않는다.

- 어두운 불빛 아래에서 독서하면 시력이 나빠진다.
- 독서를 너무 많이 하면 시력이 나빠진다.
- 텔레비전을 너무 가까이에서 보면 시력이 나빠진다(하지만 텔레비전을 가까이에서 보는 것은 어쨌든 피해야 한다. 낮은 수준의

방사선이 미치는 장기적인 영향에 대해 객관적인 연구가 실시된 적이 없기 때문이다).*

- 움직이는 차 안에서 독서하면 시력이 나빠진다.
- 카메라 플래시나 강한 인공조명에 노출되면 시력이 나빠진다.
- 다른 사람의 안경을 쓰면 시력이 나빠진다.
- '싸구려 안경'을 쓰면 시력이 나빠진다.
- 안경을 쓰지 않고 지내면 시력이 나빠진다.
- 안경을 쓰면 점차 시력이 약해질 수도 있다.
- 이물질이 눈에 들어갔을 때 즉각 제거하지 않으면 눈 안으로 들어가 버릴지도 모른다(결막이 눈의 보이는 부분을 눈구멍의 뒤쪽과 분리하고 있으므로 불가능한 이야기다. 유일하게 열려 있는 구멍은 눈물이 흐르는 통로인 조그만 누관뿐이다).
- 당근을 먹으면 시력이 좋아진다(그렇게 해서라도 아이가 당근을 먹게 하는 데 도움이 된다면 계속하라!).

부모가 아이에게 "안 돼!"라고 말해야 하는 상황이 이미 수없이 많기 때문에, 이와 같은 믿음을 강요하는 것은 마찰을 증가시키는 역효과를 낼 뿐이다.

---

* 과거 음극선관 텔레비전은 방사선이 일부 방출되었지만, 현대의 평면 패널 텔레비전에서는 방사선이 거의 방출되지 않는다. (편집자 주)

눈에 대한 멘델존 박사의 명쾌한 조언

1. **갓 태어난 아기의 눈에 질산은이나 항생제 용액을 넣지 못하게 하라.**
   당신이 성병에 걸린 게 아닌 한 그럴 필요도 없고, 이득이 손실보다 크지 않다.

2. **아이의 시력에 문제가 없다면 정기적으로 시력 검사를 받을 필요는 없다.**
   집이나 학교에서 시력에 문제가 있다는 사실이 분명하게 드러나지 않는다면, 4살과 9살 때 2번의 검사만 예정에 넣으면 된다.

3. **신생아의 눈이 함께 움직이지 않더라도 당황할 필요는 없다.**
   이 상태는 3개월이 되기 전에 저절로 낫는다. 양쪽 눈이 가끔 임의로 움직이는 교차 사시가 계속되더라도 아무 조치도 취하지 말라. 이런 상태는 보통 4살이나 5살 무렵이 될 때까지 저절로 낫는다.

4. **아이의 눈동자가 한쪽 구석에서 움직이지 않으면 영구적 시력 장애가 생기는 약시가 될 수 있으니 안과 의사를 찾되, 수술은 거부해야 한다.**

의사에게 안대, 사시 교정술, 그리고 교정용 안경을 먼저 시도해 달라고 부탁하고 수술은 그 방법들이 모두 실패했을 때 최후의 수단으로 의지하도록 한다.

5. **아이가 결막염에 걸리면 살균한 물과 깨끗한 천으로 닦아서 눈을 청결하게 유지하라.**

   그런 다음 혹시 알레르기성 원인이 있는 것은 아닌지 파악해 보도록 한다. 당신의 노력에도 불구하고 아이의 눈에서 화농성 분비물이 며칠 이상 계속해서 나오는 경우가 아니라면 병원에 갈 필요는 없다.

6. **다래끼에 약물 치료는 필요치 않다.**

   다래끼를 뜨겁게 압박해서 염증 부위를 제한하면 감염된 피지선에서 고름이 나와 치료된다.

14

사춘기의 저주, 피부 문제

약물 치료 대신 일상에서 해결책을 찾아라

　피부 질환 때문에 생명이 위험한 경우는 드물다. 그렇지만 피부 질환은 환자들, 특히 사춘기의 아이들에게 미치는 감정적이고 정신적인 영향 때문에 부모들이 걱정하는 목록 가운데서도 수위를 다툰다. 특히 여드름이 남기는 외관의 손상은 몇백만의 청소년과 어른의 삶을 비참하게 만든다. 이 질환은 소아과 진료에서 가장 괴로운 병 가운데 하나다.

　갓 엄마가 된 사람 대부분을 당황하게 만드는 최초의 의학적 질환은 피부 문제, 즉 기저귀로 인한 발진이다. 발진은 아기들을 불편하게 만들고 염증이 생기게 하며, 좀처럼 낫지 않아 엄마를 좌절하게 만든다. 절망스러워진 엄마는 종종 처방전 없이도 살 수 있는 연고를 사거나 단순하고 흔한 이 증상을 어떻게 치료해야 할지 소아과 의사에게 자문을 구하게 된다. 그러나 둘 다 불필요한 일이다. 사실 2가지 모두가 아이에게는 오히려 해가 될 수도 있다.

아기가 병원을 떠난 후 최초로 받는 치료가 될 가능성이 높은 처치가 제약 업계에서 벌이는 과잉 행위의 전형적인 사례라는 것은 소아과 진료에서 상징적이라고 할 수 있다. 사실상 모든 의사가 일부 의약품을 불필요하게 사용하며, 대부분의 의사는 무모하기까지 하다. 그리고 그 결과로 위험한 과다 투약은 이제 미국 의료계에서 예외가 아니라 오히려 일상적인 일이 되었다. 기저귀 발진은 간단한 방법으로 치료할 수 있는 간단한 증상이며 또 그렇게 해야만 한다. 그러나 제약 회사들과 소아과 의사 다수가 그런 생각 자체를 받아들이려 하지 않는다. 불그레해지고 염증이 생긴 엉덩이를 보이면 그들은 장막을 걷고 항생제, 코르티손cortisone*, 히드로코르티손hydrocortisone**이 함유된 연고와 고약으로 간섭하려 들 것이다. 하지만 그 약이야말로 위험한 부작용을 초래할 가능성이 있으며 진짜 걱정거리를 안겨줄 것이다!

기저귀 발진을 막는 데 가장 중요한 것은 예방이다. 비닐이나 고무로 된 팬티와 일회용 기저귀를 사용하지 말라. 천으로 된 기저귀를 사용하도록 하고 자극이 되는 세제가 기저귀에 남지 않

---

* 부신 피질 호르몬의 일종으로, 관절염 등의 치료제로 사용한다.
** 값비싼 코르티손을 대체하기 위해 합성 화학으로 제조된 스테로이드 제제다.

도록 완전히 헹궈서 쓴다. 대변을 본 후마다 자극이 심하지 않은 비누와 물로 아기를 세심하게 씻겨주고 아기의 엉덩이를 가능한 한 많이 공기와 접할 수 있도록 노출한다. 이런 예방 조치에도 불구하고 발진이 생기기 시작하면, 여전히 같은 조치를 따르면서 기저귀를 다시 채우기 전에 보통 옥수수 전분으로 아기의 엉덩이를 가볍게 두드려준다. 이 방법으로 문제가 해결되지 않으면 옥수수 전분 대신 산화 아연 연고나 다른 종류의 아연 약인 라사르 페이스트Lassar's paste를 사용하라. 마지막으로, 당연한 말이지만 아기에게 채운 기저귀를 자주 점검해보고 젖었으면 즉시 바꿔준다.

이런 예방 조치를 충실히 따랐는데도 기저귀 발진이 계속된다면 의학적인 치료가 필요한 다른 원인이 있는 것일 수도 있다. 그렇지만 그런 경우는 드물다. 처방을 받아야 하는 연고로 치료해야 할지도 모르는 경우 가운데 하나가 효모 염증 때문에 생기는 발진이다(종종 항생제 투약으로 생긴다). 우유나 콩을 사용한 유아용 조제분유 같은 음식이 원인인 경우도 많이 있다. 이것 역시 아이에게 모유를 수유하는 편이 좋은, 셀 수 없이 많은 이유들 가운데 하나다. 모유 수유는 기저귀 발진뿐만 아니라 음식 알레르기로 인한 다른 질환의 발생률을 현저하게 낮춘다.

어린아이들과 사춘기 아이들에게 영향을 미치는 피부 질환 가운데 중요한 문제가 여드름이다. 여드름은 외관에 흔적을 남기기 때문에 셀 수 없이 많은 10대와 일부 더 어린 아이뿐만 아니라 어른에게도 마찬가지로 골칫거리다. 여드름이 신체적으로 남기는 영향에 대해서는 정통해 있으면서도 의학계는 그 근원적인 원인에 대해서는 좌절을 거듭해 왔다. 여드름 증상의 완화 방법에 대해서는 거의, 또는 전혀 진보하지 않았으며 나로서는 받아들일 수 없는 위험도 불사하는 치료는 그보다도 못하다.

여드름은 왜 생길까?

여드름은 피부 표면의 0.3센티미터가량 아래쪽에 있는 피지선에 생기는 질환이다. 피지선은 머리카락과 피부에 윤활제 역할을 하고 피부에서 수분이 증발하는 것을 막는 피지라는 유성 물질을 분비한다. 피지가 수분 증발을 막는 덕분에 우리 몸의 체온은 안정적으로 유지된다. 피지를 구성하는 성분의 절반가량은 중성지방triglyceride나 보통 지방이다. 이것이 모낭에서 발견되는 박테리아인 코리네 박테리아의 먹이가 된다. 이 박테리아는 증식하면서 모낭에 염증을 일으키는 부산물을 낳는다. 과정은 다소 복잡하지만 어쨌든 그 결과로 모공이 막혀 피지가 축적되면 증상은 하얀 여드름whitehead에서 까만 여드름blackhead으로, 농포로, 그리고 마침내 (전체의 약 2퍼센트 정도가) 낭포囊胞로 진행한다. 얼굴에 심한 흉터를 남기는 것은 바로 이 농포다. 특히 뜯거나 짜면 더욱 심한 감염을 일으켜서 더 큰 흉터가 남게 된다.

여드름에 대한 잘못된 통념은 셀 수 없이 많다. 뿌리가 검은 여드름이 생기는 것은 모공에 먼지가 축적되었기 때문이라고 믿는 사람들도 대다수다. 그러나 사실은 그렇지 않다. 색이 검은 것은 먼지 때문이 아니라 멜라닌 색소가 축적되었기 때문이다. 멜라닌 색소는 코카서스 인종이 햇빛에 노출되었을 때 피부를 갈색으로 만드는 바로 그 물질이다. 그러나 그 잘못된 믿음 때문에 수많은 10대가 까지고 상처가 날 정도로 얼굴을 박박 문지른다. 일반적인 세안은 좋은 일이다. 그러나 비누와 물로 아무리 힘을 주어 문질러도 여드름의 경과에는 영향을 줄 수가 없다. 그런 세안은 피부 표면만을 닦는 것이지, 피지가 축적되고 있는 더 깊은 곳에는 미치지 못하기 때문이다. 사실 너무 많이 문지르면 오히려 상태를 악화시킬 수 있다.

식이 요법의 역할에 대한 잘못된 통념 역시 여드름으로 고생하는 사람들뿐만 아니라 심지어는 의사들에게까지도 널리 퍼져 있다. 어쨌든 그 덕분에 일단 많은 아이가 패스트푸드를 먹지 않을 터이니 일부 생각은 유용하다고 해야 할지도 모르겠다. 하지만 특정한 음식이 여드름의 발생이나 악화에 확실한 영향을 준다는 과학적인 증거는 아무것도 없다.

초콜릿이나 감자튀김같이 기름진 음식, 땅콩, 그리고 아이오딘을 함유한 음식들이 오랫동안 주범으로 지목받아 왔다. 어떤 환자들에게서는 일부 음식을 먹을 경우 상태가 더욱 악화된다는 경험적인 증거가 있지만, 통제된 연구 결과에서는 어떤 음식 알레르기도 분명한 원인으로 지목되지 않았다. 그럼에도 분명히 어떤 사람들은 특정 음식에 반응을 보이는 것 같긴 하다. 특정한 계기가 원인으로 확인된다면 연구 결과가 어쨌건 간에 물론 그것을 피해야 한다.

효과가 있다는 과학적인 증거가 없는데도 일부 영양학자들은 여드름을 식이 요법으로 관리하는 데에 약간이나마 성공을 거두고 있다. 의사들은 여드름의 발생에 섭생이 미치는 영향을 부정하는 연구 결과들을 인용하면서 코웃음을 칠지도 모른다. 일부 의사들은 심지어 돌팔이라는 딱지를 붙인다. 그러면서 그들은 환자들에게 자기들만의 비과학적인 돌팔이 같은 치료를 한다. 그러나 통제된 연구로 검증되지 않은 것은 의사들의 치료도 마찬가지다.

여드름 치료는 대부분 큰 효과가 없다

여드름의 치료를 위해 처방전을 받지 않고 살 수 있는 약의 종류만 해도 150여 가지에 이른다. 대부분의 잘 알려진 약들에는 기름기를 약간 제거해서 일부 환자의 증상을 완화하는 과산화벤조일benzoyl peroxide이 들어 있다. 그렇지 않더라도 10대 소년소녀들은 의사가 처방하는, 더 위험하기만 하고 효과가 좋을 것도 없는 치료보다는 이런 약들을 사용하는 것이 더 나을지도 모르겠다. 나는 진료를 하면서 의사들이 여드름 환자를 테트라사이클린이나 에리트로마이신erythromycin 같은 항생제로 치료하거나, (유해할 수 있는) 비타민 A의 대량 투여, 황산아연, 코르티손, 상처 부위를 짜내기 위한 트리암시놀론 아세토니드triamcinolone acetonide 주사, 호르몬 요법, 자외선 치료, 유황과 티오황산염sodium thiosulfate과 살리실산을 알코올과 다양하게 조합한 로션, 피부 박리술, 화학적 박피, 엑스레이 치료, 그리고 믿기 어렵겠지만 심지어 산부인과적인 수술까지 동원해서 치료하는 것을 보아왔다! 주술사들이나 쓸 법한 그 모든 수단을 동원하면서도 일부 의사는 영양학자들을 돌팔이라고 부를 수 있을 만큼 얼굴이 두껍다!

  이 모든 방법 가운데 실제로 효과가 있는 것은 없다. 또한 그로 인해 환자가 입을 수 있는 피해에 대해서 전부 파고들지는 않겠다. 그러나 몇 가지 사례를 들어 의사들이 증명되지 않고 검증되지 않은 치료를 할 때 환자에게 일어날 수 있는 일을 설명하겠다.

  20년 전에는 여드름을 제거하거나 통제하기 위한 노력의 일환으로 여드름 환자 몇만 명에게 엑스레이 치료를 했다. 사실 나 자신도 이런 치료를 처방한 적이 있다. 위험하고 자극적인 이런 행위로 생긴 결과는 오늘날 여드름 치료 또는 다른 증상 때문에 파괴적인 방사능에 노출되었던 사람들에게서 갑상선 종양이 실제로 발병하는 비율을 보면 명백하게 드러난다. 그중 일부는 악성 종양이다.

소아과 의사들과 피부과 의사들은 이제 더는 엑스레이 요법을 사용하지 않는다. 하지만 효과도 거의 없고 특유의 위험을 역시 내포하고 있는 다른 치료법으로 대체했을 뿐이다. 그들은 위험이 있음에도 불구하고 다양한 종류의 테트라사이클린 계열 약을 사용한다. 이 항생제를 장기간 사용하면 아이의 몸은 심각한 감염에 취약해지기 쉽다. 항생제의 효과가 유해한 박테리아에만 국한되지 않기 때문이다. 이 항생제는 몸 안에 있는 방어 박테리아 역시 죽이기 때문에 30~40년 전에나 발생하던, 현재는 극히 드문 심각한 감염이 침투할 수 있는 길을 연다. 또한 어린아이가 테트라사이클린을 장기간 복용하면 그 치아는 영구적으로 노랗게 되거나 심지어 뼈에까지도 침투할 수 있다.

얼굴이 많이 얽었거나 흉터가 남은 여드름 환자들은 피부를 박리해서 외관을 나아지게 하고 싶은 강한 욕구가 있다. 이 처치에는 여드름 흉터가 남은 피부층을 벗겨내기 위해 사포와 와이어 브러시, 그리고 여타 연마재가 필요하다. 이 처치의 효과는 한 번도 입증된 적이 없다. 1977년 휴스턴의 베일러 의대 연구자가 보고한 연구에 의하자면 "여드름으로 생긴 얽은 자국과 흉터를 전형적인 피부 박리술로 치료하면, 아무리 잘한다 해도 실망스러운 정도다. 최악의 경우 효과가 없을 뿐만 아니라 원치 않는 합병증이 따라오는 경우가 종종 있다".

아큐탄은 어떤가

여드름 치료의 장에서 가장 떠오르는 신성新星은 1982년 9월에 미국에서 의사가 처방할 수 있는 약으로 판매되기 시작한 비타민 A 유도체인 시스레티노산cis-retinoic acid 혹은 이소트레티노인 Isotretinoin이다. 이 성분은 스위스의 제약 회사인 호프만라로슈에서 아큐탄Accutane*이라는 상품명으로 시장에 내놓았다. 이 약은 시판 2개월 만에 의사들이 약 6만 장의 처방전을 발행한 것으로 추산되었다.

아큐탄은 1가지 중요한 측면에서 여드름을 치료하는 데 쓰이는 다른 약물들과 차이가 있다. 아큐탄은 효과가 있다. 그러나 이 약이 어떻게 작용하는지, 왜 효과가 있는지는 아무도 모른다.

---

* 국내에서는 한국 로슈에서 '로아큐탄'이라는 이름으로 판매한다. 현재도 중추 신경계 교란으로 인한 우울증, 자살 충동, 태아 기형 유발 등의 부작용 때문에 오랫동안 논란이 되고 있다.

제조 회사와 FDA도 예외는 아니다. 임상 실험에서 아큐탄은 약 90퍼센트의 환자에게서 효과를 보였다. 좋은 소식이다. 나쁜 소식은 아큐탄의 부작용이 너무 많아서 훌륭한 피부과 의사들이 그 약의 사용에 대해 극도로 우려하고 있다는 것이다. 그러나 너무나도 많은 의사들이 20년 전에 엑스레이 치료가 사용되었을 때와 마찬가지로, 자유롭게 멋대로 아큐탄을 처방하고 있다. 환자에게는 그로 인해 생길지도 모르는 결과에 대해서는 완전하게 알려주지도 않은 채로 말이다.

그 위험과 부작용은 상당하다. FDA 소식지는 아큐탄을 복용한 환자의 90퍼센트 이상의 입술에서 염증이 일어났다는 사실을 지적했다. 환자 중 80퍼센트가 피부나 점막 건조가 생겼고 40퍼센트는 결막염에 걸렸으며 거의 10퍼센트 정도가 발진이나 머리카락이 빠지는 것을 경험했다. 5퍼센트는 손바닥이나 발바닥의 껍질이 벗겨지고 피부에 염증이 생겼으며 햇빛으로 인한 화상을 더욱 쉽게 입었다.

나는 여드름이 생긴 10대들과 그로 인한 감정적이고 정신적인 상처 때문에 고통을 겪는 자상하고 걱정이 많은 부모들을 마음속 깊이 이해한다. 또한 10대 환자들이 거울에 비치는 흠 없는 얼굴을 보기 위해서라면 거의 어떤 위험이라도 기꺼이 감수하려 드는 이유도 충분히 이해한다.

자녀에게 여드름이 생겼을 때 당신이 반드시 유념해야 하는 것은 약물에 부가적으로 따르는 단기적 또는 장기적인 부작용이다. 거의 매일 새로운 부작용이 쏟아져 나오고 있다. 당신의 10대 자녀에게 여드름이 생겼다면 아큐탄의 위험과 이득을 신중하게 따져보아서 이득이 위험보다 큰지 판단을 내려야 한다. 그런 판단을 내릴 수 있도록 당신은 아큐탄을 복용하는 환자 대부분이 경험하는 두드러진 증상들뿐만 아니라 모든 위험을 충분히 숙지하고 있어야 한다. 그 걱정스러운 내용을 생각하면 아이의 의사가 당신에게 그런 정보들을 줄지는 의심스러운 일이다. 그러므로 내가 여기서 설명하도록 하겠다. 나는 당신을 대신해서 결정을 내리려는 것이 아니다. 단지 사전에 충분한 정보를 얻은 상태에서 아큐탄의 사용에 관해 결정을 내리고, 당신과 아이가 단기적인 기적을 위해 장기적으로 생길 수 있는 재앙을 감수할 준비가 되어 있는지 판단하도록 돕고자 할 뿐이다.

아큐탄의 처방 정보에는 이 약이 피부에만 영향을 미치는 것이 아니며, 고농도의 화학 물질이 치료하고자 하는 부위 이외의 다른 많은 조직에도 도달한다는 사실이 드러나 있다. 실험적 연구 결과에서는 아큐탄을 사용한 지 7일 후에도 간, 배뇨관, 부신, 난소, 그리고 (눈물을 분비하는) 누선에 약이 잔존한다는 사실이 발견되었다. 이 약은 또한 혈액에도 반응을 일으킨다. 25퍼센트의 환자에게서 혈장 중성지방이 상승했고, 15퍼센트는 고밀도 지질 단백질high-density lipoprotein, HDL이 감소했으며, 7퍼센트는 콜레스테롤 수치가 상승했다. 이 3가지 요인은 심장과 혈관에 생기는 혈관 관련 질환의 발병에 중요한 역할을 한다. 이 부작용은 몹시 걱정스러운 것이기 때문에 아큐탄의 제조 회사조차도 "아큐탄을 처방하기 전에 반드시 혈액 지질(지방) 검사를 실시해야 하며, 아큐탄에 대한 지질 반응이 안정될 때까지 1주일이나 2주일 간격으로 정기적으로 검사를 해야 한다"고 고지하고 있을 정도다.

아큐탄은 혈류의 지질 성분에만 영향을 미치는 것이 아니다. 이 약을 복용한 환자의 40퍼센트가 문제가 무엇인지 정확하게 파악하지는 못했지만 무언가가 잘못되었다는 것을 드러내는 다른 비정상적인 혈액 상태가 있다는 징후를 보였다. 13퍼센트는 혈액의 응고 작용을 교란할 수 있는 변화인 혈소판 수치의 상승을 보였다. 10~20퍼센트의 환자들에게서는 적혈구의 숫자가 감소하고 소변에서 백혈구가 검출되었으며, 혈액 효소 Serum Glutamic Oxaloacetic Transaminase, SGOT 수치가 비정상적인 수준으로 바뀌었다. 아큐탄을 복용한 다른 사람들은 (10퍼센트 이하에서) 소변에서 단백질과 적혈구가 검출되었거나 혈당치가 상승하는 증상을 보였다.

임상 실험에서 2년 이상의 기간에 걸쳐 아큐탄으로 치료를 받은 환자 5명에게서 골격 이상이 나타났다. 어른 3명에게는 척추 변성이 일어났으며, 아이 2명은 엑스레이 검사를 한 결과 골단

骨端이 너무 일찍 막히는 증상을 보였다. 골단은 청소년에게 특히 중요하다. 뼈의 일부분인 골단은 보통 성장이 완전히 끝날 때까지 열려 있는 곳이기 때문이다. 골단이 너무 일찍 닫히면 아이는 정상 신장에 도달할 수 없게 될 것이다. 뼈의 성장을 나타내는 다른 지표인 혈액의 알칼리성 인산가수분해효소alkaline phosphatase 수치 역시 아큐탄으로 치료를 받는 환자의 14퍼센트에서 비정상으로 나타났다.

치료 이전 눈 검사에서 정상이었던 환자들 72명 가운데 5명이 아큐탄 때문에 각막 혼탁(백내장)에 걸렸다.

남자아이들에게 중요한 의미를 가지는 위험은 아큐탄을 투여받은 개들에게서 나타난 고환 축소와 정자 생산량의 감소를 보인 실험 결과다. 인간에게서 아큐탄이 정자 생산에 미치는 영향을 평가하는 연구는 지금 실시되고 있다.*

사춘기 소녀들이 맞닥뜨리는 잠재적인 위험

또한 사춘기 소녀들과 여성들에게 잠재적으로 심각한 의미를

---

* 이소트레티노인이 발기 부전 및 성욕 감소에 영향을 미친다는 연구 결과가 2017년 발표되었다. (편집자 주)

지니는 사실은, 아큐탄이 태아 기형을 유발하는 성질이 있다는 점이다. 이는 이 약을 먹은 실험 동물의 자손에게서 나타난 현상이다. 아큐탄은 토끼의 태아에게 유독한 영향을 미쳤으며 유산을 유발했다. 아큐탄이 임신한 여성에게 미치는 영향에 대해서는 아직 적절한 연구가 실시된 적이 없지만 제조 회사 측에서 또 다른 탈리도마이드의 사례가 발생할 가능성에 대해서 촉각을 곤두세우고 있으리라는 것은 명백하다. 제조 회사에서 주는 처방 정보는 "임신하고 있거나 임신할 계획이 있는 상태에서 치료를 받는 환자들은 아큐탄을 복용해서는 안 된다. 현재 효과적인 형태의 피임을 하고 있으며 치료 과정에서 임신하게 되면 태아에게 잠재적인 위험을 미칠 가능성이 있다는 사실을 완전하게 알려준 상태가 아니라면, 가임기의 여성에게 아큐탄을 처방해서는 안 된다. 치료를 받는 도중에 임신하게 된다면 의사와 환자는 임신 상태를 지속할지의 여부를 의논해야 한다"고 경고한다. 제조 회사에서는 태아 기형을 얼마나 우려했는지 "아큐탄 치료를 중단한 후 1개월이나 정상적인 월경 주기 1번만큼의 기간 동안에는 피임을 계속해야 한다"는 권고까지 한다.

아큐탄을 복용한 환자 대부분에게서 여드름이 없어지거나 증상이 가벼워진다는 것은 확실하다. 그러나 그런 효과를 내는 메커니즘이나 수많은 부작용을 유발하는 메커니즘은 규명되지 않았다. 이 약은 상대적으로 짧은 기간 동안 사용되었기 때문에 장기적인 결과에 대해서도 알려져 있지 않다. 아큐탄이 내포하고 있는, 당신의 아이가 겪게 될 무수한 위험을 보면서 인간에 대한 사용 승인은 아무리 잘 봐줘도 불안하다는 사실을 언급해 두는 게 공정할 것이다. 만약 아큐탄처럼 수많은 위험한 특성을 가진 화학 약품이 부엌 바닥에서 왁스를 제거하는 처리 약품으로 팔린다면 라벨에 해골 밑에 커다란 뼈 두 개가 교차되는 위험물 표식과 '먹어서는 안 됨'이라는 경고 문구가 들어갈 것이다. 그러나 의사들은 적절한 경고를 거의, 또는 전혀 주지 않은 상태에서 이렇게 위험한 약을 즐겨 처방한다.

그러므로 아큐탄을 사용할 것인지 말 것인지 결정을 내리도록 아이들을 인도하는 막중한 책임은 부모에게 떨어진다. 심하게 여드름이 난 아이는 아큐탄의 위험을 무시하고 싶은 충동에 저항하기 어렵다. 게다가 사춘기 아이들이란 어른들보다 '재앙은 다른 사람들에게만 일어나는 것'이라고 생각하기 쉽고, 상식보다는 즉각적으로 자기만족을 할 수 있는 방향으로 선택하기 일쑤다. 10대의 자동차 보험료와 사춘기의 마약 사용률이 그런 경향을 반영한다. 결과적으로 얼굴이 심하게 훼손된 10대 아이는 '여드름을 없애버리고 싶은' 충동 때문에 아큐탄을 복용했을 때 생길 수 있는 위험한 부작용을 무시할 법하다. 아이에게는 그 부작용들이 다른 사람에게나 일어나는 일로 생각될 것이고, '내게는 일어나지 않는 일'이라고 스스로를 납득시킬 것이다. 그래서 부모들이 아이에게 아큐탄의 위험을 완전하게 숙지시키고 약을 사용할지 아이와 함께 결정하는 것이 중요하다.

30년 전에 여드름을 치료하기 위해서 엑스레이 치료법을 처방했던 내 무분별한 행동에 대한 후회와 가책이 내 행동에 어느 정도 영향을 미쳤을지도 모르겠지만, 나는 내 환자들에게 아큐탄을 처방하지 않을 것이다. 이미 알려진 위험만으로도 충분한 근거가 된다. 아직 밝혀지지 않은 장기적인 손상이 얼마나 어마어마할지는 하느님만이 아실 것이다.

안전한 접근법을 이용한 실험

여드름 치료 분야에는 이론은 많지만 효과 있는 명백한 치료법이 없다. 아큐탄은 제외하고 말이다. 여드름을 다루는 건강 전문가와 모든 의사에게는 잘 듣는다고 주장하는 치료법의 목록이 있다. 그러나 그중 어떤 것도 효과가 있다는 과학적인 증거는 없다. 결과적으로 오랫동안 내가 사용해 온 방법은 환자에게 가장 손상을 입히지 않을 법한 치료법을 적용하는 것이었다. 더 큰 손상을 입히는 치료법과 마찬가지로 이 치료법도 어떤 것은 효과가 있고 어떤 것은 효과가 없다. 왜 그런지는 나도 모르겠다. 그리고 그 이유는 아무도 모른다. 게다가 이 치료법에는 의학적인 관리 감독이 필요치 않다. 그러므로 당신은 아이에게 위험을 초래하거나 별도의 비용을 들이는 일 없이 가장 성공적인 치료법을 찾을 때까지 실험할 수 있다는 장점이 있다.

앞서 여드름의 발생이 섭생과 관계가 있다는 과학적인 증거는 없다고 말했지만, 수많은 사례들에서 영양학적인 접근은 효과가 있는 것처럼 보인다. 《예방 Prevention》이라는 건강 잡지에 훌륭한 칼럼을 기고하는 조너선 라이트Jonathan Wright 박사는 과학적인 것은 아니지만 수긍이 가는, 섭생과 여드름의 관계에 관한 증거를 약간 제시한다. 그는 북미 캐나다 이누이트인이 '원시적인' 식단에서 문명화된 식단으로 바꾸기 전까지는 여드름을 전혀 몰랐다는 사실에 주목한다. 그러나 문명화된 식단으로 바꾸고 나서는 이 이누이트인의 여드름 발생률은 거의 100퍼센트에 이를 정도였다. 라이트 박사는 현재의 낮은 의학적 지식 수준에서는 영양학적 접근만이 여드름을 다룰, 유일하게 분별력 있는 접근법이라고 생각하는 많은 훌륭한 의사들 가운데 하나일 뿐이다.

라이트 박사는 이렇게 말한다.

"알레르기를 일으키는 음식을 피하고 아연이나 필수 지방산, 비타민 B 복합체, 그리고 비타민 A 같은 영양소를 첨가한 정화된 식단을 적용하는 치료에도 살아남는 여드름은 몇 건 정도밖에 보지 못했다. 그에 저항할 수 있는 여드름이라고 하더라도 영양소의 융합에 관심을 기울이면 건강에 도움이 되는 듯하다. 사실 지난 4~5년간 영양 관련 치료를 적용했을 때 여드름이 진정되지 않거나 아예 없어지지 않은 환자는 거의 본 적이 없다."

나는 여드름 때문에 병원에 온 환자들에게 영양에 특별히 관심을 기울이라고 조언한다. 특정 음식을 배제하는 식단을 통해서 상태를 악화하는 음식뿐만 아니라 상태 개선에 도움이 되는 음식도 알아내라고 충고한다. 영양에 관해서 의사를 설득하려는 수고를 할 필요는 없다. 의사는 영양에 관해서는 아무것도 모르기 때문에 아무것도 믿으려 들지 않는다. 그는 화학 약품을 사용해야 더 잘 살 수 있다고 믿기 때문에, 아마도 테트라사이클린이나 히드로코르티손, 아니면 아큐탄을 처방하려 들 것이다. 의사에게 가는 것보다는 차라리 영양에 관한 훌륭한 책을 몇 권 읽고, 거기에서 추천하는 방법을 시도해보는 게 낫다. 영양학자인 아델 데이비스Adele Davis, 칼튼 프리데릭Carlton Fredericks, 미치오 쿠시Michio Kushi, 파보 아이롤라Paavo Airola, 데일 알렉산더Dale Alexander, 그리고 루돌프 발렌타인Rudolph Ballentine이 쓴 책을 찾아보라.

정제된 설탕이나 표백한 흰 밀가루, 그리고 화학 첨가제나 어떤 종류든 방부제가 함유된 가공식품을 일절 먹지 않는 식단을 시도해 보라. 아이에게 여드름이 생기는 것이 특정한 어떤 음식을 먹는 것과 관계가 있지는 않은지 알아낼 수 있도록 아이의 식단을 주의 깊게 지켜보라. 여드름이 생긴 부위는 청결하게 유지해야 하지만 지나치게 문질러서는 안 된다. 득보다는 실이 많을 수 있기 때문이다. 국소적인 투약을 꼭 해야 할 것 같거든 의사가 아니라 약사를 찾아라. 처방 약 없이 살 수 있는 일반 약은 아마도 큰 도움은 되지 못하겠지만, 소아과 의사나 피부과 전문의가 사용할 수 있는 약물 치료와 비교하면 상대적으로 안전하다고 할 수 있다.

다른 피부 질환

여드름에 커다란 관심을 기울이는 것은 그것이 의심할 여지 없이 아이들의 피부 질환 중에서 가장 부모를 애먹이는 걱정거리이기 때문이다. 그러나 어느 날 갑자기 부모를 걱정에 빠뜨리는, 다른 흔한 피부 질환도 많다. 그 가운데 가장 해가 없는 것이 땀띠다. 땀띠는 실제로 의학적인 영향은 없지만 미용상의 이유로 부모를 당황스럽게 만든다. 땀띠는 아기를 보기 흉하게 만들기 때문에 엄마들은 아기를 이전의 예쁜 상태로 돌려놓기 위해서 소아과 의사에게 간다.

땀띠는 의사의 치료가 필요한 상태가 아니다. 사실, 의학 치료는 덜 받을수록 아기에게 좋다. 아기들의 땀띠는 '아기를 따뜻하게 해주려는' 부모다운 관심으로 인해 지나치게 옷을 많이 입혀서 생기는 경우가 보통이다. 아기를 어른보다 더 따뜻하게 해주어야 할 필요는 없다. 정상적인 실내 기온에서는 기저귀만 채워놓거나 아무것도 입히지 않아도 아기에게 나쁜 결과가 생기지 않는다.

아기에게 땀띠가 생겼다면 옷을 가볍게, 또는 전혀 입히지 말고 아기의 피부가 최대한 공기와 접할 수 있도록 해준다. 가려움이 진정되도록 칼라민 로션calamine lotion*을 발라주어라. 칼라민 로션에 항히스타민제가 함유된 칼라드릴은 사용하지 말고 보통의 칼라민 로션을 발라주는 것이 좋다. 아이가 항히스타민제에 알레르기가 있어서 부작용을 겪을 수도 있다. 이미 생긴 것 이외의 다른 피부 발진이 생길 가능성도 그 부작용 가운데 하나다. 로션 하나만을 사용했을 때보다 항히스타민제를 첨가해서 가려움을 더 효과적으로 진정시킬 수 있다는 증거도 없는데 아이를 그런 가능성에 처하게 하는 것은 무의미하다.

보통 아기나 아주 어린 아이에게 흔하게 생기는 다른 피부 질환이 소아 습진이다. 습진은 누덕누덕한 모양으로 붉은 발진이 생긴다. 피부는 두꺼워지고 비늘처럼 벗겨져서 떨어지는데, 긁으면 보기 흉한 겉껍질을 만드는 액체가 스며 나온다. 기존의 의학적인 관점에서는 습진을 유전적인 것으로 보지만, 내가 아는

* 피부 소염제의 일종

한 실제로 그렇다고 뒷받침하는 과학적인 증거는 없다. 만약 유전적인 것이 맞다고 하더라도 나는 유전되는 것은 알레르기지 습진 자체에 걸리기 쉬운 경향은 아니라고 생각한다.

이 질환을 치료해 온 내 경험으로 볼 때 습진의 원인은 알레르기고, 그 알레르기를 일으키는 원인을 파악할 수 있으면 보통은 별다른 치료를 하지 않아도 깨끗이 낫는다. 대개 범인은 우유나 대두를 원료로 한 유아식이기 쉽지만 다른 원인으로 인한 알레르기도 있을 수 있다. 모유를 먹는 아이는 습진에 거의 걸리지 않는다.

아이가 습진에 걸리면 연고를 발라주거나 다른 약을 먹이기보다 문제를 일으키는 음식 알레르기 요소를 알아낼 수 있도록 소거법에 따른 식단을 실험해 보라. 먼저 우유와 유아식을 모두 없애는 것으로 시작하라. 그럼으로써 아이의 습진 증상이 없어지면 그 음식을 아이의 식단에서 영구적으로 없앤다. 아기들이라 할지라도 고기로 만든 유아식을 먹고도 상당히 잘 살 수 있다. 아기에게 모유를 먹이지 않는 경우에는 동네 도서관에서 찾아볼 수 있는 여러 가지 책들이 우유나 유아용 조제분유를 포함하지 않는 대안적인 식단을 제공해줄 것이다.

위험한 스테로이드 호르몬 치료법

습진에 걸린 아이를 병원에 데려가면 국소 스테로이드 호르몬인 케날로그Kenalog나 다른 스테로이드인 프레드니손prednisone* 처방을 받기 쉽다. 다른 어떤 방법을 써봐도 실패하고 좀처럼 낫지 않는 경우라면 나 역시 케날로그를 작은 부위에 제한된 기간(많아도 며칠을 넘지 않는 정도) 동안 사용하는 데 아무런 이의가 없다. 그러나 피부의 넓은 면적에 장기간에 걸쳐 반복적으로 사용하는 것은 위험하다. 케날로그에 함유된 스테로이드 호르몬은 피부를 통해 몸에 직접적으로 흡수되기 때문이다.

케날로그와 프레드니손은 둘 다 생명을 위협하는 병을 치료하기 위해 개발되었다는 사실을 반드시 유념해야 한다. 상상할 수 있는 한에서 이득이 그 약물들로 인해 생길 수 있는 심각한 부작용을 넘어서는 경우에 사용하도록 개발되었다는 말이다. 사실 제조 회사에서 제공하는 프레드니손의 사용 지침서에서는 그 사용을 "심각하거나 생명을 위협하는 질환들"에만 제한해야 한다고 고지하고 있다. 습진이나 여드름, 심지어 햇빛으로 인한 화상에 이런 약물들을 사용하는 것은, 상대적으로 무해하다고 할 수 있는 질환에 극단적이고 위험한 수단을 사용하는 미국 의료계의

---

* 부신 피질 호르몬제

파괴적 경향을 보여주는 또 다른 사례다.

고름딱지膿痂疹은 아이와 부모들이 볼 때 보기 흉하고 성가신 소아 피부 질환이다. 고름딱지가 박테리아성이고 전염되는 것이라 더욱 그렇다. 뾰루지가 나서 확산되면서 갈색과 노르스름한 색깔의 딱지와 껍질이 생긴다. 뾰루지는 일반적으로 얼굴에 생기기 때문에 더욱 성가시다. 예전에 의사들은 젠티안 바이올렛 gentian violet*이나 과망가즈니산칼륨으로 고름딱지를 치료했다. 이런 처치를 하면 고름딱지를 치료하는 것이 아니라 감염 부위를 보라색으로 물들여 상처를 덮어버리는데, 사실 피부병에 걸린 것만큼이나 보기 흉하다. 오늘날의 의사들은 고름딱지 치료에 에리트로마이신과 테트라사이클린 같은 항생제를 국소적으로나 전신에 사용하곤 한다. 이 치료법들은 효과가 있다는 증거가 없으며, 이 책의 다른 부분에서 설명하는 이유 때문에 아이들에게 잠재적으로 유해할 가능성은 얼마든지 있다.

고름딱지에는 의학적인 처치가 필요치 않다. 세심하게 청결을 유지하고 다른 가족에게 전염되지 않도록 주의하면서, 식탁에서 설탕을 없애고 증상이 저절로 낫기를 기다리면 된다.

보통 알레르기 때문에 생기는 두드러기 역시 환자를 성가시게 하는 가려움을 일으킨다. 두드러기는 피부가 부풀어 오르는

---

* 아닐린 염료의 일종

형태로 나타나는데, 전신에 생기는 경우도 종종 있다. 그 가운데가 하얀색인 이유는 돌출부가 부풀어 오른 부분에서 혈액을 압박하기 때문이다. 두드러기에도 의학적인 치료는 필요치 않다. 두드러기가 생긴 부위에 칼라민 로션을 발라주거나 아이를 옥수수 전분으로 목욕시켜 주면 가려움증이 가라앉는다. 옥수수 전분은 민간요법으로, 의학적으로 공인된 것은 아니지만 잘 드는 것처럼 보인다. 하지만 이유는 나도 모르겠다. 그런 다음 두드러기의 원인이 되는 알레르기를 알아내도록 노력한다. 이것이야말로 당신이 의사보다 훨씬 더 잘할 수 있는 것이다. 의심해야 할 알레르기 요소에는 약, 음식, 의복, 향수와 화장품, 비누, 음식에 들어 있는 화학 첨가제, 그리고 벌레 물림 등이 있다. 두드러기가 생긴 아이를 병원에 데려가 봤자 의사는 코르티손이나 항히스타민제를 처방할 텐데, 둘 다 불필요하고 유해할 가능성도 있다.

어른들에게뿐만 아니라 아이들에게도 백선白癬과 무좀 같은 곰팡이성 감염이 생긴다. 백선은 보통 동전만 한 크기로 둥근 모양의 거친 피부 단편이 생긴다. 머리에 생기면 그 부분의 머리카락이 끊어져 버릴 수도 있다. 많은 의사가 이 증상을 항생제와 그리세오풀빈griseofulvin 같은 항진균성 물질로 치료한다. 갑상선 종양을 유발하는 엑스레이로 치료하던 시절에 비하면 나아졌다고 할 수 있겠지만, 그런 조치조차도 과다 의료 행위다. 내 조언은 이렇다. 병원과는 거리를 두고 세심하게 청결을 유지하면, 증상이 저절로 좋아질 것이다. 무좀에도 마찬가지 조언이 적용되지만, 곰팡이성 감염이 좀처럼 낫지 않는다면 데세넥스Desenex 같이 처방을 받지 않고 살 수 있는 약으로 치료해도 된다.

아이들은 매우 활동적이고 실외에서 많은 시간을 보내기 때문에 독성이 있는 식물들이나 벌레 물림에 어른들보다 더 많이 노출된다. 대부분은 그로 인해 심각한 문제가 생기지 않지만 몇몇 아이는 심한 알레르기 반응을 보이고 심지어는 치명적인 영향을 받을 수도 있다.

옻이 오른 아이에게는 옻과 접촉한 부위에 작은 물집들이 송이처럼 생기고 고통스러울 정도로 가려운 느낌이 든다. 이 증상은 칼라민 로션이나 빈번한 샤워, 또는 욕조에 옥수수 전분 한두 컵을 풀어 목욕함으로써 치료할 수 있다. 옻과 접촉한 부위가 매우 넓고 아이의 증상이 심하거든, 의사와 상의하라. 의사는 아마도 코르티손을 국소나 전신에 사용하거나 상태가 위험할 정도로 심하다면 아이를 입원시켜서 정맥에 투입하는 방법을 쓸 것이다. 아이의 상태가 생명이 위험할 정도로 심각하다면 용인할 수 있는 조치지만, 약한 중독 상태에서는 코르티손을 사용하면 안 된다. 잠재적인 부작용과 장기적으로 영향을 미치는 결과가 있기 때문이다.

벌이나 말벌, 그리고 모기와 다른 곤충들이 쏘거나 무는 것은 대부분의 아이에게 고통스럽긴 하겠지만 상대적으로 약한 반응을 일으킨다. 하지만 아이가 이런 종류의 자극에 예외적으로 예민한 알레르기가 있다면 (극히 드물긴 하지만) 죽음에까지 이를 수도 있다. 일반적인 치료법은 그저 물리거나 쏘인 부위를 비누와 물로 씻어내고 칼라민 로션을 바르는 것이다. 그리고 덜 붓게 하기 위해서 차갑게 압박한다. 원인이 되는 곤충이 눈에 띈다면 반드시 없애야 한다.

아이가 벌레에 물렸을 때 호흡 곤란이나 쇼크 같은 상태에 빠지는 등 심각한 반응을 보이면 병원에 데려가야 한다. 또한 벌레에 물릴 수 있을 듯한 장소를 최대한 멀리하도록 해 위험을 최소화해야 한다. 나는 벌레에 물린 후의 반응이 너무 심해서 일상 전반에서 쇼크를 일으키는 환자들을 보아왔다. 청소년이라면 그들에게 아드레날린과 주사기를 주어서 위험한 장소에 가야만 할 때 휴대하도록 했다. 벌레에 물렸을 때 쇼크 상태에 빠지지 않도록, 바로 약을 사용하게 하기 위해서였다. 당신의 의사도 이와 똑같이 해줄 수 있다. 아이가 더 어릴 때는 약물과 주사기를 부모에게 주었다.

보기 흉한 피부 질환 가운데 가장 신기한 (어쩌면 불가사의하기까지 한) 것은 사마귀일 것이다. 아직도 두꺼비를 만지면 사마귀가 생긴다고 믿는 사람들이 많고, 사마귀를 없애는 초자연적인 방법에 관한 미신은 셀 수 없이 많다. 정말로 불가사의한 것은 초자연적인 방법이 어떤 종류이건 환자가 실제로 믿고 있다면 종종 효과를 발휘한다는 것이다. 사마귀는 치료하지 않아도 시간이 지나면 저절로 사라지기 때문에 어쩌면 순전히 우연의 일치일지도 모른다. 그러나 그 우연이 어찌나 자주 일어나는지, 가장 좋은 방법은 사실 치료가 아닐지도 모르겠다.

사마귀는 수술과 화학 요법, 그리고 전기 분해 요법으로 제거할 수 있지만, 미용상의 목적이 아니라면 특별한 치료는 필요치 않다. 사마귀는 바이러스 때문에 생기며 어느 정도 자라면 더 커지지 않고 시간이 지나면 저절로 없어진다. 사마귀 때문에 불편함을 느끼거나 참기 어려울 정도로 보기 흉하면 피부과 의사와 상의하라.

일광 화상에 대한 몇 가지 사실

마지막으로 태양 숭배자들에게 가장 흔한 피부 질환일 햇빛에 의한 화상에 대해 언급하고자 한다. 날씨가 좋은 여름날이면 몇 백만 명이 바닷가나 수영장 가장자리에서 긴장을 풀고 편히 쉬는 모습을 볼 수 있다. 개중에는 물 근처에는 가지 않는 사람들도 많이 있다. 그들이 그러고 있는 이유는 본인이 더 매력적이라고 믿는 '건강하게' 그을린 상태가 되고 싶기 때문이다. 그러나 햇볕에 그을리는 것은 그렇게 건강한 일도 아닐뿐더러 장기적으로 보면 전혀 매력적으로 만들어주지도 못한다.

햇빛에 과다 노출되면 3가지 부정적인 결과가 생길 수 있으므로, 아이들이 여름 내내 태양 아래서 피부를 태우도록 허락하기 전에 다시 한번 생각을 해보아야 한다. 우선 단기적으로 빨리 나타나는 결과는 고통스러운 일광 화상이다. 다른 2가지는 장기적으로 생기는 것이다. 하나는 피부가 너무 일찍 건조해지고 주름이 생기고 딱딱해지며 햇빛 과다 노출 때문에 지치고 약해지기 때문에, 결과적으로 피부가 제 나이보다 훨씬 나이가 들어 보이게 된다. 그리고 다른 하나는 오랜 시간에 걸쳐 과다하게 방사선이 축적될 수 있어 피부암에 걸릴 확률을 높인다는 것이다.

햇빛에는 2가지 종류의 자외선이 들어 있다. 피부를 그을리게 하는 UVA 타입과, 콜라겐과 피부밑에 있는 조직인 진피의 탄력 섬유를 파괴해서 화상을 입히는 UVB 타입이 그것이다. UVB는 처음에는 통증을 일으키는 일광 화상만을 입히지만, 궁극적으로는 많은 사람들이 그 때문에 너무 이른 피부 노화를 경험하게 되고 심지어는 일부의 경우지만 피부암이 발병하기도 한다.

심한 일광 화상이 생기는 것은 보통 휴가의 첫 2일 동안이다. 매일 조금씩 노출 시간을 늘려서 피부를 그을려야 하는데 그러지 못하고 처음부터 너무 과도하게 햇빛에 피부를 노출한 사람들에게서 생긴다. 아이에게 첫날부터 태양 아래에서 여러 시간을 보내게 하거나 수영장이나 바닷가에서 내키는 대로 놀게 하는 것은 근사한 바닷가에서 보내는 휴가를 망치는 짓이다. 가장 위험한 시간은 오전 10시에서 오후 2시 사이며 온도가 높으면 자외선의 영향이 증폭되기 때문에 매우 더운 날도 위험하다. 배를 타고 있을 때는 물에 반사되는 자외선 때문에 심한 일광 화상을 입을 가능성이 더 높아진다. 선탠오일은 자외선 차단 성분이 함유되어 있지 않아 자외선을 투과시키기 때문에 화상을 막아주지 않으며, 오일이 햇빛의 영향을 증대시키기 때문에 오히려 화상을 유발하기 쉽다. 마지막으로, 흐린 날이라고 해서 아이가 안전할 것이라고 지레짐작해서는 안 된다. 구름이 자외선을 다소 여과시키긴 하지만 완전히 차단하지는 못하기 때문이다.

햇빛의 해로운 영향을 예방하는 방법은 2가지가 있다. 첫째는 말할 것도 없이 햇빛을 쬐지 않거나 1년 중, 그리고 하루 중에서도 햇빛이 약한 시간으로 노출을 제한하는 것이다. 두 번째는 아이의 피부를 적당한 자외선 차단 지수 sun protection factor, SPF의 자외선 차단 크림으로 보호하는 것이다. 자외선 차단 제품에는 SPF 지수가 표시되어 있는데, 차단 시간이 길어질수록 숫자가 커진다. SPF2처럼 아주 낮은 것도 있는데 그 정도라면 거의 차단 효과를 발휘하지 못한다. 가장 좋은 것은 SPF15 또는 그 이상이다. 아이의 피부 민감도에 맞는 제품을 고르도록 하라.*

햇빛에 들어 있는 방사선의 영향은 엑스레이에 들어 있는 방사선처럼 축적되는 것이므로 햇빛에 노출될 때마다 암의 위험은 증가한다. 그렇지만 내가 보기에 아이가 햇빛을 쬔 것 때문에 암에 걸릴 위험은 엑스레이 때문에 암에 걸릴 위험보다는 훨씬 낮다. 햇빛은 표면적인 손상만을 일으키며, 엑스레이처럼 몸속 깊이 침투하지는 않기 때문이다. 의사들은 일반적으로 햇빛으로 인한 암의 위험성을 과장하는 경향이 있다. 그래야 환자를 비난할 수 있고 자기들이 비난받아야 하는 엑스레이 사용의 책임을 최소화할 수 있기 때문이다. 어떻든 간에, 2가지 원인 모두에 위험은 존재한다. 피부암이 가장 많이 발생하는 장소에 주목해 보면 햇빛을 쬐는 것과 피부암 사이에 관계가 있다는 사실이 충분히 증명된다. 전체 피부암의 90퍼센트 이상이 얼굴, 귀, 손등, 그리고 목뒤 같은 신체 부위에서 발견된다. 차를 운전하면서 많은 시간을 보내는 사람들은 햇빛에 가장 많이 노출되는 왼쪽 얼굴에 피부암이 생기기 쉽다. 마지막으로, 가족 중에 피부암에 걸렸던 사람이 있으면 당신이 피부암에 걸릴 위험성도 높아진다.

---

* SPF2는 20분 동안, SPF15는 150분 동안 자외선을 차단한다는 의미다. 물론 크림이 피부에 남아 있을 경우이므로 땀을 흘리거나 하면 덧발라 주어야 한다. 자외선 차단 지수가 높을수록 피부에 가해지는 자극이 크기 때문에 꼭 수치가 높은 것이 좋은 것은 아니다. 아이의 활동 수준에 맞춰서 선택해야 한다는 사실도 유념해야겠다.

아이가 태양 아래서 너무 오랜 시간을 보내서 마침내는 피부암에 걸리게 될 위험이 얼마나 클까? 그렇게 크지 않으므로 그 점을 걱정하느라 잠을 설칠 필요는 없다. 피부암은 손상된 조직이 눈에 띄기 때문에 쉽게 알아낼 수 있으며, 간단한 생체 검사로도 진단할 수 있다. 피부암의 절대다수가 일단 알아내기만 하면 쉽게 치료된다. 흑색종은 몸의 다른 부위로 확산되기 때문에 위험하지만, 상대적으로 드문 편이다. 1982년 미국에서 피부암으로 진단이 내려진 사례 전체의 2퍼센트에 불과했다. 당연히 나중에라도 아이가 절대 피부암에 걸리지 않기를 바라겠지만, 햇빛 때문에 건강에 심각한 위협을 받을 가능성이 걱정해야 할 만큼 높은 것은 아니다.

 **피부 문제**에 대한 멘델존 박사의 명쾌한 조언

아이들에게 생기는 흔한 피부 질환들 가운데 어떤 것에도 의학적인 치료는 필요하지 않다. 예외적인 경우는 독성 식물에 접촉하거나 벌레에 물려 심한 알레르기 반응을 일으켜서, 심각하고 때로는 치명적일 수도 있는 쇼크 상태에 빠지는 때다. 이런 아이들은 즉시 의학적인 치료를 받아야 한다. 이 예외를 제외하면, 다음과 같은 흔한 피부 질환들은 집에서 안전하게 치료할 수 있다.

1. **기저귀 발진** | 세심하게 청결을 유지하라.

    기저귀가 더러워지거나 젖을 때마다 즉시 갈아주며 아기의 엉덩이를 보통 옥수수 전분으로 두드려주고 피부를 가능한 한 많이 공기와 접하게 해주어라. 그래도 좀처럼 낫지 않으면 산화아연 연고를 발라준다.

2. **땀띠** | 아이의 옷을 느슨하고 가볍게 입히거나, 또는 전혀 입히지 않는다.

칼라민 로션을 발라주거나 옥수수 전분 한두 컵을 푼 욕조에서 목욕을 시킨다.

3. **소아 습진** | 신경을 써서 청결을 유지하고 약은 먹이지 말라.

대신 음식에 관련된 원인이 있는 것은 아닌지 파악하도록 한다. 증상은 저절로 낫는다.

4. **고름딱지** | 세심하게 청결을 유지하라.

다른 가족들에게 전염되지 않도록 주의를 기울여야 한다. 식단에서 설탕을 빼고 증상이 저절로 나을 때까지 기다린다.

5. **두드러기** | 가려움을 덜어주고 원인을 파악한다.

칼라민 로션이나 옥수수 전분 목욕으로 가려움을 덜어주면서 두드러기의 원인이 되었을 음식 관련 알레르기나 다른 알레르기가 있는지 파악하도록 한다.

6. **벌레 물림** | 원인이 되는 벌레가 눈에 띄면 즉시 없애고 가려움을 덜어줄 수 있도록 물린 장소에 칼라민 로션을 발라준다.

아이가 벌레 물림에 심한 알레르기가 있다면 생명을 위협하는 쇼크 상태에 빠질 수도 있으니 즉시 의학적인 치료를 받아야 한다. 아이가 전에 한 번도 물려본 적이 없다면 벌레 물림에 심한 알레르기가 있는 것은 아닌지 판단할 수 있도록 아이의 반응을 세밀하게 관찰하도록 하라.

7. **옻 등의 독성 식물** | 접촉한 부위를 비누와 물로 씻고, 칼라민 로션이나 옥수수 전분 목욕으로 가려움을 덜어준다.

아이가 이전에 한 번도 독성 식물에 접촉한 적이 없다면 아이의 반응을 관찰해야 한다. 심해지는 듯하면 즉시 병원으로 데려가라.

8. **여드름** | 여드름의 발생과 음식 알레르기 또는 유사한 원인 사이에 어떤 인과 관계가 있는 것은 아닌지 아이의 생활을 세심하게 돌아본다.

음식 알레르기가 원인인 것은 아닌지 소거법을 이용한 식이 요법으로 실험해 보라. 2차 감염을 막기 위해서는 순하고 향이 들어가 있지 않은 비누를 사용해서 여드름이 난 부위를 청결하게 유지한다. 지나치게 문지르거나 여드름을 짜서는 안 된다. 아큐탄을 사용하는 위험을 무릅쓰고 싶지 않다면 의사와는 거리를 두는 편이 낫다. 여드름에 대해서는 의사들이 당신보다 지식이 더 많은 것도 아니고, 어쩌면 위험하고 잘 듣지도 않으며 값만 비싼 약을 처방할 수도 있다.

15

정형외과에서 벌어지는 탁상공론

아이의 체형에 관한 걱정과 과잉 진단

　부모는 아이의 지성 발달과 행동 발달에 관심을 가진 것만큼 이나 신체적인 외양과 발달의 측면에도 예민하다. 부모는 굉장한 관심을 가지고 아기가 처음으로 몸을 뒤집고, 일어나 앉고, 기고, 걷는 시점을 주시한다. 아이가 예기치 않은 신체적 특징을 보이거나 운동 기능을 숙련시켜야 하는 어떤 발달 단계에서 뒤떨어진다면 당신은 무언가 중요한 부분이 잘못된 것은 아닌지 걱정스러워하게 된다.

　아이의 발달 상태를 다른 아이들과 비교하면서 오해하지 않도록 주의해야 할 점이 1가지 있다. 옆집 아이가 당신의 아이보다 조금 더 빨리 걸음마를 시작한다고 해서 더 똑똑하거나 신체적으로 우월하다는 뜻은 아니다. 아이의 발달 현상이 일어나는 연령 범위는 상당히 넓다. 그리고 그 차이가 지적인 자질이나 타고

난 신체 능력과 관계가 있는 경우는 거의 없다.

아이의 생리적인 구조에 대해서도 그런 비교는 의미가 없다. 특히 첫 아이를 낳은 엄마들이 아이의 신체적인 외양에 기울이는 관심은 거의 세심한 연구자의 분석이라고 할 만하다. 많은 엄마가 아기가 평발이라거나 다리가 밖으로 휘어졌다거나 O자형 다리라고 상담하면서 혹시 이런 증상들이 '비정상'이거나 교정이 필요하지 않은지 두려워한다.

당연하게 여겨지는 이런 '비정상'들은 억척스러운 소아과 의사들과 정형외과 전문의들에게는 노다지나 다름없다. 많은 의사가 시간이 흐르면 저절로 나을 증상을 교정하려고 깁스, 버팀대, 부목, 교정용 신발, 그리고 심지어 수술이라는 수단을 동원해서 기꺼이 끼어든다. 당신의 아이가 이런 정형외과적인 과잉 행위의 희생자가 될 가능성이 있다면 아이를 보호해야만 한다. 이런 조치들이 필요한 경우는 드물 뿐만 아니라 그것이 필요하다는 낙인이 찍힌 아이에게는 정신적인 상처를 남길 수 있기 때문이다.

당신의 아기가 1살 때 다리가 휘어져 있다는 사실이 아이가 성장해서도 B급 영화의 카우보이 같은 모양새를 하게 된다는 것을 의미하지는 않는다!

아이의 발달 상태에 대한 염려 중에는 오랫동안 전해 내려온 통념에서 비롯된 것들도 있다. 예를 들어 아이에게 걸음마를 너무 일찍 시키면 다리가 휘어진다는 믿음이 있다. 그것을 뒷받침하는 과학적인 증거는 존재하지 않는다. 반대로 걸음마를 일찍 시키면 아기의 균형 감각이 더 빨리 발달하는 데 도움이 될 것이다. 또 사실이 아닌데 흔히들 믿는 것이 커다란 기저귀를 채우면 아기의 다리가 휘어진다는 속설이다. 그렇지 않다. 오히려 당신의 무릎에 실례하는 일이 생기지 않도록 해줄 것이다!

거의 모든 아기는 태어날 때 다리가 바깥쪽으로 휘어져 있고 발가락이 안으로 들어가 있다. 그것은 아기들이 태어나기 전에 자궁 안에서 몇 달 동안 취하고 있던 자세 때문이다. 발바닥의 오목한 부분 아래에 흔히 존재하는 지방으로 된 층도 발이 평발 같은 모양이 되게 만든다. 다리의 정상적인 발달 과정에 익숙하지 않은 부모라면 이런 외관상의 이상 때문에 걱정하는 것이 놀라운 일은 아니다.

다리의 발달

엄마의 자궁에 갇혀 있다가 태어난 아기의 다리는 4단계로 발달한다. 1살에서 1살 반까지는 다리가 휘어져 있는 경우가 더 많으며, 걷거나 다른 신체적인 활동을 통해 다리의 근육이 발달하면서 펴지기 시작한다. 만으로 1살 반~2살 시기에는 보통 O자형 다리에서 X자형 다리로 전환되는 시점이 있다. 이 다리 모양은 2살에서 12살까지 지속된다. 그런 다음 사춘기가 되면 균형이 잡혀 다리가 쭉 펴진다.

분명히 이 발달 과정을 보면 어떤 단계에서든 그냥 놔두면 저절로 교정될 상태를 치료하겠다고 의사들이 나설 여지가 충분히 있다. 발달 과정은 아이마다 굉장히 다르기 때문에 의사들은 환자들보다 더욱 유리한 입장을 차지하게 된다. 다리의 발달은 한 전문가의 말처럼 '정형외과의 격전지'가 된다. 아이의 코나 귀의 '정상'적인 모양에 대해 합리적인 정의가 없는 것처럼 정상과 비정상 상태에 대한 적절한 정의는 존재하지 않는다.

의사가 구체적인 생리학적 비정상을 알아내어서 치료가 필요하다는 것을 충분히 증명하지 못하는 한, 아이가 10대가 될 때까지는 O자형 다리나 X자형 다리에 교정 조치를 하지 말아야 한다. 대부분 O자형 다리와 X자형 다리는 10대가 되기 전에 저절로 교정될 것이다.

사춘기가 되었는데도 X자형 다리가 계속된다면, 가장 있음직한 원인은 아이가 과체중이어서 다리가 자연적으로 펴지지 않았을 가능성이다. 그런 경우라면 아이에게 필요한 것은 정형외과 의사의 도움이 아니라 영양학자다. 이것은 엄마가 훌륭하게 수행할 수 있는 역할이다. 예외적으로 드물게 내반족內反足*, 신경

---

*   발이 안쪽으로 휘어드는 질환

유전적 질환, 또는 골형성 부전증 등의 원인이 있는데, 모두 정상 범주 이내의 편차라고는 볼 수 없는, 현격한 차이가 나는 특유의 증상이 있다.

신발은 중요하지 않다

요람에 누워 있는 아기가 몇십 달러씩이나 하는, 발목까지 올라오는 신발을 신고 있는 것을 보면 부모가 아이의 발의 발달에 기울이는 관심이 얼마나 되는지 명백해진다. 누군가의 도움을 받지 않고는 아무 데도 가지 못하는 아기지만 달리기라도 할 수 있을 만한 값비싼 신발을 신고 있다! 물론 부모의 허영심에서 나온 것이기도 하다. 아기의 신발은 귀엽기 때문이다. 그러나 부모 대부분은 아기들이 태어난 직후부터 '적절한 신발'을 신지 않으면 나중에 발에 관련된 문제로 고생할 것이라고 믿는 듯하다. 말할 필요도 없이 신발 회사에서는 이런 생각을 말리기 위한 조치를 아무것도 취하지 않는다. 신발 산업은 해마다 미국에서 600만 켤레가 불필요한 아이들에게 신겨지고, 값만 비싸고 불필요한 교정용 신발도 100만 켤레 이상 팔리는 현실에서 큰 이익을 얻고 있다.

비싸건 비싸지 않건 간에 신발은 발의 발달에 필수적인 요소가 아니다. 맨발의 원주민들이 구찌 신발을 신은 백만장자보다 더 나은 상태의 발을 가지고 있다. 외양 이외에 신발의 유일한 목적은 부상이나 부상을 일으킬 수 있는 원인으로부터 발을 보호하는 것뿐이다. 그러므로 외관상의 이유 이외에 아이에게 값비싼 신발을 사주는 것은 불필요한 낭비다. 그리 비싸지 않은 캔버스 천으로 만들어진 스니커즈도 똑같이 제 목적을 만족시킬 수 있다. 값비싼, 발목까지 올라오는 신발은 아이의 발이 적절하게 발달하는 데 도움이 되지 않을 뿐만 아니라, 많은 부모가 그렇게 믿는 것 같지만 값싼 운동화 때문에 평발이 생기거나, 발바닥의 오목한 부분이 무너지거나, 무좀이 생기지는 않는다.

병원에 온 정상 유아 104명을 대상으로 한 조사 결과 87퍼센트의 아기들이 발목까지 올라오는 신발을 신고 있었고, 74퍼센트는 밑창이 딱딱한 신발이었으며, 50퍼센트의 신발에는 특수한 발바닥 지지대가 있었다. 73명의 아이가 걷기도 전에 신발을 신고 있었으며, 아직 일어서지도 못하는데 이미 신발을 신은 아이도 35명이나 되었다. 신고 있는 신발 때문에 신체적인 이득을 얻은 아이는 한 명도 없었다. 사실, 발목까지 높이 올라오는 신발과 딱딱한 밑창은 발목의 힘이 발달하지 못하도록 해 올바르게 걷는 것을 배우는 데 방해가 될 수도 있다.

심지어 대부분의 경우 교정용 신발을 신는 것은 더욱 말이 되지 않는다. 정상이라는 정의가 내려지는 범주에서 값비싼 교정용 신발이 변형을 교정해 준다는 증거는 어디에도 없다. 내반족이나 다른 진짜 기형의 경우를 제외하면 교정용 신발은 그 가격을 정당화할 수 있을 만한 이득이 없다. 한편, 발이 기형임이 분명하게 드러나는 교정용 신발을 신은 아이는 그 결과로 감정적인 상처를 입을 수 있다. 교정용 깁스와 부목도 마찬가지다.

아이들에게서 가장 흔한 정형외과 증상이 O자형 다리와 X자형 다리이긴 하지만 심하게 과잉 진료되고 종종 오진이 생기는 다른 질환들도 있다. 그 가운데 하나가 선천성 고관절 이형성증 congenital hip dysplasia인데, 이것은 대퇴골(허벅지 뼈)이 골반에 올바르게 붙어 있지 않을 때 유아기에 생기는 질환이다. 진짜 고관절 이형성증은 아기가 거꾸로 태어나는 난산에서 대퇴골이 탈구되면서 일어나는 경우가 가장 많다. 이 질환은 정형외과 전문의가 즉시 교정해야 하는데, 의사는 신생아의 발목을 붙잡아서 탈구된 결합부가 제자리로 회복되도록 만든다.

고관절 이형성증이 있다고 하더라도 대부분 문제는 거기에서 끝이다. 선천성 고관절 이형성증이라는 진단은 자주 내려지지만 탈구가 지속되는 경우는 상당히 드물다. 지금까지 실시된 연구 결과에 의하면 아무리 많아도 1천 명당 1명 이상은 발생하지 않으며 2천 명에 1명꼴로 발생한다고 보는 것이 더 그럴듯하다. 이 질환을 진단하려면 똑바로 누워 무릎을 세우고 발을 바닥에 댄 자세로 아이를 검진대 위에 눕혀본다. 그런 다음 무릎을 바깥쪽으로 눌렀을 때 한쪽 또는 양쪽 모두 저항이 느껴지면 이형성증이 있을 수도 있다. 이 질환은 보통 아기의 다리 사이에 베개나 추가적인 기저귀를 부목의 형태로 대면 교정할 수 있다. 그러나 공격적인 소아과 의사들은 그렇게 간단한 치료법을 사용하기 싫어한다. 많은 의사가 (경솔하게 아이를 방사선에 노출시키면서) 반복적인 엑스레이 검사로 문제를 파악하고 부목과 깁스를 사용해서 해결하려고 한다. 그런 것들을 조심해야 한다. 이 치료는 보통 필요가 없는 경우가 많을뿐더러 깁스는 근육 위축과 순환계 장애, 그리고 정서적인 문제를 유발할 수 있다.

과잉 진단되는 척추측만증

현재 소아과 의사들 사이에 유행하는 것들 가운데 하나가 척추측만증 진단이다. 남자아이들보다는 여자아이들에게 더 흔하게 나타나는 이 질환은 척추가 측면으로 뒤틀려 있는 것이다. 다음과 같은 증상이 나타나는지 아이의 자세를 뒤에서 관찰하면 외관으로 알아낼 수 있다.

- 한쪽 어깨뼈가 다른 쪽보다 높거나, 또는 한쪽 어깨뼈가 다른 쪽보다 튀어나와 있는가?

- 허리선 경사가 비정상적이고 한쪽이 다른 쪽보다 훨씬 움푹 들어가 있는가?
- 엉덩이가 비스듬하고 한쪽이 다른 쪽보다 튀어나와 있는가?
- 척추에 대번에 눈에 띄는 분명한 굴곡이 있는가?
- 아이가 몸을 앞으로 숙일 때 한쪽 등이나 한쪽 어깨가 비정상적으로 올라가는가?

내가 진료하던 초기에는 척추측만증 진단은 거의 하지 않았고, 소아기에 치료를 받는 경우는 더욱 드물었다. 오늘날은 많은 주에서 다수에 대한 집단검사가 도입되어서, 의사들이 일상적인 엑스레이 검사를 매우 많이 처방하기 때문에 척추측만증은 빠르게 확산되고 있다. 의사들은 보통의 신체 검진에서는 결코 드러나지 않을 사례를 진단하고, 치료가 필요하지 않은 자잘한 증상조차도 치료한다.

나는 심한 척추측만증 치료의 중요성을 과소평가하려는 것이 아니다. 치료하지 않을 경우 이 질환은 나중에 심각한 기형을 유발할 수 있다. 그러나 약한 척추측만증의 경우, 나는 불필요한 치료가 심각한 경우를 치료하지 못한 것보다 아이들에게 더 큰 위협이 될 수 있다고 확신한다.

아이에게 척추측만증이 있다는 진단을 받는다면 치료를 받게 하기 전에 일단 아이의 척추가 치료가 필요할 정도로 구부러져 있는지 확인해야 한다. 먼저 대안들을 검토해 보기 전에는 어떤 치료에도 동의하지 말라. 턱에서 엉덩이까지 닿고 몸을 감싸는 불편한 금속 장치인 밀워키 보조기milwaukee brace*를 사용해 척추를 펴서 고정시키자고 할 수도 있다. 나라면 전자 바이오피드백과 심층 근육 요법deep muscle therapy, 물리 치료, 그리고 덜 과격한 다른 조치를 모두 사용해 보지 않고서는 이런 기묘한 장치를 아이에게 채우지 않을 것이다. 내 생각에 수술은 다른 모든 방법이 실패한 다음에 가장 마지막에 고려해 볼 방안이다. 의사가 아이에게 수술을 추천하거든 일단 다른 의사의 의견을 들어보도록 하라.

척추측만증에 관한 내 조언은, 정상과 비정상의 특징이 상대적으로 정의되지 않은 다른 질환에 관한 내 조언과 똑같다. 많은 의사가 그렇게 행동하지 않지만, 나는 의사들이 '적을수록 좋다'는 원칙을 따라야 한다고 믿는다. 과격한 치료에 대한 의사의 추천을 액면 그대로 받아들이지 말라. 그 치료법으로 인해 나타날 수 있는 결과와 적용할 수 있는 다른 대안을 철저하게 알아보고 의사에게 그가 사용하자고 하는 치료법의 장점을 설명해달라고 요구하라. 그래도 의심이 들거든 다른 의사의 의견을 구하는 것도 노력과 비용을 들일 만한 가치가 있을 것이다.

---

* 척추측만증 또는 척추후만증과 같은 기형을 치료하기 위한 보조기. 목에 금속 링이 있고 앞뒤로 받침이 있어 옷을 입어도 표시가 난다.

 **정형외과 문제**에 대한 멘델존 박사의 명쾌한 조언

당신의 아이가 가지고 있는 몸의 형태에 관해서 어떤 특징이 '정상'이고 '비정상'인지 적절한 정의가 내려져 있는 것은 몇 개 되지 않는다. O자형 다리나 X자형 다리같이 어렸을 때 외관상 비정상적으로 보이는 것들은 정상적인 신체 발달 단계일 뿐이다. 이런 단계에는 의학적인 치료가 필요한 경우가 드물고 어떤 종류든 치료가 필요한 경우는 거의 없다. 다음과 같은 사항을 기억하고 있으면 많은 불필요한 치료와 비용 낭비를 막을 수 있을 것이다.

1. 유아의 발은 발 아래쪽의 오목한 부분에 지방으로 된 층이 있기 때문에 거의 항상 평발처럼 보인다.

  진짜로 평발이라고 하더라도 그것은 유전적인 특성일 뿐이며 의학적인 치료나 교정용 신발이 필요한 것은 아니다. 사실 발바닥의 오목한 곳이 두드러지게 생기는 사람들보다 평발인 사람들에게 발 관련 문제가 덜 나타나는 듯하다.

2. 거의 모든 아기가 다리가 휘어진 채 태어나지만 다리의 근육이 발달함에 따라서 저절로 펴진다.

    만 2살 무렵에는 대부분의 아이가 X자형 다리가 되지만 사춘기 무렵이 될 때까지 저절로 교정된다. 사춘기 이후에도 이런 증상이 계속되지 않는 한 치료를 해야 할 필요는 없다.

3. 진짜 선천성 고관절 이형성증는 극히 드물고 깁스나 수술 같은 극단적인 치료는 거의 필요하지 않다.

    약한 증상을 과잉 치료하는 경우가 종종 있다. 꼭 필요하다는 확신이 들지 않는 한 의사가 극단적인 방법을 사용하도록 해서는 안 된다. 대부분 아무런 치료도 필요하지 않으며, 치료가 필요하더라도 간단한 베개 부목이나 추가 기저귀를 대는 것만으로도 충분한 경우가 대부분이다.

4. 척추측만증은 척추가 심하게 휘어진 것이 아니라면 위험하지 않다.

    그렇지만 과잉 진단되고 과잉 치료된다. 아이가 척추측만증이라는 진단을 받더라도 극단적이지 않은 다른 대안 치료가 모두 실패한 경우가 아니라면 수술이나 보조기의 사용에 동의하지 말라.

16

불의의 사고가 닥쳤다면

의학의 도움이 가장 필요할 때,
생명의 위협에서 아이를 지키는 법

　흔하고 위험하지 않은 질환에 관해서는 그렇게 많은 부모가 과도하게 걱정하면서도, 모든 주요 소아 질환을 합친 것보다 더 많은 어린이를 죽게 만드는 불의의 사고에는 관심을 거의 기울이지 않는다는 사실은 언제나 기묘하다고 생각한다. 올해만 해도 미국에서 15살 이하의 아이들 가운데 8천 명이 사고로 죽을 것이다. 그중 많은 사고가 예방이 가능하며, 사고가 일어난 후에 즉시 적절한 조치를 취하기만 해도 많은 생명을 구할 수 있다.
　이 장의 끝에는 사고로 인한 죽음이나 상해에서 아이를 구하는 데 도움이 될 예방 조치 목록이 실려 있다. 그리고 이 장 내용에는 당신의 아이가 불운한 희생자가 되었을 경우 사고로 인한 응급 상황에 어떻게 대처해야 할지 구체적인 조언을 담았다.
　대부분의 작은 상처에는 의학적인 치료가 필요하지 않다. 그러나 아이의 상해 정도가 심각한 경우라면 즉시 병원 응급실을 찾아야 한다. 어떻게 대처해야 할까? 먼저, 아이가 상처를 입었을 때 가장 중요한 규칙은 당황하지 않고 침착하게 대처하는 것이다. 그것이 항상 쉽지는 않다. 작은 상처만으로도 피가 펑펑 쏟아지는 부위도 있다. 어떤 부모라도 죽을 만큼 겁에 질리게 할, 새하얀 티셔츠가 피로 흠뻑 물드는 데에는 그렇게 많은 피가 필요치 않은 법이다.

그럼에도 반드시 평정을 유지하도록 노력해야 한다. 아이의 상처에 대처하려면 즉각적으로 온전한 판단을 내려야 하기 때문이다. 의학적인 치료가 필요할 만큼 상처가 심한지, 아이를 즉시 병원 응급실로 데려가야 할지, 아니면 먼저 의사에게 전화를 해봐야 할지, 구급차를 불러야 할지, 아니면 당신의 차로 병원에 데려갈지 판단을 내려야 한다. 당장 병원으로 데려가 입원을 시켜야 할 만큼 심각한 경우에도 구급차를 기다리는 동안이나 차에 태우기 전에 어떤 응급 처치를 해야 하는지 판단을 내릴 필요가 있다.

지금부터 상해가 얼마나 심각한 것인지 판단을 내리는 데 도움이 될 조언과 함께 병원에 가지 않아도 될 경우 당신이 해야 할 처치를 알려주고자 한다. 이 책에 담은 다른 모든 충고처럼, 의심스러울 때는 신중하게 판단하고 행동하라.

상해가 심하면 반드시 응급실에 가서 치료를 받아야 한다는 점을 강조하고 싶다. 즉각적인 치료를 받기 위해서이기도 하지만 응급 의료야말로 미국 의학에서 가장 훌륭한 분야이기 때문이다. 대부분 응급실 의사는 다른 의사들보다 더 훌륭한 훈련을 받았고, 더 숙련되었으며, 더 광범위한 경험을 겪었다. 그들은 또한 응급 상황에 재빠르게 대처하는 데에 익숙하다. 아이의 상태가 심각할 때 응급실보다 더 도움이 되는 곳은 없다.

벤 상처와 찰과상

부모라면 모두 알겠지만, 아이들에게 손가락을 베거나 무릎이 까지는 일은 흔히 일어난다. 그렇지만 그런 상처에 어떻게 대처해야 하는지는 잘 모르는 부모들이 많다. 흔히들 피부가 까지거나 베면 '감염을 막기 위해서' 소독약과 심지어 항생제까지도 써야 한다고 오해한다. 결과적으로 아이가 손가락을 베거나 무릎이 벗겨지고 까지면 부모들은 서둘러 구급약품 상자를 가져와서 이런 응급 상황에 쓰려고 준비해 둔, 처방을 받지 않고 살 수 있는 약들을 바르려고 든다. 그것이야말로 무분별한 반응이다. 가정에서 하는 그런 치료는 불필요하고 어쩌면 더욱 큰 상해를 입혀 상태를 악화시킬 수도 있다.

동네 약국에서 처방전 없이 살 수 있는 대부분의 소독약(요오

드팅크, 머큐로크롬, 과산화수소, 그리고 다양한 배합으로 이루어진 연고)은 몸의 조직을 자극하기는 하겠지만 병균에 대해서는 별 의미 있는 효과를 발휘하지 않는다. 우리 몸에는 감염에 대항해서 싸우는 고유의 시스템이 있다. 기회만 주면 이 시스템은 상당히 효율적으로 가동된다.

조금 벤 상처나 찰과상이 생겼을 때는 무엇을 해야 할까? 거의 없다. 남아 있는 먼지가 제거되도록 보통 수돗물로 상처를 부드럽게 씻어낸 다음, 지혈을 해야 한다면 깨끗한 붕대로 상처를 싸고, 그렇지 않다면 공기와 접촉하도록 그냥 놔둔다. 사소한 벤 상처나 찰과상에는 그 이상의 다른 조치가 필요치 않다.

통제할 수 없을 정도로 출혈이 계속될 경우, 또는 치유를 촉진하기 위해서나 미용상의 목적 때문에 상처를 꿰매야 할 경우에는 물론 의사의 도움이 필요하다. 그럴 때 취할 수 있는 가장 훌륭한 선택은 응급실로 가는 것이다.

심한 출혈은 의학적인 조언 없이도 재빨리 대처해야 할 응급상황 가운데 하나다. 정맥에 출혈이 있다면 지혈대를 사용하는 법에 대해서 여태까지 들었던 것은 전부 무시하고 상처 부위를 직접 압박하는 지혈을 시도하라. 상처 부위를 깨끗한 천이나 거즈로 덮고 출혈이 멈출 때까지, 아니면 병원에 도착할 때까지 상처를 압박한다. 피가 동맥에서 분출될 때만 사지의 순환을 차단하는 지혈대의 도움을 받는다. 그런 경우는 드물지만 지혈대를 사용해야만 할 경우에도 1~2분 이상은 지혈대를 상처 부위에 남겨두지 않도록 주의해야 한다. 지혈대를 너무 오랫동안 사용하면 상처가 있는 부위의 사지를 잘라내게 될 수도 있다.

많은 부모가 아이가 찰과상이나 벤 상처를 입을 때마다 매번 파상풍 예방 접종을 받아야 하는지 궁금해한다. 대부분의 아이는 아주 어릴 때 파상풍 예방 접종을 받는다(DPT 백신의 T가 파상풍tetanus이다). 상처를 입을 때마다 파상풍 예방 주사를 고집하는 의사들도 많다. 어렸을 때 나는 헛간 앞마당에서 상처를 입거나 녹슨 못 때문에 다치면 파상풍에 걸릴 위험이 있다고 들었다. 그래서 이런 종류의 상처를 입고 나에게 오는 환자들에게는 매번 파상풍 예방 주사를 놓곤 했다. 또한 10년마다 예방적인 목적에서 예방 주사를 접종하기도 했다.

그러나 예방 주사라는 것 자체가 과연 필요하긴 한지, 그리고 파상풍 혈청이라는 게 이치에 닿는 것인지 의문이다. 파상풍 예방 주사를 얼마나 자주 맞아야 하는지나 과연 필요하긴 한지에 대해 과학적으로 뒷받침하는 증거는 없다. 미국 군인 몇백만 명이 제2차 세계대전에 복무하기 위해서 입대할 때 파상풍 예방 주사를 맞았다. 40년이 지났지만 몇몇 예외를 제외하면 그들의 면역력이 현재까지도 지속되고 있다는 증거가 있다. 그것이야말로 40년보다 짧은 간격으로는 정기적으로 파상풍 예방 주사를 맞을 필요가 없다는 강력한 논거가 되지 않을까?

화상

내가 어렸을 때 약한 화상을 입었을 때 가정에서 일반적으로 사용하던 치료법은 버터나 돼지기름으로 상처를 덮는 것이었다. 버터나 돼지기름이 상처를 입은 피부를 부드럽게 하고 상처 부위를 공기와 닿지 않게 차단하기 때문에 고통이 진정된다는 이유에서였다. 다양한 상표의 고약도 언제나 손에 닿는 곳에 상비되어 있었다. 고약에서는 함유된 약품의 냄새까지 났기 때문에 사람들은 분명히 고약이 훨씬 더 좋은 것이라고들 생각했다. 오늘날 우리들은 손상을 입은 범위에 따라서 나눈 여러 종류의 화상이 있으며, 각 범주에 따라 특정한 방법을 적용해야 한다는 사실을 안다.

아이가 화상을 입었을 때 당신이 하는 치료는 3가지 목적에 부합해야 한다. 즉 고통의 경감과 감염 예방, 그리고 쇼크 상태에 빠지는 것을 피하거나 그에 대해 대처하는 것이다. 그러므로 3가지 범주의 각 화상에서 이런 목적을 어떻게 이룰 수 있는지 알아두어야 할 필요가 있다.

1도 화상은 피부의 외면에만 영향이 간다. 발갛게 되고 쓰라리고 아프지만, 물집이 생기거나 타지는 않는다. 즉각적으로 해야 할 치료는 화상 부위의 온도를 내리고 고통을 경감시키도록 덴 부분을 차가운 물에 담그는 것이다. 이어서 수용성 소독약 연고나 베이킹 소다 반죽을 상처 부위에 덮고 거즈로 감싼다. 이것은 의학적으로 필요한 조치는 아니지만, 화상 부위가 공기에 닿지 않도록 노출을 최소화해서 고통을 덜어준다.

2도 화상은 훨씬 더 심각하다. 피부의 맨 위층을 파괴할 뿐만 아니라 일부 조직까지 손상시킨다. 2도 화상을 입으면 흉터가 영구적으로 남을 수 있다. 그리고 혈액에서 나오는 액체가 새어서 물집이 생기는데, 이 물집이 터지면 감염되기 쉽기 때문에 감염 위험도 훨씬 높다. 담뱃불에 데는 것 같이 아주 작은 부위에 입은 2도 화상은 집에서도 치료 가능하지만 더 큰 부위에 화상을 입으면 즉시 병원 치료를 받아야 한다.

3도 화상은 까맣게 타고 피부의 모든 층이 파괴되며 심지어 일부 살갗 밑에 있는 부분까지 손상을 입은 상태. 또한 신경의 말단 부분이 파괴되는 경우도 종종 있는데, 그런 경우에는 고통을 거의, 또는 전혀 느끼지 못한다. 전신 피부의 10퍼센트 이상에 2도와 3도 화상을 입으면 쇼크나 뒤이어 일어나는 감염 때문에 죽을 수도 있다.

광범위한 2도와 3도 화상 응급 처치를 부모들이 하기는 어렵다. 부모들의 망설임이 아이에게 더 큰 고통을 줄 수 있기 때문이다. 그러나 아이가 그런 화상을 입게 될 경우, 의료인이 줄 도움의 손길이 도착하기 전에 즉시 실시해야 할 일을 할 수 있도록 스스로를 진정시키는 것은 매우 중요하고, 또 반드시 그렇게 해야 한다.

전문적인 의료의 도움을 빨리 받을 수 없는 상황이라면, 가장 좋은 방법은 가능한 한 빨리 화상 부위를 시원한(얼음처럼 차가운 물은 안 된다) 물에 담그는 것이다. 2가지 목적을 위해서다. 이 조치는 열로 인한 손상이 더 이상 진행되지 않도록 화상 부위의 온도를 낮추며, 상처가 공기와 접하지 않게 해 고통을 조금이나마 줄여준다.

아이가 쇼크 상태에 빠지려는 기미가 보이면 머리와 가슴에도 부상을 입지 않은 한에서 아이에게 엎드린 자세로 있도록 하고, 몸을 따뜻하게 해주고, 발과 다리를 들어 올려준다. 절대로 흥분제나 다른 어떤 종류의 액체도 먹여서는 안 된다. 주의해서 지켜보아야 할 쇼크 증상은 맥박이 급해지거나, 얼굴이 창백해지거나, 피부가 차갑고 축축해지거나, 몸을 떨거나, 비정상적인 갈증을 호소하는 것이다.

아이의 옷이 화상 부위에 들러붙어 있더라도 절대 직접 떼어내려 들지 말라. 이미 물집이 생겼다면 터뜨리지 않게 주의를 기울여야 한다. 물집이 터지면 감염 위험이 증가한다. 화상을 입은 부위를 손이나 다른 어떤 물체로도 건드리지 말라. 마지막으로 돼지기름, 버터, 연고, 소독약 등 어떤 약이든 화상 부위에 바르지 말라. 의사가 해야 할 작업을 더욱 어렵게 만들 뿐이다.

아이들의 손이 미치는 곳에 부주의하게 남겨둔 청소용 도구에 아이가 관심을 보이다 화학적인 화상을 입는 경우가 종종 있다. 청소용 약품은 상당수가 강한 산이나 세제, 양잿물, 또는 다른 유해한 알칼리를 함유하고 있다. 당신의 아이가 화학적인 화상을 입었다면 우선 화상 부위에 대량의 물을 쏟아붓는다. 그 화학 약품이 스며들었을지도 모르는 옷은 즉시 벗겨내야 한다. 그런 다음에는 예방적인 목적에서 병원 치료를 받도록 한다.

아이들이 심한 화상을 입는 또 다른 흔한 원인 가운데 하나가 너무 뜨거운 수돗물이다. 가정에서 온수 히터의 온도 조절 장치를 섭씨 50도 이상으로 설정해 놓을 필요는 전혀 없다. 하지만 대부분의 가정이 온도를 55도(30초 이내에 심한 피부 화상을 입게 할 수 있는 온도) 이상으로 설정해 놓는다는 상당한 증거가 있다. 어떤 가정에서는 온도 조절 장치를 70도(거의 즉시 심한 3도 화상을 입힐 수 있는 온도) 이상으로 설정해 놓는 것으로 파악되었다.

지켜보는 사람이 없는 가운데 욕조에 남겨진 아이들이 온수를 일부러, 또는 우연히 틀었다가 고통스러울 정도로 뜨거운 물이 쏟아져 패닉 상태에 빠지는 일은 드물지 않게 일어난다. 온수 온도 조절 장치가 50도 이상으로 설정되어 있으면 종종 치명적인 결과가 일어난다. 수돗물로 인해 화상을 입는 경우가 매년 2천 건 이상으로 추산되며, 그중 15퍼센트 정도가 치명적인 것으로 밝혀졌다.

왜 지금 당장 온수기의 온도 조절 장치를 점검하지 않는가?

머리 부상

추락으로 인한 머리 부상이나 돌멩이나 야구 방망이 같은 물건에 우연히 머리를 맞아서 생기는 상처가 위험한 경우는 드물다. 그런 부상들에 병원 치료나 엑스레이가 필요한 경우는 드물지만, 신경계의 손상이 생기진 않았는지 확인하기 위해 사고가 일어난 후 아이의 행동을 주의 깊게 관찰해 볼 필요는 있다. 많은 부모가 아이가 머리를 다치면 영구적인 두뇌 손상을 입었을까 봐 서둘러 병원이나 응급실로 데려간다. 눈에 띄는 증상은 전혀 없지만 단순히 침대에서 떨어졌다는 이유로 내게 진찰을 받으러 온 환자들도 많았다. 그런 이유로 병원에 갈 필요가 있는 경우는 별로 없다. 그리고 부모들이 아이들의 머리에 생기는 부상 가운데 병원 치료가 필요한 증상을 알아볼 수 있다면 불필요한 병원 방문을 피할 수 있다.

아이가 머리를 다쳤을 때 제일 먼저, 가장 중요하게 고려해야 할 질문은 다음과 같다. 아이가 머리를 다친 후 아주 잠깐이라도 의식이 없었는가? 만약 그랬거나 아이가 혼자 있을 때 사고가 생겨서 의식 상실이 있었는지 모른다면 병원이나 응급실로 즉시 데려가라. 그러면 두개골에 부서진 곳은 없는지 확인하기 위해 엑스레이가 처방될 것이다. 엑스레이 결과가 단순 골절이라면 심각한 경우는 드물다. 그러나 골절 부위가 내려앉아서 두뇌를 압박하고 있다면 그 이상의 치료를 받거나 어쩌면 수술까지 해야 할 수도 있다.

의식을 잃는 일이 없었다면 즉시 병원에 가야 할 필요는 없다. 머리를 다친 사람들이 병원에 오면 습관적으로 엑스레이를 처방하는 의사들이 많다. 그렇지만 단순히 사고가 있었다고 해서 엑스레이 촬영을 해야 할 필요는 없다. 일부 의사는 또한 임상적인 증후로 볼 때 꼭 필요하지 않음에도 뇌전도 검사를 처방하기도 한다.

머리를 다쳤을 때 의식 상실이 일어나지 않았다고 하더라도, 병원 치료를 받아야 할 다른 요인이 있지는 않은지 적어도 24시간 동안은 아이를 면밀하게 관찰하는 것이 중요하다. 다음과 같은 질문에 답하면서 증상이 있는지 확인하도록 한다.

- 아이의 의식 상태는 어떠한가? 활발한가? 무기력해 보이지는 않는가? 자극에 둔감한가?
- 동공의 크기가 비정상인가? 한쪽 눈동자가 다른 쪽보다 확장되어 있고 밝은 빛에 노출되었을 때도 반응을 보이지 않는가?
- 물체가 이중으로 보이지는 않는가? 눈동자가 정상 상태처럼 함께 움직이는가?
- 사지를 모두 정상적으로 움직일 수 있는가?
- 호흡을 부자연스럽게 하는 등 호흡기계에 문제는 없는가?

- 근육 등이 유기적으로 움직이지 않거나, 균형 유지가 어려워지거나, 현기증이 있는 것 같지는 않은가?
- 아이의 귀나 코에서 혈액이나 맑은 액체가 나오지는 않는가?
- 강도가 약해지지 않거나 점점 심해지는 두통을 호소하지는 않는가?

이 중 1가지 증상이라도 나타난다면 안전을 위해 의사에게 가 보는 편이 좋다.

근심에 찬 엄마들을 위해 마지막으로 한마디 덧붙이자면 5살 이하의 아이들이 높은 의자나 침대에서 떨어진다고 해서 꼭 위험하다고 여길 필요는 없다. 부상 그 자체보다 당신의 비명이 아이를 더 놀라게 만들기 십상이다. 연구 결과 이런 일을 경험한 아이 중에서 겨우 3퍼센트만이 병원 치료가 필요할 정도의 상처를 입었다. 또 그 가운데 다수가 머리 부상이 아니라 뼈의 골절이었다. 머리 부상은 아이가 의식을 잃을 때만 걱정거리가 될 뿐이다.

중독

지난 25년 동안 아이들이 독을 먹거나 독으로 인해 사망하는 사례는 현저하게 줄어들었다. 이는 독성 물질 통제 센터 네트워

크가 발달하고, 많은 처방 약과 일반 판매 약, 가사용품에 아이들에게 안전한 뚜껑을 씌우도록 하는 법령이 생긴 덕택이다. 그러나 이런 발전에도 불구하고 미국에서만 매년 200만 명 이상의 중독 사례가 보고되고 있으며, 그중 상당한 비율이 어린이에게 일어나는 사고다. 가정에서 적합한 예방책을 취했더라면 상당수의 사고를 피할 수 있었을 것이다.

독성 물질을 먹은 아이들 가운데 적어도 4분의 3은 부모들이 즉각적이고 적절한 응급조치를 취한다면 병원 치료가 필요치 않다. 가장 먼저 해야 할 일은 아이가 먹은 독성 물질의 종류가 무엇인지 파악하는 것이다. 라벨에 해독제가 기재되어 있으면 즉시 먹이도록 하라. 그런 다음 당신이 사는 지역의 독성 물질 통제 센터에 전화해서 더 해야 할 다른 조치가 있는지 알아보도록 한다.*

아이가 먹은 물질의 종류는 알아냈지만 라벨에 해독제가 나와 있지 않다면, 독성 물질 통제 센터에 전화를 걸어 지시를 받도록 하라. 물질이 들어 있던 용기가 있으면 가까이에 두도록 한다. 아마 라벨에 적힌 정보를 읽어달라고 요구할 것이다. 아이를 병원 응급실로 데리고 가라고 한다면 그 용기를 가져가도록 하라.

대부분은 독성 물질 통제 센터에 있는 전문가의 지시를 받아

---

* 한국의 경우에는 즉시 119에 전화해서 도움을 청하고 직접 취할 수 있는 응급조치가 있는지 알아보는 것이 좋다.

집에서 치료하는 것만으로도 충분하다. 의사들은 대체로 중독된 사례를 치료하는 데 전문가가 아니다. 국립 독성 물질 센터 네트워크의 이사인 리처드 모리어리티Richard Moriarity 박사에 의하면 "내과 의사 대부분은 (중독에 관해) 매우 빈약한 교육만을 받았을 뿐이며 훈련도 거의 받지 못했다". 모리어리티 박사는 전체 중독 사례의 약 85퍼센트는 목숨을 위협할 만큼 치명적인 것이 아니며 가정에서 다룰 수 있다고 여긴다.

중독에 대처하는 방법은 복용한 독의 종류에 따라 다르다. 그러므로 독성 물질 통제 센터에서 도움을 구하는 것이 중요하다. 아직도 지역의 센터 전화번호가 응급 전화번호 목록에 들어 있지 않다면 지금 당장 당신이 사는 지역의 센터 번호를 찾아 목록에 추가하라. 원칙적으로 중독된 경우를 치료할 때는 인체에 들어간 독을 가능한 한 많이 제거하고 남은 것들은 묽게 희석하거나 중화시키는 것이 목표다. 이를 위해서는 삼켰던 독을 토해내도록 구토제 시럽을 한 숟가락 정도 먹여야 하는 경우가 대부분이다. 그러니 항상 쉽게 닿는 곳에 구토제를 상비해 놓는 것이 현명하다. 하지만 (부식제를 삼켰을 때처럼) 토해내서는 안 되는 경우도 있으니, 우선 독성 물질 통제 센터에 조언을 구할 때까지는 복용시키지 않도록 한다.

삼킨 독성 물질이 석유 제품이나 부식제, 또는 강산이라면 토하게 해서는 안 된다. 석유 제품은 소화관보다 폐에 더욱 많은 손상을 입히기 때문에 억지로 다시 꺼내는 것은 현명한 방법이 아니다. 부식제와 강산의 경우, 이미 한 번 내려가면서 아이의 목구멍에 화상을 입힌 물질이 역류하면 다시 또 화상을 입힐 수 있다. 결코 그렇게 되기를 원하지는 않을 것이다.

흔히 삼키는 독성 물질 중에서 토하게 해선 안 되는 것은 휘발유, 등유, 나프타, 석유로 만든 페인트 제거제, 테레빈유, 가구와 자동차에 쓰이는 다양한 광택제, 살충제, 하수구와 오븐 세척제, 암모니아, 여타 표백제들, 그리고 황과 질소, 염산과 탄소와 다른 강산을 함유한 제품이다. 이 목록은 포괄적인 것이 아니므로 어떤 독성 물질이든 토해내게 만들기 전에 먼저 독성 물질 통제 센터에 전화를 걸어 물어보도록 한다.

2살짜리 어린아이가 텅 빈 약병을 손에 들고 있는 장면을 발견한다면 어떤 조치를 취해야 할까? 우선 그 병에 알약이나 캡슐이 몇 개나 들어 있었는지 떠올리도록 노력한다. 그러면서 독성 물질 통제 센터에 전화를 걸어 당신이 가지고 있는 정보를 주어라. 아이에게 아무런 증상도 없다고 해서 위험하지 않다고 생각해서는 안 된다. 많은 약들이 몇 시간이 지난 다음에야 어떤 증상을 드러내기 시작하고, 그런 증상이 나타날 때까지 적절한 행동을 취하지 못하면 아이의 생명이 위험에 처하게 될 수도 있다.

가장 좋은 방법은 먼저 아이가 중독되는 일이 없도록 보호하는 것이다. 그럼으로써 집안일을 하는 데 약간 불편함이 생길지도 모르겠지만 아이가 중독되는 일을 막을 수 있다면 값싼 대가다. 어린아이가 있는 모든 가정에서 반드시 따라야 할 몇 가지 조언은 다음과 같다.

- 아무리 무해하게 보이더라도 호기심이 강한 어린아이가 삼켰을 경우 모든 약과 가사용품은 위험하다고 여겨야 한다. 심지어 아이용으로 나온 비타민 정제라고 하더라도 한 병을 다 먹어버리고 싶은 마음이 들면 유해할 수 있다.
- 가사용품을 보관하는 캐비닛에 아이가 손을 댈 수 없도록 자물쇠를 달고 약품과 다른 위험한 물질들도 잠가둔다. '손이 닿지 않는 곳'에 보관하는 것만으로는 불충분하다.
- 전화를 받거나 방문자를 응대하는 동안 위험한 물질을 방치하지 말라. 아이들은 겨우 몇 초 동안에도 사건을 저지를 수 있는 법이다.
- 약품과 가사용품을 원래의 보관 용기에 담아두어라. 그럼으로써 우발적으로 그 물질을 삼키는 일이 생겼을 때 라벨에 기재된 지시를 확인할 수 있고, 실수를 막을 수 있다.
- 빈 용기와 사용하지 않는 약품은 즉시 폐기하라.
- 아이에게 약을 먹일 때는 라벨을 충분히 읽을 수 있을 만큼 빛을 밝히도록 한다.
- 손님이 왔을 때는 가방을 아이의 손이 닿지 않는 곳에 두도록 해

야 한다. 가방에서 발견한 약을 먹고 중독되는 아이들도 있다.

아이는 가끔 식중독에 걸리기도 한다. 식중독은 짧은 기간 동안 심하게 아프지만 심각한 후유증을 남기지는 않는다. 식중독에 걸리면 독감같이 전조 증상이 있지도 않은데 설사를 동반한 구토 증상이 나타난다. 이 두 증상 이외의 다른 심한 증상이 뚜렷하게 나타나지 않는 한 병원 치료나 부드럽고 애정에 찬 보살핌 이상의 치료는 필요치 않다. 갈증이 해소되도록 얼음 조각을 빨게 해주는 정도는 괜찮지만, 구토가 멈춘 때로부터 6시간 이내에 먹을 것이나 마실 것을 주어서는 안 된다. 그 이후에는 허브차나 닭 국물, 그리고 끓인 물 같은 것은 먹여도 되지만 고체 음식은 밤에 잠을 잘 이룰 수 있게 된 다음에 주도록 한다. 구토가 지속되거나 원래 체중에서 10퍼센트 이상이 줄어든다면 의사의 도움을 구하라. 탈수 치료가 필요할 수도 있다.

염좌와 골절

아이들의 뼈와 근육의 구조는 어른과 상당히 다르고, 이 사실은 팔과 다리에 입는 부상의 종류에도 영향을 미친다. 인대가 늘어나거나 파열되는 염좌는 어린아이에게는 잘 일어나지 않는다.

인대가 아직 뼈에 단단하게 붙어 있지 않기 때문이다. 한창 성장하는 아이들은 성장이 일어나는 뼈의 부드러운 말단인 골단에 손상을 입을 가능성이 더 높다. 아이가 손목이나 무릎, 또는 발목을 삐었는데 부종과 고통이 이틀 이상 지속된다면 병원에 가라. 골단에 골절이 생긴 경우라면 깁스가 필요하기 때문이다.

아이들은 골막이라고 불리는 뼈의 외면이 어른들보다 상대적으로 두꺼우며, 더 단단하다. 그래서 어른은 심하게 부러져서 부러진 뼈의 말단 위치가 어긋날 만한 부상도 아이에게는 생나무 골절green-stick fracture*을 일으킨다. 골절을 나무에서 초록색 나뭇가지를 꺾었을 때 생기는 모양에 비유한 이 이름은 적절하다. 뼈는 부러지는 것 이외에도 골절 지점에 세로 방향으로 많은 작은 흠을 남기며 구부러진다. 이 골절에는 의학적인 치료가 필요하다.

아이가 발목이나 무릎을 삐었을 때 즉시 병원에 데려가야 할 필요는 없다. 통증과 부종이 가라앉는지 2~3일 정도 기다려본다고 해서 치료에 방해가 되는 것은 아니다. 만약 그 부상이 골절로 인한 것으로 드러나거든 반드시 병원으로 데려간다. 다친 쪽에 체중을 싣지 않도록 하고 부기가 빠지도록 다친 부위에 얼음팩을 올려주어라. 한 시간 정도 지나면 얼음 팩의 효용이 떨어진

---

* 불완전 골절 또는 약목 골절이라고도 한다. 봄철에 수분이 많은 나뭇가지를 꺾을 때 완전히 부러지지 않고 일부는 나무에 여전히 연결되는 모양처럼, 뼈의 한쪽이 부러져 다른 쪽으로 구부러지는 골절이다.

다. 그런 다음에는 많은 의사가 다친 쪽의 혈액 순환을 원활하게 하기 위해 뜨거운 찜질을 권장한다.

　이것이 의학이라는 '과학'이 정확하지 않다는 사실이 드러나는 많은 상황 가운데 하나임을 허심탄회하게 언급해 두는 게 좋을 것 같다. 삔 발목에 가장 좋은 처치가 냉찜질인지, 아니면 온찜질인지에 대해서는 이견이 아주 많다.

　의사들 사이에는 삔 발목에 얼음찜질을 하라고 환자에게 이야기하던 의사에 관한 오래된 이야기가 있다. 환자는 매우 불편하고 귀찮았지만 2일간 그 충고를 따랐다. 그렇지만 삔 발목은 나을 줄을 몰랐다. 그가 가정부에게 나아지지 않는다고 불평하자, 가정부는 발목에 뜨거운 찜질을 해보라고 조언했다. 그 충고에 따르자마자 환자의 발목은 나아지기 시작했다. 다음번에 병원에 갔을 때 환자와 의사 사이에는 이런 대화가 오갔다.

　환자　선생님, 저번에 병원에 왔을 때 삔 발목에 얼음찜질을 하라고 하셨잖아요. 그렇게 했는데도 소용이 없었어요. 그러자 가정부가 온찜질을 해보라고 하더군요. 그런데 뜨겁게 찜질하자마자 효과가 나타났습니다.

　의사　흐음, 그것 참 재미있군요. 우리 집 가정부는 얼음찜질을 하라고 했는데.

물론 요점은 삔 발목에 가장 잘 듣는 방법이 무엇인지, 온찜질인지 아니면 냉찜질인지는 아무도 모른다는 것이다. 중요한 것은 발목을 고정하고 부상이 심해지지 않도록 움직이지 못하게 탄력 붕대로 감아두는 것이다. 너무 빡빡하게 감아서 혈액 순환을 차단하지 않게 주의하라. 삐었을 때 가장 좋은 처치는 아이를 바로 걷게 만드는 것이라고 말하는 사람이 있거든 무시하라. 통증은 무언가가 잘못되었음을 말해주는 자연의 방식이다. 그러므로 아이의 발목이 아프다는 것은 "건드리지 마!"라는 뜻이다.

　발목이나 무릎, 팔꿈치, 또는 어깨 등 다친 곳이 2~3일 이내에 나아지지 않으면 병원에 가라. 2일간의 기다림은 아이가 불필요하게 엑스레이에 노출될 가능성을 줄여주고, 정말 필요한 경우에만 찍게 해줄 것이다. 팔과 다리의 부상 때문에 실시되는 엑스레이의 98퍼센트에서는 골절이 드러나지 않는 것으로 추정된다. 그러니 많은 엑스레이가 무분별하게 실시되는 것이 분명하다.

　천식이나 다른 증상 때문에 스테로이드 치료를 받는 아이의 부모라면 분명한 이유 없이 척추나 갈비뼈가 골절될 가능성을 경계해야 한다. 스테로이드를 장기간에 걸쳐서 사용하면 골 밀도가 감소하기 때문에, 1년 이상 스테로이드 요법으로 천식 치료를 받는 아이는 기침 발작을 일으키다가 갈비뼈가 우발적으로 골절될 수 있다. 국립 천식 센터에서 1년 이상 스테로이드 치료를 받은 아이들 128명을 연구한 결과, 14명이 갈비뼈나 척추 골절을 모두 합해 58번 겪었다는 사실을 발견했다. 장기 스테로이드 치료를 받지 않은 다른 어린이 천식 환자들 54명의 대조군에서는 이런 성격의 골절이 전혀 일어나지 않았다.

아이가 나무에서 떨어지거나 자동차에 치여서 정말로 심한 부상을 입어 목이나 척추에 골절이 생겼거나 생겼을 가능성이 있다면 아이를 옮기거나 들어 올리려 해서는 안 된다. 쇼크 상태에 빠지지 않도록 담요를 덮어 따뜻하게 해주고 상처를 압박해서 출혈을 멈추게 하라. 즉시 구급차를 부르고, 아이를 안전하게 옮기는 방법과 현장에서 실시해야 하는 응급 처치 방법을 아는 훈련받은 구조 인력이 도착하기를 기다리도록 한다.

질식

유아와 아주 어린 아이들은 입을 만족시키려는 강력한 욕구가 있다. 아이들이 조그만 물건을 입안에 쏙 집어넣곤 하는 것은 그래서다. 그런데 가끔은 이런 물건들이 목구멍을 막거나 폐로 빨려 들어가 누구든 근처에 있는 사람이 즉각적으로 행동해야 하는 응급 상황이 생기게 된다.

신중한 부모라면 조그맣고 일부가 떨어질 수 있는 장난감이나 땅콩, 또는 질식하게 만들 수 있는 마름모 모양의 단단한 사탕

같은 것은 아이에게 주지 않을 것이다. 하지만 부모가 하루 종일 아이를 지켜보고 있을 수는 없는 노릇이므로, 그 모든 예방 조치에도 불구하고 아이가 자기 입에 쏙 들어갈 만한 작은 무언가를 우연히 발견할 가능성은 언제나 존재한다. 때때로 그 물건이 아기의 목구멍에 걸리는 일이 일어난다.

이런 일이 일어나면 즉각적으로, 그리고 적절하게 행동하는 것이 절대로 필요하다. 우선 아이가 말하고 숨을 쉴 수 있는지부터 먼저 확인한다. 만약 가능하다면 기도가 부분적으로만 막힌 상태다. 섣불리 꺼내려 들었다가는 그 물건을 더욱 위험한 위치로 움직이게 만들지도 모르므로 어떤 응급 처치를 하기보다는 아이를 병원 응급실로 데려가서 기도를 막은 물질을 제거하도록 하라.

기도가 완전히 막혀서 아이가 숨을 쉬지 못하는 경우에는 외부의 도움을 구할 시간이 없다. 당신이 스스로 응급조치를 취해야 한다. 우선 기도를 막고 있는 물건이 눈에 보이는지 아이의 목구멍을 검사하라. 무언가가 보이고 손가락으로 꺼낼 수 있을 것 같거든 시도해 보라. 그렇지만 더 깊이 밀어 넣게 되어버릴 위험이 있다는 생각이 든다면 시도해서는 안 된다.

그 물건에 손이 닿지 않는다면 당신의 무릎이나 팔 위에 아이를 올려놓고 머리와 어깨가 아래쪽으로 가도록 만들어서 손의 아랫부분으로 아이의 양 어깨뼈 사이를 세게 때려라. 아이가 기침을 해서 걸린 것을 내뱉게 만들기 위해 3~4번 반복한다. 목에 걸린 것을 제거하겠다고 서 있는 사람의 등을 때려서는 **절대로 안 된다**는 것을 명심하라. 목에 걸린 것을 오히려 기도나 목구멍 깊숙이 밀어 넣어버릴 수도 있다.

이 방법이 실패하면 하임리히법 Heimlich maneuver*을 시도한다. 아이의 뒤에 서서 당신의 팔을 아이 주위로 두르고 흉곽의 중심부 바로 밑을 손으로 잡는다. 한쪽 엄지손가락을 아이의 복부에 대고 안쪽과 위쪽으로 재빠르고 세게 누른다. 그러면 폐의 공기 압력이 증가해서 걸려 있는 물건이 목구멍에서 튀어나오는 경우가 종종 있다.

이 구명법은 원래 어른에게 사용하도록 만들어졌다는 사실을 유념하라. 유아나 어린아이의 복부에 너무 심한 압력을 가하면 내부 장기, 특히 간에 손상이 갈 수도 있다. 유아에게 적용할 수 있는 대안적인 방법으로는 아이의 배가 당신의 무릎에 오도록 놓은 뒤 등 위쪽을 세게 눌러서 억지로 폐에서 공기가 **빠져나오게** 만드는 것이다.

---

* 목에 이물질이 걸린 사람을 뒤에서 끌어안고 흉골 밑을 세게 밀어 올려 토하게 하는 방법. 한국에서도 유명 성우가 방송 촬영 중에 떡이 기도에 걸려 질식사하는 사고가 있었다. 그때 현장에서 하임리히법을 즉시 실시했더라면 살릴 수도 있었을 것이라고 한다. 그러니 유사시에 당황하지 않도록 미리 연습해 보기를 권한다.

적십자 같은 기관이나 많은 병원에서 심폐 소생술 무료 강좌를 실시한다. 아이들이 이물질을 삼키는 일은 흔한 편이기 때문에 기회가 있다면 강좌를 수강해 보는 것이 좋겠다.

동물에게 물리는 사고

아이가 개나 다른 동물에게 물리면 상처를 즉시 비누와 물로 씻어내고 몇 분 동안 흐르는 물에 대고 있도록 한다. 그런 다음 예방적인 조치를 위해서, 또는 필요한 경우 상처를 봉합할 수 있도록 의료 서비스의 도움을 구해야 한다.

동물에게 물렸을 때 가장 심각한 문제는 그 동물이 광견병에 걸렸을 가능성이 있는가다. 아이를 문 동물이 개라면 그 개가 광견병 주사를 맞았는지 즉시 확인해야 한다. 다람쥐나 다른 야생동물에게 물렸다면 당신이 사는 지역에서 그 동물 종류가 광견병 위험이 있지는 않은지 확인하는 것이 중요하다.

광견병은 신경 조직에 친화력이 있는 침투성 바이러스 때문에 생긴다. 그래서 광견병은 척수와 두뇌에 영향을 미친다. 인체 잠복기는 10일~2년, 또는 그 이상까지도 연장될 수 있다. 통제 불가능할 정도의 흥분 상태와 고열, 근육과 후두와 인두의 경련 증상이 일반적으로 나타난다. 병이 진행되면 환자는 침을 많이 흘리고 참을 수 없는 갈증에 시달리지만 물을 삼키지는 못한다. 흔히 이 병을 칭하는 '공수병恐水病'이라는 말은 그래서 나온 것이다. 경련이나 쇠약, 마비 증상 때문에 종종 죽음에 이르게 된다. 일단 이 병에 걸리면 유일한 치료법은 휴식과 경련을 예방하기 위한 진정제 투여밖에 없다.

아이가 동물에게 물리면, 광견병이라는 결과와 광견병에 걸릴 가능성을 차단하기 위한 광견병 주사라는 결과 사이에서 선택해야만 한다. 이 병은 생각하기조차 무서울 정도로 공포스럽기 때문에 많은 부모들이 아이를 문 동물이 광견병에 걸렸다는 증거가 없을 때조차도 광견병 주사를 받아들인다.

당신이 그런 결단을 내려야만 한다면 그 주사가 가지고 있는 잠재적인 결과도 반드시 고려해야 한다. 부작용으로 우선 들 수 있는 것은, 피할 수만 있다면 아이에게 겪지 않게 해주고픈 사지의 통증이다. 그러나 더욱이 걱정스러운 것은 광견병 백신이 치명적인 과민성 쇼크와 아이를 평생 무능력하게 만드는 심각한 마비를 일으킬 수 있다는 사실이다.

광견병 백신이 이런 무서운 결과를 낳을 가능성은 희박하다. 하지만 그 동물이 광견병에 걸린 것으로 확인되지 않은 한, 물린 사람이 광견병에 걸릴 확률도 마찬가지다. 해마다 몇십만 명의 미국인이 동물에게 물리지만 실제로 이 무서운 병에 걸리는 사람은 소수에 불과하다.

선택을 더욱 복잡하게 만드는 문제는 심지어 아이를 문 동물이 광견병에 걸렸다는 진단을 받는다고 하더라도 그 진단이 유효하지 않을 가능성이 실제로 존재한다는 것이다. 최근에 일리노이주에서는 주 공중 보건 당국에서 시카고 지역에 있는 개와 고양이 10마리를 광견병으로 오진한 사례가 있었다. 그 결과 100명 이상이 아프고 위험한 광견병 주사를 맞아야 했고, 많은 값비싼 개들이 불필요하게 도살되었다. 일부 사례에서는 주 당국에서 내린 잘못된 진단이 연방 질병 통제 센터에 의해 확인되기도 했다.

아이가 알 수 없는 개나 야생 동물에게 물렸을 때 부모와 의사는 '올바른' 해결책이 존재하지 않는 무서운 딜레마에 직면하게 된다. 나는 소아과에서 진료하며 동물이 광견병에 걸렸을 가능성에 3단계를 거쳐 대처했다. 현재 광견병에 걸린 게 확실한 동물과 광견병을 옮길 가능성이 높은 종인 박쥐, 그리고 그 지역에서 광견병에 걸렸다고 알려진 바가 있는 야생 동물에게 물렸을 때만 광견병 주사를 놓는다.

그렇다면 아이가 동물에게 물렸을 때 부모로서 당신이 해야 할 일은 무엇일까? 하느님이라도 된 양 전지전능한 척하지 않고 내가 해줄 수 있는 유일한 정직한 답변은, 이 문제가 신의 가호를 받아서 당신이 스스로 결정을 내려야 하는 딜레마라는 것이다. 내가 조언해 줄 수 있는 것은 무척이나 사랑하는 손자 손녀가 물렸을 경우에 나라면 이렇게 하겠다는 것뿐이다. 아이를 문

동물이 광견병에 걸렸다면, 또는 그럴 가능성이 높다면, 광견병 백신을 맞히겠다. 그런 정황이 우세하지 않은 한 주사를 맞히지 않겠다.

일부 지역에서는 뱀에게 물리는 것도 위험이 될 수 있다. 어렸을 때 보이 스카우트에서는 뱀에게 물리면 상처 부위를 X자 모양으로 베어서 독을 짜내거나 빨아내는 응급 처치를 하라고 가르쳤다. 생각하기도 끔찍하다고 여겼던 기억이 난다. 지금은 나는 이런 조치로 어떤 득을 볼 수 있다는 과학적인 증거도 없지만 득이 없다는 증거 역시 없다는 사실을 안다. 의학적인 도움을 기대할 수 없는 고립된 지역에서 뱀에게 물리는 사고가 일어난다면 시도를 해봐도 나쁠 것은 없다. 그런 경우가 아니라면 독성 물질 통제 센터에 전화를 걸어 지시를 받거나 병원 응급실로 즉시 아이를 데려가도록 하라. 아이를 문 뱀의 종류를 파악하도록 하고 적절한 사독 혈청을 맞을 수 있는 장소로 가능한 한 빨리 데려가는 것이 중요하다.

동상

아이는 어른보다 추위에 덜 민감한 것처럼 보인다. 썰매나 스키를 타고 놀 때, 아이들은 있어도 되는 시간보다 오래 밖에서 머물곤 한다. 가끔 밖에서 놀던 아이들이 집 안으로 돌아오면 일부 피부, 특히 귀나 코, 그리고 손가락이나 발가락이 완전히 하얗게 보일 때가 있다. 이렇게 동상에 걸린 부위는 건드려도 감각을 느끼지 못한다.

내가 어렸을 때는 동상에 걸리면 그 부위를 눈으로 문지르는 것이 적절한 치료라고 흔히들 믿었다. 정말 얼토당토않은 민간 치료법 중 하나다! 동상에 걸렸을 때의 치료 목표는 피부를 따뜻하게 만드는 것이지, 차갑게 유지하는 것이 아니다. 적절한 치료법은 동상에 걸린 부분을 체온 정도로 따뜻하게 만든 젖은 압박붕대로 감거나 물에 담그는 것이다. 동상 부위를 점차적으로 녹이는 것이 목적이므로 뜨거운 물을 사용해서는 안 된다. 게다가 얼어 있는 피부는 물이 너무 뜨거워도 이를 느끼지 못한다.

단순한 동상의 경우에는 일반적으로 병원 치료가 필요하지 않다. 그러나 오랫동안 추위에 과도하게 노출되어 있었을 때, 특히 환자가 잠에 빠지거나 의식을 잃는 경우에는 병원 치료와 입원이 필요하다.

자동차 사고

자동차 사고에서 입을 법한 부상을 이미 앞에서 다루긴 했지만, 자동차 안전에 대해서 한마디도 하지 않고 매듭짓는 것은 부적절하다고 하리라. 생후 얼마 정도 지나면 아이들이 사망하는 원인 중 높인 순위를 차지하는 것이 자동차 사고다. 가장 취약한 것은 1살 미만의 아기들이고, 그다음으로 위험한 것이 1~6살이며, 그 다음이 6~12살 아이들이다.

이 통계를 보면 왜 아이들이 어른들보다 자동차 사고에 취약한지 드러난다. 아이들은 체중이 적게 나가기 때문에 충격을 받으면 튕겨 나가기가 더 쉽다. 그래서 체중이 20킬로그램 이하인 아이들은 유아용 자동차 시트에 태우고, 그보다 더 나이 든 아이들은 안전벨트를 착용하도록 하는 것이 절대 명제다. 아기를 무릎에 앉히고 꽉 잡고 있으면 안전할 것이라고 믿는 실수를 저지르지 말라. 아기를 병원에서 집으로 데려갈 때부터 유아용 자동차 시트에 태워야 한다.

지금도 승인받은 유아용 시트를 반드시 사용하도록 법으로 강제하는 주가 많지만, 모든 주에서 그렇게 해야 한다.* 나는 자동차 사고로 인한 끔찍한 부상을 치료하곤 했던 경험자로서 이야기하는 것이다. 우리는 모두 사고란 다른 사람들에게 일어나는 것이라고 생각하는 경향이 있다. 그러나 1981년에만 자동차 사

---

* 현재는 미국 모든 주에서 어린이 카시트를 사용해야 한다. 한국에서도 만 6세 이하 어린이가 승용차에 탑승할 때 반드시 카시트를 사용해야 한다. (편집자 주)

고로 인해 190만 명이 장애를 입었다. 그중 175만 명은 일시적으로 완전히 장애 상태가 되었으며, 나머지 15만 명은 영구적으로 회복되지 않는 손상을 입었다. 그리고 5만 800명이 사망했다. 그와 같이 무서운 사망과 부상, 그리고 장애의 발생 비율을 보면 자동차 사고는 우리 또는 우리 아이 중 누구에게라도 일어날 수 있는 일이다.

사고가 생겼을 때를 위한
멘델존 박사의 명쾌한 조언

부모가 집에서 할 수 있는 처치를 잘 알고 있다면 사고로 인한 부상 대부분에는 병원 치료가 필요하지 않다. 그러나 의학 치료가 필요할 정도로 부상 정도가 심각한지, 다친 부위가 넓진 않은지 판단을 내리지 않으면 안 된다. 이 장의 각 소제목 하에 제공된 정보를 숙독하라. 그러면 아이에게 사고가 일어났을 때 분별력 있는 판단을 내리고 적절한 조치를 취할 수 있을 것이다.

가정에서 지켜야 할 안전 예방 조치

- 아이들에게 안전의 기본 원칙을 가르치고, 당신 스스로 모범을 보이도록 하라.
- 아기와 아주 어린 아이를 혼자 있게 두어서는 안 된다.
- 온수기의 온도 조절 장치를 점검하고 50도가 넘게 설정하지는 않았는지 확인한다.
- 아이들이 허락을 받지 않고 난로를 사용하거나 성냥을 가지고 놀도록 허용해서는 안 된다. 조리용 냄비의 손잡이가 아이들이 손을 뻗으면 닿을 수 있는 위치에 있지 않도록 주의하라. 뜨거운 액

체도 아이 손이 닿지 않는 곳에 둔다.
- 가위와 칼은 어린아이의 손이 닿지 않는 곳에 보관한다.
- 전력용 공구나 날카로운 수공 연장도 아이의 손이 닿지 않는 곳에 보관한다.
- 총기류가 있다면 총알을 모두 빼내어 잠가놓고, 화약 종류는 별도의 장소에 자물쇠로 잠가서 보관한다.
- 전기 콘센트에는 모두 덮개를 달고 전기 제품은 욕실에서 사용하지 않도록 한다.
- 모든 장난감을 점검해서 위험한 것은 없는지 확인한다.
- 모든 약품은 자물쇠가 달린 캐비닛에 보관하고 청소용품은 자물쇠가 달렸거나 아이들이 풀 수 없는 빗장이 달린 캐비닛에 보관한다.
- 창문의 방충망과 베란다의 난간이 튼튼한지 확인한다.
- 장난감을 계단에 놓아두거나 느슨한 카펫 종류를 계단이나 계단 근처에서 사용해서는 안 된다.
- 아기가 아기용 침대에 누워 있을 때는 양옆의 난간을 세워두고, 높은 의자에 앉았을 때는 끈으로 고정해 둔다. 아기가 기기 시작하면 모든 계단의 꼭대기와 아래쪽 바닥에 문을 달도록 한다.
- 뜰에 있는 구멍은 막고 통로에 부서진 곳이 있으면 즉시 보수한다.
- 집에 수영장이 있는 경우에는 아이가 혼자 수영하도록 허락해서는 안 된다. 반드시 수영장 주변을 안전하게 막아놓도록 하고, 아

이나 아이의 친구들이 미끄러운 수영장 주변에서 뛰어다니지 못하게 하라.

* 전화기마다 응급 구조 전화번호의 목록을 바로 옆에 붙여놓도록 한다. 아이가 가는 병원 의사, 지역 구급차 서비스, 병원 응급실, 독성 물질 통제 센터, 그리고 소방서와 경찰서의 전화번호는 반드시 기재되어 있어야 한다. 이렇게 하면 사고가 일어났을 때 소중한 시간이 절약될 것이다.

* 자동차를 탈 때 체중이 20킬로그램 이하인 아이는 반드시 승인을 받은 유아용 시트에 태우도록 하고, 가족이 모두 안전벨트를 잘 매고 있는지 확인한다.

17

천식과 알레르기

자연적이고 아이가 편안할 방법으로
이상 증상 달래기

셰익스피어의 작품이나 심지어 100년 전의 영문학 작품들만 봐도 알레르기라는 말은 발견할 수 없다. 알레르기가 사람이 걸리는 많은 질환의 원인이라는 의학적인 개념은 상대적으로 새로운 생각이다. 그러나 의사 대부분이 진단할 때 알레르기에 적절한 역할을 부여하지 않는 데 구실이 될 만큼 새롭지는 않다. 알레르기와 영양(사람의 건강에서 중요한 2가지 요소)이 의대에서 거의 관심을 받지 못하고 현대의 의료에서 매우 무시되는 영역이라는 것은 슬픈 사실이다.

우리가 종종 인식하지 못하긴 하지만, 대부분의 사람이 우리가 먹는 음식과 호흡하는 공기에 들어 있는 것에 알레르기가 있다. 그러나 알레르기가 의학적으로 무시되고 있어 알레르기 유발 물질을 찾아내서 피하는 것만으로 나을 질환 다수가 위험한 약물, 심지어는 수술 처치를 받게 된다. 이런 불필요한 치료가 치료를 받는 질환 자체보다 더욱 나쁜 경우가 적지 않다.

가장 흔한 알레르기는 코를 꽉 막히게 하거나 콧물이 흐르게 만들고, 재채기와 기침을 하게 한다. 이런 증상이 1년 중 봄에만 나타난다면, 공기 중의 꽃가루가 원인이라고 추측하고 건초열 hay fever*이라고 진단한다. 그런데 어떤 사람들은 다른 감염(부비강염 등)도 일으킬 수 있는 만성적인 코막힘과 더불어 이런 증상을 1년 내내 겪는다. 그런 경우라면 꽃가루 이외의 다른 알레르기 유발원이 있는 것이 분명하다.

알레르기 유발 물질은 우리가 사는 환경이나 우리가 먹는 음식에서 발견되기도 한다. 환경적인 알레르기에는 꽃가루와 곰팡이도 포함된다. 가장 흔한 원인 몇 가지를 들자면 난방 연료와 자동차 배기가스, 담배 연기에서 비롯된 오염, (털이나 깃털, 또는 살갗에서 나오는 미세한 크기의) 동물 분비물, 집 안 먼지, 마시는 물(염소), 옷과 담요, 이불을 만드는 천(특히 울), 화장품과 비누, 화학 약품 스프레이, 벌레 물림 등이 있겠다.

음식 알레르기에는 다양한 범위가 있는데, 우유가 높은 순위를 차지한다. 일부 아이들에게 알레르기 반응을 일으키는 다른 음식에는 옥수수 제품, 밀가루, 글루텐, 달걀, 생선, 토마토, 마늘,

---

*   알레르기성 비염

감귤류, 그리고 대부분의 가공식품에 들어 있는 화학 첨가제와 방부제, 안정제, 색소와 향료 등이 있다.

알레르기가 일으키는 다양한 증상

두통, 편두통, 눈의 통증과 시력 저하, 현기증, 청력 상실, 두근거림(심장 박동이 빨라짐), 구역질, 구토, 가슴앓이, 설사, 복통, 알레르기성 방광염(소변에 혈액이 비침), 피로, 근육 약화, 야뇨, 학습 장애, 불면증, 주의력 결핍, 그리고 기억력 감퇴같이 다양한 증상을 낳는 알레르기 반응에는 특히 아이들이 더 민감하다. 분유를 먹는 아이들은 모유를 먹는 아이들보다 알레르기 반응을 나타낼 가능성이 적어도 20배 정도 더 높다.

모든 의사는 천식과 건초열 같은 질환의 원인이 알레르기라고 추정한다. 그리고 의사 대부분은 일부 피부 질환의 원인도 알레르기라고 의심한다. 하지만 그 이외의 다른 증상을 보이는 아이들에게는 알레르기가 원인일 가능성을 고려하지 않는 의사들이 많다. 그들은 아이를 아프게 만든 근본적인 범인으로 음식이나 환경 알레르기를 확인할 수 있을 의학적인 검사 작업을 하는 대신 증상만을 낫게 해줄 약물을 처방한다.

알레르기가 질환의 원인일 가능성을 고려하지 못한 의사에게는 오진과 적절하지 못한 치료를 받을 위험이 있지만, 그 가능성을 인지하는 의사도 똑같이 위험할지도 모른다. 알레르기를 의심하는 소아과 의사는 보통 아이를 알레르기 전문의에게로 보내는데, 전문의의 반응 역시 부적절할 수 있다. 많은 알레르기 전문의가 몇십 가지의 불편하고 값비싸고 위험성 있는 피부 테스트를 남용한다. 이런 검사들은 특히 음식 알레르기의 경우 부정확하기로 악명이 높고, (흔히 검사 항목에 들어가 있듯이) 아이가 접한 적조차 없는 알레르기 유발 물질에 검사를 실시하는 것은 전혀 타당성이 없다. 다른 방법으로 알아낸 의심되는 알레르기를 확인할 때는 그런 검사가 정당성과 효용성을 갖지만, 무차별적인 검사는 용납될 수 없다.

하지만 검사는 빙산의 일각에 불과할 뿐이다. 뒤따르는 처치는 치료해야 할 증상 그 자체보다 더욱 나쁠 수도 있다. 소피 시험scratch test 결과 아이가 집안 먼지에 알레르기가 있다면 가능한 한 먼지가 없는 환경을 마련하는 것이 분명 타당하다. 검사 결과를 입증하거나 반박하기 위해서 소거법에 따른 식이 요법으로 의심이 가는 음식을 먹이지 않는 것도 이치에 닿는다. 그러나 아이의 반응을 시험해서 검사 결과가 정확한지 확인해 보지도 않고 영양이 풍부한 음식을 영원히 먹지 못하게 하는 것은 무의미한 짓이다. 당신의 아이가 그런 경우라면 왜 일부러 검사를 받는가? 왜 소피 시험은 건너뛰고 특정한 음식에 대한 아이의 반응을 측정하는, 소거법에 따른 식이 요법을 사용해보지 않는가?

아이를 알레르기 전문의에게 데려갔을 때 닥치는 진짜 위험은 의사가 항히스타민제 같은 약물이나 코르티손이나 프레드니손 같은 부신 코르티코스테로이드corticosteroid* 호르몬, 또는 테오필린theophylline** 같은 잔틴xanthine*** 유도체 치료나 과민성을 줄이는 주사를 처방하는 것이다.

알레르기에 대한 과민성을 줄이는 주사의 효용은 극도로 논란거리가 되는 쟁점이다. 장기적인 결과는 알려져 있지도 않다. 그 영향에 대한 몇몇 통제된 연구 결과는 모순적이다. 그나마 음식 알레르기 관련 주사는 효과가 없어 보이는 반면, 건초열 관련 주사는 많은 환자에게 증상을 경감시키는 효과가 있는 것처럼 보인다. 중요하지만 아직 답이 없는 문제가 알레르기 주사를 맞은 아이에게 앞으로 어떤 영향이 나타날지 모른다는 것이다. 이 분야 전문가들이 그 답을 원하지 않는다는 점은 명백하다. 과민성을 줄이는 이런 주사가 몇십 년 동안이나 사용되었음에도 이 문제는 충분히 언급된 적이 없었다.

천식을 비롯한 알레르기 증상을 치료하는 데 흔히 사용되는

---

*   부신 피질 호르몬 및 그와 유사한 화학 물질의 총칭
**   근육 이완제나 혈관 확장제용으로 사용되는, 찻잎에서 추출되는 알칼로이드
*** 혈액, 소변, 간에 함유된 질소 화합물

약물에는 유해하거나 위험한 부작용이 많다. 항히스타민제나 스테로이드 호르몬, 잔틴 유도체는 아미노필린Aminophylline, 아레인Aarane, 마락스, 슬로필린Slo-phyllin, 테오더Theodur, 그리고 테오비드Theobid라는 상품명으로 판매되고 있다. 일부는 경구약이고 일부는 흡입기를 통해서 흡입한다. 그 모두가 아이에게 성가실 뿐만 아니라 위험한 부작용이 있는 경우가 많다. 예를 들어 천식에 걸린 아이를 스테로이드 호르몬으로 치료하면 폐의 발달과 신체적인 성장이 지연되며, 장기간에 걸쳐 스테로이드 치료를 받는 아이들은 백내장 발병률이 높아지는 것으로 판명되었다.

 증상이 생명을 위협할 정도로 심하거나 다른 대안이 모두 실패하지 않는 한, 나는 부모들에게 과민성 감소 주사와 약물 요법을 거부하라고 조언하고 싶다. 아이가 걸린 질환의 원인이 알레르기성인 것 같다는 의심이 들거든 가능한 원인을 주의 깊게 찾아보라. 그런 일에 의사가 필요치는 않다. 먼저 아이 주변 환경에 존재할지도 모르는 원인을 모두 떠올려보고 가능한 기간 동안 그 원인을 하나씩 치워보면서 아이의 상태가 개선되거나 증상이 사라지는지 관찰하라. 아이가 먹는 음식 가운데 1가지 또는 그 이상이 원인은 아닌지 판단할 수 있도록 의심이 가는 음식을 식단에서 하나씩 제거하는 식이 요법을 시작해 본다. 원인을 파악해서 문제를 해결할 가능성은 당신에게 훨씬 많다.

심한 천식은 의학 치료를 받아야 한다

대부분의 알레르기 증상에는 의학적인 치료가 필요치 않다고 확신하지만, 심한 천식에 대한 의학적 치료와 심한 천식 발작이 일어났을 때 즉각적인 행동을 취해야 할 필요성을 과소평가하고 싶지는 않다. 이럴 때는 생명이 위험한 상황일 수 있으며 그에 맞는 대처가 필요하다.

코의 통로에 영향을 미치는 건초열과는 달리 천식은 기관지에 초점이 맞춰진다. 알레르기 유발원은 작은 기관지가 부어오르고 진한 점액질이 분비되게 하기 때문에, 공기가 통하는 통로가 막혀서 호흡이 어려워진다. 심한 천식 발작이 일어나면 환자는 쌔근거리고 기침하고 숨을 몰아쉰다. 그 상황에서 즉시 조치를 취하지 않으면 아이의 생명이 위험에 처할 수도 있다. 아이에게 이런 일이 생기면, 공기 통로가 꽉 막혀서 생존에 꼭 필요한 만큼 산소를 들이마실 수 없게 되기 전에 즉시 의사에게 데려가거나, 그보다 더 좋은 방법은 응급실로 데려가는 것이다. 아드레날린을 주사하면 일시적인 기적의 치료처럼 기도가 열릴 것이다. 이런 용도로 사용되는 아드레날린은 실제로 무난하게 사용할 수 있는 훌륭한 약이다.

천식은 보통 알레르기성 원인에서 비롯되기는 하지만 다른 알레르기 질환들보다 훨씬 이해하기가 어렵다. 발병이 일치되지 않고 어떤 때는 음식이나 환경적인 알레르기 유발 원인과 구체적인 관계가 없기 때문이다. 추위와 다른 감염증, 불안감, 감정적인 흥분과 정신적인 상태에 의해서도 천식 발작이 일어날 수 있다. 많은 부모가 좌절하는 문제는, 천식에 걸린 자녀가 살아가면서 어떤 사건을 접하거나 낙심하게 될 때 감정적으로 흥분해서 천식 발작을 일으키는 성향이 실질적으로 생긴다는 사실이다. 발작 빈도는 운동과 기후, 심지어는 계절과도 관계가 있을 수도 있다.

  부모인 당신은 항상 아이와 밀접하게 지내기 때문에 아이의 주변 환경과 아이가 먹는 것을 완전히 알며, 아이의 기분에 민감하다. 따라서 생명을 위협하는 알레르기성 증상이 아니라면, 의학적인 도움을 구하기 전에 당신이 먼저 원인을 파악하도록 결연하게 노력을 기울여야 한다. 그것은 의사보다 당신이 훨씬 더 잘할 수 있는 일이다. 그런 노력이 실패하거든, 그리고 질환이 낫지 않고 지속되거나 위험한 것일 때는 의사와 상의할 필요가 있다.

 **알레르기**에 대한 멘델존 박사의 명쾌한 조언

이 책에서 내내 언급했던 것처럼, 보통은 알레르기와 연관 짓지 않는 다양한 질환에도 그 원인이 알레르기가 아닌지 의심해 보아야 한다. 어떤 질환의 원인이 알레르기일 때 취해야 할 적절한 조치는 위험한 영향을 줄 수 있는 약물이나 과민성 감소 주사로 증상을 치료하는 것이 아니라, 알레르기를 유발하는 원인을 파악해서 그 원인을 아이의 식단이나 환경에서 추방하는 것이다. 부모는 의사보다 아이를 훨씬 더 잘 알고 지속적으로 지켜보기에 이 임무를 더 잘 해낼 수 있다. 아이의 질환이 알레르기 때문이라는 의심이 들거든 다음 단계를 따르는 것을 고려해 보도록 하라.

1. **아이를 둘러싼 주변 환경에 있는 모든 요소를 면밀히 검토하라.**
   이때 371~372쪽에 나열한, 알레르기를 일으킬 수 있는 상황과 물질에 특히 관심을 기울이도록 하라. 알레르기 증상이 봄철처럼 계절적으로 나타난다면 꽃가루를 가장 의심해 봐야 할 것이다.

2. **환경 원인이 발견되지 않거든 아이가 1가지 또는 그 이상의 특정 음식에 알레르기가 있지 않은지 알아내기 위해서 소거법을 이용한 식이 요법을 시작하라.**

   알레르기를 유발할 가능성이 가장 높은 음식(371~372쪽 참고)을 식단에서 없앤 다음 10일 정도의 기간을 두고 알레르기 증상이 없어지는지 관찰한다. 실제로 증상이 사라지면 이제 식단에서 없앴던 음식들을 하나씩 차례로 식단에 추가한다. 그랬을 때 증상이 다시 나타난다면 아이가 알레르기를 일으키는 음식 1가지를 알아낸 것이다. 알레르기 반응은 2일 안에 일어날 것이다. 아이가 피해야 할 음식을 모두 알아낼 때까지 다른 음식들로 이 과정을 반복한다.

3. **아이를 괴롭히는 알레르기 유발원을 찾아낼 수 없다면 판정 과정에 적용할 더 복잡한 기술을 가르쳐줄 수 있는 인간 생태학 알레르기 전문가에게 문의한다.**[*]

   이 방법도 실패했을 때만 전통적인 알레르기 전문의와 상담하라고 권하고 싶다. 알레르기 전문의와 상담할 때는 알레르기 시험과 과민성 감소 주사, 그리고 약물 치료를 극도로 경계하도록 하라.

---

* 한국에서는 사단법인 한국 천식 알레르기 협회에 문의하면 된다.

4. 아이의 알레르기가 심한 만성 천식같이 생명을 위협하는 상태를 유발하는 경우, 심한 발작이 일어나면 유능한 의사에게 보여야 한다.

그렇다고 해서 알레르기 물질을 찾아내려는 노력을 그만두어서는 안 되지만 위험한 상황을 피하는 것이 가장 중요하다. 아이의 천식 발작이 너무 심해서 호흡이 위험할 정도로 어려워지면, 즉시 아드레날린 주사를 맞을 수 있도록 병원 응급실이나 의사에게 데려가야 한다.

18

가만히 있지 않는 아이

과잉 행동 장애에 관한 과다 진단과 조치

아이가 아장아장 걷는 단계가 되면 부모는 자기 아이가 비슷한 연령대의 다른 아이들 대부분보다 더욱 힘이 넘치고 활동적이며 제멋대로라는 것을 발견하게 된다. 처음에는 아이가 무기력하거나 수줍어하지 않고, 외향적이고 활발하다는 사실이 기쁠 것이다. 그러나 왕성한 호기심으로 끊임없이 사고를 저지르는 아이를 매일매일 쫓아 다니다 보면 인내심과 체력이 한 방울도 남김없이 고갈되어 기진맥진해지고 만다. 그러면 아이의 끝없는 에너지가 과연 축복이기는 한 것인지 의심스러워지기 시작한다. 심지어는 아이의 행동이 비정상적인 것은 아닌지 염려하게 될 수도 있다. 아이가 오늘날 흔하게 진단이 내려지는 '과다 행동 장애'이거나 어쩌면 '주의력 결핍 장애'나 '학습 장애', 또는 '미세 뇌손상' 환자는 아닌지 걱정스러워진다.

이 장에서 나는 당신이 스스로 그런 진단을 내리거나 의사, 선생님, 또는 친구같이 다른 사람들에게 당신을 대신해서 진단하게 하는 행위의 위험성에 대해서 경고하고자 한다. 일단 그런 딱지가 붙은 아이는 용인할 수 없는 위험에 처하게 될 가능성이 높다.

과장되긴 했지만, 완벽하게 정상적인 발달 행동을 보이는 아이들에 관한 전문적인 상담과 약물 치료가 미국에서 유행처럼 번지고 있다. 주로 학교 당국의 압력 때문에 많은 부모가 스스로 내린 결정의 타당성과 본인의 부모와 친척들과 친구들이 오랫동안 축적해 온 지혜를 신뢰할 수 없게 되어버렸다. 부모들은 이제, 이전 세대들이 스스로 효과적인 답을 구했던 문제에 답변할 수 있는 사람은 의사들과 정신 건강 전문가들뿐이라고 믿게 되었다.

틀에 찍어내는 과자처럼 아이들이 틀에 맞춰서 만들어진다면 아이의 발달 행동과 보여야 하는 활동 수준에 관한 표준을 정할 수 있을 것이다. 다행스럽게도 아이들은 그렇게 만들어지지 않으며 똑같은 아이란 없다. 인생의 모든 것이 정해진 대로 진행되어야 한다고 믿는 선생님이나 의사, 그리고 다른 모든 전문가에게는 당황스러운 일이다. 매우 활동적이고 부주의해서 선생님에게 꾸지람을 듣고 '과다 행동 장애'라거나 '뇌 손상'이라는 진단을 받은 아이들이 우울증 치료제를 받고 학교의 '학습 연구실'에 고립되는 일은 오늘날 흔히 일어난다.

유난히 활동적이긴 하지만 완벽하게 정상적인 당신의 아이에게 (타당한 과학적 정의가 전혀 내려진 바 없는) 이런 경멸적인 딱지 가운데 하나가 붙을 가능성이 희박하다고는 말할 수 없다. 이런 불운한 희생자의 숫자는 지난 5년 동안 50만 명이 늘었다. 심리학자들이 이용하는 점검 목록에 올라가 있는 행동 가운데 몇 가지를 당신의 아이가 보인다면 그 아이도 겪을 수 있는 일이다. 몇 가지 예를 들어보자면 이런 것들이다.

- 항상 지시에 따르는 것은 아니다.
- 안절부절못하고 가만히 앉아 있지 못한다.
- 수업 시간에 공상에 잠긴다.
- 자기와 관계없는 상황에도 참견하려고 든다.
- 등교 준비를 하는 데 시간이 오래 걸린다.
- 주변에 다른 아이들이 있으면 돋보이려 든다.
- 같은 반 친구들보다 더 신체적으로 활동적이다.

이 목록을 보고 당신은 아마도 나와 같은 반응을 보였으리라고 생각한다. 아이가 이런 행동을 하지 않는다면 나는 걱정될 것이다. 그리고 왜 아이가 시들시들한 채소처럼 구는지 알아보려 애쓰겠다! 그렇지만 아이가 실제로 이런 행동을 할 때 정신 건강 전문가들은 아마 아이를 시든 채소를 연상시키는 존재로 바꾸어 놓을 약물을 줄 것이다!

행동 교정을 위한 약물은 피하라

아이의 어떤 행동이 당신이 아는 다른 아이들의 행동보다 과장되어서 신경에 거슬려도, 아이에게 치료나 약물을 접하게 함으로써 위험에 빠뜨려서는 안 된다. 그 대신에 감정적인 문제를 일으킬 만한 환경 요소(집, 학교, 또는 친구들)가 있지는 않은지 찾아보라. 선생님이나 당신이 용인할 수 없는 행동 패턴을 보이는 아이가 실은 어떤 압박을 받고 있지는 않은가? 어쩌면 식단의 알레르기가 문제의 핵심일 수도 있으니 그쪽 또한 조사해 보도록 하라. 그러는 동안 아이의 행동 때문에 당신이 받는 감정적인 압력을 덜도록 노력하고, 집에서 아이를 감정적으로 굳게 지지해 주며 집 바깥에서 곤란한 일을 겪었을 때도 당신이 항상 아이의 편이라는 사실을 알게 해주어라.

내 경험에 의하면 객관적으로 철저하게 접근할 경우 이 방법은 보통 효과를 발휘한다. 아이에게 전문적인 상담을 받게 해서 과다 행동 장애, 미세 뇌손상, 또는 주의력 결핍 장애라는 딱지가 붙게 만드는 것보다는 분명히 바람직한 대안이다. 그런 딱지가 붙으면 학교에서는 아마도 아이를 특수 교육 프로그램에 넣어서 '통합지원반'에 맡길 것이다. 그러면 아이는 동급생들 사이에서 열등하다는 낙인이 찍히게 된다(일부 학교에서는 (그곳에 들어가 있지 않은 아이들이) 통합지원반을 '바보 지원반'이라고 부르면서 놀리기도 한다).

정말이지 나는 어떤 아이가 자기 동급생들보다 관리하기가 어렵다거나 가르치기 어렵다는 이유만으로 그런 불운을 감수해야 한다고는 생각하지 않는다. 이 자체만도 큰 걱정거리다. 하지만 리탈린Ritalin이나 사일러트Cylert 같은 정신에 영향을 주는 약물 처방은 더욱 크게 걱정해야 한다.

아이에게 과잉 행동 장애나 학습 능력이 없다는 딱지를 붙인 다음 화학 약품으로 치료하려 드는 교육자와 의사는 그 약품이 아이의 학습 능력을 개선한다고 주장하면서 권고 사항을 옹호한다. 그들은 아이를 약으로 비몽사몽 상태로 만들어서 관리하기 쉽고 교실에서 덜 방해되게 만들려는 자신들의 진짜 동기보다 그런 주장에 부모가 더 긍정적으로 반응한다는 사실을 알고 있다.

사일러트와 리탈린 같은 약물을 복용하는 아이들의 학습 능력이 향상된다는 주장을 증명한 사람은 아무도 없었다. 리탈린과 그와 유사한 약물의 주요 효과는 단기적으로 과잉 운동 행동을 제어하는 것이다. 학생은 그 자신의 삶을 더욱 낫고 생산적인 것으로 만들기 위해서가 아니라 선생님의 삶을 편하게 만들어주기 위해서 약을 먹는다. 당신의 아이가 희생자일 경우 이런 약물이 가지고 있는 잠재적인 위험은 선생님을 더 편하게 만들기 위해서 치러야 하는 대가치고는 너무 비싸다.

리탈린의 위험한 부작용

리탈린이나 그와 유사한 약물을 복용할 때 아이는 어떤 위험에 처하게 될까? 우선 이런 약물들은 부적절하게 처방되고 부주의하게 복용되며, 그 자체로 위험한 부작용을 유발한다는 증거가 충분히 있다. 게다가 이 약물들은 아이를 정말로 괴롭히는 것을 파악하고자 하는 동기와 필요성을 없애버리니, 현대 의료와 교육 정책에서도 최악인 부분을 실증하는 일괄적인 증거인 셈이다.

리탈린을 제조하는 회사인 시바가이기Ciba-Geigy에서 제공한, 의사들을 위한 탁상용 참고 문의 처방 정보에서는 리탈린이 어떻게 작용하며 그 영향이 중추 신경계의 상태와 어떤 관계가 있는지 제조사에서도 알지 못한다는 사실을 인정하고 있다. 6살 미만의 아이들에게는 사용하지 말라고 경고하며, 장기적으로 안전한지 아닌지의 여부는 알려지지 않았다는 사실 역시 시인한다. 또한 일부 사례에서 약을 복용한 아이들의 성장이 억제되었다는 사실과 어떤 환자들은 경련 발작을 일으킬 수 있다는 임상적인 증거가 일부 드러났다고 언급한다.

그러고 나서 처방 정보는 잠재적인 부작용들을 다루고 있는데, 어찌나 섬뜩한 내용인지 원문을 그대로 인용하도록 하겠다(굵은 글씨로 강조된 부분은 내가 첨가한 것이다).

가장 흔한 부작용은 신경과민과 불면증이지만 복용량을 줄이고 오후와 저녁 시간에 먹지 않도록 하면 보통 통제가 가능하다. 다른 반응으로 (피부 발진을 비롯한) 과민증, 두드러기〔**피부의 가려움과 부종**〕, 발열, 관절통, 피부가 벗겨지는 염증〔**피부가 비늘 같은 단편으로 박리**〕, 다양한 종류의 홍반〔**심한 염증을 일으키는 피부 질환**〕, 조직 병리학적으로 발견되는 괴사된 혈관염〔**혈관의 파괴**〕과 혈소판 감소성 자반증〔**심한 혈액 응고 장애**〕, 거식증, 구역질, 현기증, 심계 항진, 두통, 운동 장애〔**수의근 운동 능력의 손상**〕, 나른함, 올라갈 수도 내려갈 수도 있는 혈압과 맥박의 변화, 빈맥〔**빠른 심장 박동**〕, 협심증〔**간헐적으로 일어나는 심한 심장 통증 발작**〕, 심장 부정맥〔**불규칙적인 심장 박동**〕, 복통, 장기 복용 시 체중 감소 등이 있다.

드물긴 하지만 투렛 증후군Tourette's syndrome*이 발병한 사례도 보고되었다. 이 약을 복용한 환자들에게서 유해한 정신 질환, 백혈구 감소증 또는 빈혈, 그리고 몇몇이긴 하지만 탈모 사례도 보고되었다. 어린이들에게는 식욕 상실, 복부 통증, 장기 복용 시 체중 감소, 불면증, 그리고 빈맥이 더 흔하게 일어나는 편이지만, 위에 언급한 다른 부작용 중에서 어떤 것이라도 생길 수 있다.

---

* 안면 경련이나 머리 경련처럼 무의식적인 행동(틱)이 반복적으로 나타나는 신경학적 유전병

이것은 제조 회사에서 약을 처방하는 의사와 공유하도록 법으로 강제된 약에 관한 정보다. 유감스럽게도 약을 처방하는 의사가 잠재적인 손상이나 치명적인 영향에 대한 정보를 환자와 공유하라고 요구하는 법령은 없다. 그렇기 때문에 내가 당신에게 리탈린과 그와 유사한 약물에도 적용되는 정보를 주고자 하는 것이다.

선생님이나 학교 교장이나 상담사나 소아과 의사가 아이의 행동 패턴에 대해 화학적 약품 처방을 받아들이라고 당신에게 압력을 가하려 하거든 당장 거부하라. 그 위험을 정당화할 수 있을 만큼 아이에게 득이 되는 점은 없다. 물론 아무 때나 입을 열고 의자에서 몸을 꿈틀거리는 아이의 행동으로 인한 선생님의 성가심을 덜자는 것도 정당한 이유는 되지 못한다.

감정적인 압력 때문은 아닌지 찾아보라

아이가 보이는 행동상의 단점이 선생님과의 상호 작용에서 나온 결과는 아닌지 조사해 보지 않고서는 선생님의 평가를 액면 그대로 받아들이지 않도록 하라. 서로 타협할 수 없는 성격의 갈등은 그리 드문 일이 아니다. 아이와 선생님 사이에 그런 갈등이 있다면 선생님이 아이에게 공정하고 호의적으로 대해주지 않았기 때문에 문제가 생겼을지도 모른다. 그런 경우 해결책은 선생님을 바꾸는 것이지, 학생의 행동을 달라지게 하려고 약물을 먹이는 것이 아니다.

학교에서 아이에게 문제를 일으키는 상황을 바꾸려고 노력하는 한편 집에서 아이를 괴롭히는 다른 상황이 있지는 않은지도 찾아본다. 다른 가족 구성원들 사이의 스트레스로 아이가 불안정한 상태라면, 그런 문제들을 풀거나 최소한 존재하는 갈등을 아이가 접하지 않게 하도록 노력하라. 놀이 친구들이나 집 밖에서 접하게 되는 다른 사람들과 어려움이 있다면 해결하도록 노력하라. 그런 다음 아이가 과잉 행동을 보이는 원인이 음식이나 다른 물질의 알레르기에서 나왔을 가능성으로 관심을 돌려본다. 영양학적인 접근법으로 감정적인 상태와 행동을 개선하는 데 성공할 수도 있다는 증거가 실제로 존재한다.

아이의 담당 주치의는 이런 접근법에 호의적이지 않을 수도 있다는 사실에 대해 미리 경고를 해두어야겠다. 식이 요법을 이용한 과잉 행동 장애 통제 분야의 개척자인 고故 벤저민 파인골드Benjamin Feingold 박사는 의료 분야에 종사하는 다른 이들로부터 거대한 회의론에 부딪혔다. 의사들은 자기들의 영역에 속한다고 믿는 문제에 대해서는 고질적으로 비의학적인 해결책을 거부하기 때문에 그리 놀랄 만한 일은 아니다. 의사의 그런 반응에 의기소침해지지 말라. 적어도 반세기 이상에 걸쳐서 음식 과민증과 관계된 신경계 증상을 밝혀온 연구자들이 있다. 더욱 최근에는 페인골드 식이 요법이 많은 어린이에게 효과를 발휘한다는 사실을 증명하는 임상 증거가 무더기로 나왔다.

캘리포니아에 있는 카이저 재단의 알레르기 의원 원장이었던 파인골드 박사는 과잉 행동 장애를 유발하는 주된 인자로 화학적 식품 첨가제(색소, 향, 방부제, 안정제 등등)에 초점을 맞추었다. 그는 대부분 미국 가정의 식품 저장고와 냉장고에 들어 있는, 가공 처리가 된 많은 음식을 자연식품으로 대체해서 이런 화학 첨가제를 없애라고 조언했다. 이런 접근법이 종종 성공적인 결과를 거둔다는 부인할 수 없는 임상적 증거들이 있다.

많은 다른 의사들이 파인골드 박사와 같은 결과를 얻었다. 테네시주 잭슨에 있는 소아 의원의 소아과 의사이자 알레르기 전문의인 윌리엄 크룩William G. Crook 박사는 음식 알레르기 학술 대회에서 또 다른 연구 결과를 보고했다. 그는 지나치게 활동적인 아이들 100명 이상을 대상으로 한 연구에서 과잉 행동 장애 사례 전체의 4분의 3 정도가 음식 알레르기와 관계가 있었다고 말했다.

크룩 박사는 파인골드 박사와 많은 부모들이 경험한 것, 즉 아이들이 알레르기를 일으키는 음식을 파악하는 소거법 식이 요법을 이용함으로써 도움을 받았다는 사실에 관심을 가졌다. 그는 우유와 사탕수수로 만든 정제된 설탕*이 알레르기 음식 목록에서도 수위를 차지한다는 사실을 알아냈다. 그 목록에는 옥수수와 밀, 달걀, 콩, 감귤류, 그리고 기타 품목이 포함되었다.

당신의 자녀가 행동 문제가 있는 지나치게 활동적인 아이라면, 식료품 가게에서 살 수 있는 음식으로 어떤 성공을 거둘 수 있을지 알아보기 전까지는 의사가 처방하는 약으로 고개를 돌리지 말라!

---

* 설탕의 원료는 사탕수수와 사탕무 2가지인데, 한국에서 소비되는 설탕은 주로 사탕수수로 만든 것이다.

19

예방 접종은 효과가 있는가

백신의 위험성과 가정에서 할 수 있는 치료

　소아 질환의 가장 큰 위험은 집단 예방 접종을 통해 질병을 예방하려는 위협적이고 비효율적인 노력이다.

　이렇게 쓰고 있지만 이것이 당신이 받아들이기 어려운 개념이라는 사실을 나는 잘 안다. 예방 접종이 아주 교묘하고 적극적으로 팔려왔기 때문에 부모 대부분은 예방 접종을 한때 두려움에 떨게 했던 질병들을 제거해 버린 '기적'이라고 믿고 있다. 그래서 예방 접종을 반대하는 사람이라면 누구든 무모하게 여겨진다. 소아과 의사들에게 소아과의 수입 유지책이 된 예방 접종을 공격하는 것은 사제에게 교황의 무류성無謬性*을 부정하는 행위와

---

* 교황이 교회의 대표자로 행동할 때 잘못할 수 없다는, 즉 오류를 저지르지 않는다는 논리

맞먹는다.

그것을 잘 알기 때문에 나는 당신이 내 이야기를 읽는 동안 열린 마음을 유지해 주길 바랄 뿐이다. 당신이 예방 접종에 대해서 믿게 된 정황이나 설명의 상당수는 전혀 사실이 아니다. 예방 접종은 불안하고 의심스러울 뿐만 아니라, 이 장을 쓰게 된 깊은 확신에 따르자면 나는 아이의 모든 접종을 거부하라고 당신을 설득할 것이다. 그러나 그렇게 하지 않는 이유는 반 이상의 주에 사는 부모들에게는 이미 선택할 권리가 없기 때문이다. (정치가 아니라) 의사들이 로비를 통해 아이들이 학교에 입학하려면 반드시 예방 접종을 받도록 부모들에게 강제하는 법령을 만드는 데 성공했다.

하지만 그런 주에 살더라도, 당신은 아마 DPT 백신에서 백일해 요소를 빼달라고 의사를 설득할 수 있을지 모른다. 모든 예방 주사 중에서도 가장 위험해 보이는 이 접종은 매우 큰 논쟁거리이기 때문에 많은 의사들이 혹시 의료 소송에 휘말리게 될까 봐 이 주사를 놓기를 겁낸다. 최근에 시카고에서 백일해 주사로 인해 손상을 입은 아이가 550만 달러의 배상 판결을 받은 사례를 보면 겁낼 만도 하다. 당신의 아이를 맡은 의사가 그런 마음을 가지고 있다면 그의 두려움을 이용하라. 아이의 건강이 위태롭다.

진료를 시작한 초기에 나 역시 이런 백신들을 접종했지만 곧 거기에 내포된 무수한 위험 때문에 집단 접종을 확고하게 반대하는 입장을 취하게 되었다. 이 주제는 무척 넓고 복잡하기 때문에 그것만 다뤄도 책 한 권은 족히 있어야 할 것이다. 그러므로 여기에서는 소아과 의사들이 최후에 어떤 손상을 입힐 가능성이 있는지 알지도 못하고서 맹목적으로, 그리고 열광적으로 이종 단백질을 아이의 몸에 열심히 주사하는 행위에 반대하는 이유를 요약하는 것으로 만족해야 할 것 같다.

내가 보기에 유독 걱정스러운 내용은 다음과 같다.

1. **어떤 종류든 소아 질환이 없어진 것이 집단 예방 접종 덕택이라는 것을 과학적으로 뒷받침하는 설득력 있는 증거는 없다.** 예방 접종이 도입된 이래 한때 흔했던 소아 질환이 감소하거나 사라진 것은 사실이다. 생활 환경의 개선이 한 원인이 될 것 같긴 하지만 그 실제 이유가 무엇인지는 아무도 모른다. 미국에서 이런 질환이 없어진 것이 예방 접종 덕택이라면, 집단적인 예방 접종을 실시하지 않은 유럽 지역에서도 왜 동시에 사라졌는지 의문을 제기해보아야 한다.

2. 흔히 1940년대와 1950년대에 미국 아이들을 괴롭히던 소아마비의 확산이 멈춘 것은 소크 백신 덕택이라고 믿는다. 그렇다면 소아마비 백신이 그렇게 보편적으로 사용되지 않은 유럽에서는 왜 소아마비가 더 이상 확산되지 않았을까? 현 시점에서 더욱 타당하게 제기되

어야 할 문제는 최초의 백신을 개발해 낸 조너스 소크Jonas Salk 박사가 현재 발병하는 소아마비 사례의 대부분이 세이빈 백신 Sabin vaccine* 때문에 유발된다고 지적했는데도 왜 생 세이빈 바이러스 백신을 아직 사용하고 있는가다. 아이들에게 이런 백신을 지속적으로 강제하는 것은 의사들이 시종일관 자기들의 실수를 반복하고 있다는 내 주장을 정말로 확인해주는 불합리한 의료 행위다. 소아마비 백신을 통해, 우리는 천연두가 사라진 지 30년이 지난 후에도 그 질환에 관련된 사망의 유일한 원인이던 천연두 백신을 중단하기 싫어하던 의료계의 저항이 되풀이되는 상황을 목격하고 있다.

생각해 보라! 30년 동안이나 아이들은 천연두의 위험이 더는 존재하지 않았음에도 불구하고 천연두 백신 때문에 죽어갔다.

3. 모든 예방 접종에는 상당한 위험이 따르며, 아이가 맞기로 되어 있는 주사를 위험하게 만드는 금기**도 아주 많다. 그러나 의사들은 보통 부모에게 그 위험을 경고하거나 아이에게 금기가 있는지 확인하지도 않고서 주사를 너무 쉽게 놓는다. 금기를 확인하지 않

---

* 어떤 약이나 치료법이 특정 환자에게 나쁜 영향을 줄 때 그 사용을 금지하는 일(편집자 주)
** 시럽 또는 과자 모양으로 쉽게 투여할 수 있게 만든 경구용 소아마비 생백신

고서는 어떤 아이에게도 예방 접종을 해서는 안 된다. 그러나 병원마다 아무런 질문도 받지 않고 팔에 주사를 맞기 위해 줄을 선 아이들이 소대 규모다!

4. 대부분의 예방 접종이 가지는 무수한 단기적인 영향에 대해서는 알려져 있지만(그러나 설명은 거의 해주지 않는다) 아이의 몸에 이종 단백질을 주사하는 행위가 초래하는 장기적인 결과는 아무도 모른다. 더욱 충격적인 것은 그것을 알아보기 위해 조직적인 노력을 기울이는 사람이 아무도 없다는 사실이다.

5. 상대적으로 유해하지 않은 소아 질환에 대한 예방 접종이 집단적인 접종이 도입된 이래 자가 면역 질환이 놀랄 만큼 증가하고 있는 원인일지도 모른다는 의심이 점점 커지고 있다. 이런 자가 면역 질환에는 암, 백혈병, 류마티스 관절염, 다발성 경화증 multiple sclerosis[*], 루게릭병 Lou Gehrig's disease[**], 홍반성 루푸스 lupus erythematosus[***], 그

---

[*] 중추 신경계 질환으로, 뇌와 척수에 걸쳐서 수초가 탈락하는 현상이 되풀이하여 산발적으로 일어나 운동 마비, 언어 장애, 의식 장애를 유발하는 병
[**] 척수 신경이나 간뇌의 운동 세포가 서서히 파괴되어, 이 세포의 지배를 받는 근육이 위축되어 힘을 쓰지 못하게 되는 근위축증
[***] 자가 항체와 면역 복합체에 의해 조직이나 세포가 파괴되어 전신에 관절염, 근육통, 신장염, 빈혈, 백혈구 및 혈소판 감소를 비롯한 여러 가지 증상이 나타나는 자가 면역 질환

리고 길랑-바레 증후군Guillain-Barre syndrome*같이 무서운 질병이다. 자가 면역 질환은 간단히 말하자면 우리 몸의 방어 메커니즘이 외부의 침입자와 정상적인 인체 조직을 구별하지 못하는 질환이라고 설명할 수 있다. 그럼으로써 우리 몸은 스스로를 파괴하기 시작한다. 우리가 유행성 이하선염과 홍역을 암과 백혈병으로 맞바꾸고 있는 것은 아닐까?

내가 앞에서 언급한 우려를 강조하는 이유는 아이의 소아과 의사가 당신에게 그 사실을 말해주지 않을 것 같기 때문이다. 1982년 미국 소아과 학회 포럼에서는 예방 접종의 이득과 위험을 부모들에게 반드시 알려주자는 결의안이 제출되었다. 결의안에서는 "미국 소아과 학회는 정기적인 예방 접종의 위험과 이득, 질병을 예방하는 백신이 가지고 있는 위험, 그리고 예방 접종에 따르는 흔한 부작용의 관리에 대해 분별력 있는 부모가 알고 싶어할 정보를 분명하고 간결한 언어로 제공하라"고 촉구했다. 분명히 거기 모인 의사들은 '분별력 있는 부모'라도 이런 종류의 정보를 가질 자격이 있다고는 생각하지 않았다. 그들은 그 결의안을 기각했다!

---

* 다발 신경염이라고도 하며 감염 등에 의해 몸 안의 항체가 말초 신경을 파괴해 마비를 일으키는 신경계 질환

현재 의료계에서 고조되고 있는 예방 접종에 대한 격렬한 논쟁은 언론의 관심을 피해 가지 못했다. 점점 더 많은 부모가 아이들에 대한 예방 접종을 거부하고 그에 따른 법적인 결과에 직면하고 있다. 백신 때문에 영구적인 손상을 입게 된 자녀를 둔 부모들은 이제 더는 백신을 필수불가결한 것으로 받아들이지 않으며, 그 백신을 처방한 의사와 제약 회사들을 상대로 의료 과실 소송을 제기하고 있다. 일부 제약 회사들은 실제로 백신의 생산을 중단했고, 생산을 계속하는 회사들도 매년 백신 사용에 대한 금기 목록의 길이를 늘여가고 있다. 그러나 소아과 의사들에게는 정기적인 예방 접종 때문에 부모들이 반복적으로 병원에 오게 되는 것이 큰 수입원이기 때문에 의사들은 계속해서 예방 접종을 죽도록 옹호한다.

부모들이 반드시 제기해야 하는 질문은 바로 이것이다. 죽는 것은 누구인가?

부모로서 당신만이 아이의 예방 접종을 거부할지, 아니면 위험 부담을 가지고 받아들일 것인지 결정을 내릴 수 있다. 그럼에도 나는 (아이에게 예방 접종을 하기 전에) 당신이 잠재적인 위험과 이익에 대한 사실로 자신을 무장하고, 의사에게 그가 권고하는 예방 접종에 대해 상세히 변론하라고 요구하기를 촉구한다.

이제 가장 흔하게 접종되는 예방 주사와 적용되는 질환에 대해서 제각기 더 자세하게 다루어보도록 하겠다. 아이에게 예방 접종을 하지 않기로 결정을 내렸지만 당신이 사는 주에서 접종을 법으로 강제하고 있다면, 나에게 편지를 보내주기를 바란다. 어쩌면 선택의 자유를 되돌려 받을 방법에 대해서 내가 조언을 해줄 수 있을지도 모른다.

이 책에서 모호하고 생명을 위협하는 질환을 전부 다루려는 것은 아니다. 하지만 이 장의 남은 페이지에서는 당신의 아이가 1~2가지 이상 전염될 수 있는 흔한 질환을 설명하겠다.

유행성 이하선염

유행성 이하선염mumps은 상대적으로 무해한 편이라고 할 수 있는 바이러스성 질환이다. 보통 어린 시절에 걸리는 병인데, 귀 앞쪽 바로 밑에 있는 침샘(이하선)의 한쪽 또는 양쪽 모두가 부어오른다. 일반적인 증상은 37.5도에서 40도에 이르는 열과 식욕 상실, 그리고 두통과 등의 통증이다. 부은 침샘은 2~3일 후부터 가라앉기 시작하고 6~7일째가 되면 부종이 사라진다. 하지만 한쪽 침샘에 먼저 염증이 생기면 다른 한쪽은 10~12일 후까지도 감염이 지속되기도 한다. 어느 쪽이든 일단 염증을 앓고 나면 평생 면역이 생긴다.

유행성 이하선염에는 병원 치료가 필요치 않다. 아이가 유행성 이하선염에 걸리면 2~3일간은 침대에 머무르게 하고 부드러운 음식과 수분을 많이 섭취하게 하며, 얼음 팩을 사용해서 부기를 완화한다. 두통이 너무 심하면 적당한 양의 위스키나 아세트아미노펜을 복용하게 하라. 어린아이에게는 위스키 10방울을, 더 큰 아이라면 찻숟가락으로 최대 1숟가락 반까지 먹인다. 필요한 경우에는 1시간 후에 같은 양을 먹이고 또 1시간 후에 한 번 더 먹여도 된다.

대부분의 아이는 생후 15개월 무렵에 MMR 주사를 맞아 유행성 이하선염과 홍역measles과 풍진rubella에 면역성이 생긴다. 소아과 의사들은 유행성 이하선염이 그 자체로는 아이들에게 심각한 질환이 아니지만 어렸을 때 면역을 갖지 못하면 어른이 되어 유행성 이하선염에 걸릴 수 있다고 주장하며 백신 접종을 옹호한다. 어른이 되어 이하선염을 앓으면 성인 남자는 고환에 염증이 생기는 고환염에 걸릴 가능성이 있다. 드물긴 하지만 그 때문에 불임이 되기도 한다.

고환염으로 인한 불임이 전체 불임 인구로 보아 심각하게 위협적인 수준이라면, 그리고 유행성 이하선염 예방 접종 덕분에 성인 남자가 절대로 이 질환에 걸리지 않는다면, 나 역시 예방 접종을 촉구하는 의사 집단에 기꺼이 끼겠다. 내가 그러지 않는 이유는 그들의 주장이 전혀 이치에 닿지 않기 때문이다. 고환염이 실제로 불임을 유발하는 경우는 드물고, 설사 그런 경우라도 염증이 생기는 것은 보통 한쪽뿐이기 때문에 염증이 생기지 않은 다른 한쪽의 정자 생산 능력만으로도 충분히 인구를 늘릴 수 있다! 그것이 전부가 아니다. 유행성 이하선염 백신을 맞고 어른이 되어서도 면역성이 지속되는지는 아무도 모른다. 따라서 15개월 무렵에 유행성 이하선염에 면역력이 생겨 소아기에는 이 질환에 걸리지 않을 수 있었지만, 어른으로 자란 후 이 병을 앓아 더욱 심각한 결과를 감수하게 될지 아닐지는 아직 정답이 나오지 않은 미결 문제다.

아이가 유행성 이하선염에 걸리지 않게 하려는 게 아니라 성인 남자를 고환염으로부터 보호하는 것이 이 예방 접종의 목적이라면, 사춘기가 될 때까지 유행성 이하선염에 걸리지 않아 자연 면역력이 생기지 않은 남자들에게만 접종하는 방법이 합리적이다. 그것이 어른에게 더 확실한 효과를 발휘할 것이다. 또, 그렇게 하면 모든 여자아이와 셀 수 없이 많은 남자아이가 위험한 백신에 잠재된 영향을 피할 수 있다.

유행성 이하선염 백신의 부작용은 심각할 수도 있지만, 그 내용을 알려주는 의사는 찾아보기 어렵다. 일부 아이들은 이 백신에 발진과 가려움증, 그리고 멍 같은 알레르기 반응을 보인다. 또한 발열 발작, 한쪽에만 생기는 신경 둔감증 nerve deafness, 뇌염 같이 중추 신경계에 관련된 결과가 생길 수도 있다. 이런 위험이 미미하다는 것은 사실이다. 하지만 어른이 되어 더 심하게 앓을 위험을 무릅쓴 채, 소아기에 무해한 질환을 피하기 위해 예방 접종을 견디내야 할 필요가 과연 존재하기는 하는 걸까?

홍역

'영국 홍역'이라고도 불리는 홍역은 감염된 사람이 사용한 물건을 만짐으로써 걸리는 전염성 바이러스 질환이다. 홍역이 발병하면 환자는 미열, 머리와 등에서 생기는 통증과 더불어 피곤함을 느낀다. 눈이 충혈되고 빛에 예민해질 수도 있다. 열은 계속 올라가는데, 3~4일째가 되면 39.5도에서 40도까지 오른다. 가끔 입안에서 조그맣고 하얀 반점이 관찰되기도 하고, 귀 뒤쪽과 이마에 머리털이 난 선 밑으로 작은 분홍색 발진이 생긴다. 이 발진은 아래쪽으로 퍼져서 약 36시간 안에 전신을 뒤덮는다. 분홍색 반점과 발진이 함께 뒤섞일 수도 있지만 보통 3~4일 안에 사라지기 시작한다. 홍역은 발진이 생기기 3~4일 전부터 시작해서 7~8간 전염성이 있다. 그러므로 아이들 가운데 하나가 홍역에 걸리면 그 아이가 아프다는 사실을 알아차리기 전에 이미 다른 아이들도 모두 바이러스에 노출되었을 가능성이 높다.

홍역은 환자를 침대에서 푹 쉬게 하고 고열로 인한 탈수에 맞설 수 있도록 충분한 수분을 공급해주며, 가려움증을 덜어주기 위해 칼라민 로션과 옥수수 전분 목욕을 제공하는 것 말고는 특별한 치료가 필요하지 않다. 아이가 빛 때문에 괴로워하면 침실에 커튼을 쳐서 방을 어둡게 만들어준다. 하지만 일반적인 통념과는 달리 홍역 때문에 영구적으로 실명할 위험은 없다.

홍역을 예방하기 위한 백신은 어렸을 때 맞는 MMR 주사에 포함되어 있다. 의사들은 1천 명당 1명꼴로 발생하는 홍역 뇌염을 막기 위해서 예방 접종을 해야 한다고 주장한다. 홍역을 몇십 년 동안 다루어온 나는 그 통계치가 의심스러울 따름이다. 그것은 다른 소아과 의사들도 마찬가지다. 궁핍하고 제대로 된 영양을 섭취할 수 없는 환경에 사는 아이들에게는 1천 분의 1이라는 비율이 들어맞을지 모르지만, 중산층이나 소득이 더 높은 그룹에서는 홍역 자체로 인한 단순한 졸음을 제외하면 진짜 뇌염이 발생하는 비율은 아마 1만 분의 1이나 10만 분의 1에 더 가까울 것이다.

있을 것 같지 않은 높은 홍역 뇌염 발생률로 당신을 잔뜩 겁먹게 만드는 의사는 홍역 뇌염 예방 백신이 수반하는 위험에 관해서는 설명을 거의 해주지 않는다. 홍역 백신은 뇌 질환이나 뇌의 경화를 유발해서 늘 치명적인 결과를 낳는 아급성 경화성 범뇌염 subacute sclerosing panencephalitis 같은 일련의 합병증과 관계가 있다.

홍역 백신과 관계된, 치명적일 수 있는 신경계의 다른 질환에는 운동 실조증(근육의 움직임을 조정할 수 없는 병), 지적 장애,

무균성 뇌수막염, 발작 장애, 그리고 반신마비(몸의 한쪽에만 영향을 미치는 마비)가 있다. 이 백신에 연관된 2차 합병증은 더욱 무섭다. 주요 질환에는 뇌염, 아급성 경화성 범뇌염, 다발성 경화증, 과민성 쇼크, 라이 증후군, 길랑-바레 증후군, 혈액 응고 장애, 소아 당뇨병 등이 있으며 심지어는 호지킨 림프종이나 암도 관계가 있다.

백신이 실제로 효과를 보인다는 설득력 있는 증거가 존재한다고 하더라도 홍역 백신과 관계된 위험은 용인할 수 없는 것이다. 게다가 실제로 효과가 있다는 증거도 없다. 홍역의 발생률이 계속 줄어들고 있긴 하지만, 그 발병률은 홍역 백신이 도입되기 오래전부터 줄어들기 시작했다. 1958년에는 미국에 80만 명 정도의 홍역 환자가 발생했지만 1962년(백신이 생기기 전 해)의 환자 숫자는 30만 명이 줄어들었다. 아이들이 효과가 없어 이제 폐기된 '사균 바이러스' 백신으로 접종을 받은 후 4년간 환자 숫자가 또 30만 명 줄었다. 1900년에는 인구 10만 명당 13.3명이 홍역으로 사망했다. 최초의 홍역 백신이 생기기 이전인 1955년에는 사망률이 97.7퍼센트 줄어서 인구 10만 명당 0.03명뿐이었다.

이 숫자들만으로도 백신이 도입되기 이전에 이미 홍역이 사라지고 있었다는 극적인 증거가 된다. 이 정도로는 충분히 납득이 가지 않는다면 이런 사실을 고려해 보라. 30개 주를 대상으로 한 1978년의 연구 결과, 홍역에 걸렸던 아이들 전체에서 절반 이상이 해당 백신을 맞은 적이 있었다. 게다가 세계보건기구에 따르면 홍역 백신을 맞은 아이들은 맞지 않은 아이들보다 홍역에 걸릴 위험이 15배나 높다.

그렇다면 '왜 의사들은 계속 접종을 하는 것일까?'라는 의문이 들 것이다. 그 답변은 홍역 백신이 도입된 지 14년이 지난 후에 캘리포니아에서 일어났던 사건에서 찾아볼 수 있을 것이다. 그해에 로스앤젤레스에서는 심한 홍역이 유행했고, 6개월 이상의 모든 아이에게 홍역 백신의 접종이 권장되었다. 1살 미만의 아이들에게는 백신 접종이 도움이 되지 않을뿐더러 오히려 해를 끼칠 수 있다는 공중위생 당국의 경고에도 불구하고 말이다.

로스앤젤레스의 의사들은 손아귀에 들어온 모든 아이에게 정기적으로 홍역 백신을 주사하는 반응을 보이긴 했지만, '슬로 바이러스slow virus*'의 위험과 면역학적 기능 부전에 관해 의심되는 문제를 잘 알고 있던 지역의 내과 의사 여럿은 자기 아이들 가운데 유아는 백신을 맞히지 않기로 했다. 아무것도 듣지 못했던 그들의 환자들과는 달리 의사들은 모든 생백신live virus, 특히 홍역 백신에서 발견되는 '슬로 바이러스'는 사람의 인체 조직에서 몇 년 동안 숨어 지낼 수 있다는 점을 알았다. 그 '슬로 바이러스'는 이후 뇌염이나 다발성 경화증의 형태로 발현되거나 암의 발발과

---

*   인체 내에 오랫동안 존재하는 만성병 바이러스

성장에 필요한 잠재적인 씨앗 역할을 할 수도 있다.

7개월 된 자기 아기에게 백신 접종을 거부한 로스앤젤레스의 한 의사는 이렇게 말했다.

"내가 걱정한 것은 백신 바이러스가 홍역을 막는 데 거의 도움이 되지 않는다는 사실뿐만 아니라, 몸에 잔류해서 우리가 잘 알지 못하는 방식으로 작용하는 것이었다."

그러나 자기 아기에게 그런 결과가 나타날 가능성을 우려하는 마음이 그가 다른 유아 환자들에게 백신을 접종하지 않도록 막지는 못했다. 그는 이 역설적인 행동을 다음과 같은 말로 합리화했다.

"부모로서 나는 내 아이를 위한 선택을 할 사치를 가지고 있다. 의사로서는…… 법적으로, 그리고 직업적으로 의료계의 권고 사항을 받아들여야 했다. 전체 돼지 독감 건에 대해서도 우리는 마찬가지로 그렇게 해야 했다."

이제 수동적으로 받아들이던 부모와 아이도 의사와 그들의 자녀가 누리는 것과 같은 사치를 인정받아야 할 때다.

풍진

흔히 '독일 홍역'이라고 알려진 풍진은 소아 질환 가운데 그리 위협적인 질환도 아니고 의학적인 치료도 필요하지 않다. 초기 증상으로 열이 오르고 약하게 오한이 들면서 인후염이 생긴다. 단순한 인후염이 아니라는 것은 얼굴과 머리에 발진이 생겨서 팔과 다리로 퍼지는 모양을 보면 알게 된다. 홍역처럼 반점이 함께 퍼지지는 않으며, 보통 2~3일 정도 지나면 사라진다. 환자는 잘 쉬고 충분한 수분을 섭취해야 하지만, 그 외의 다른 치료는 필요하지 않다.

풍진이 가진 위험은 임신한 여성이 임신 기간의 첫 3개월 동안에 이 질환에 걸렸을 때 태아에게 손상을 입힐 수 있다는 점이다. 그런 우려는 성별에 관계없이 모든 아이에게 MMR 예방 접종의 일부로 면역력을 갖게 해야 한다는 주장을 뒷받침하는 근거로 사용된다. 이 백신의 효용에 의심이 가는 것은 본질적으로 유행성 이하선염 접종에 적용되는 것과 같은 이유 때문이다. 이 무해한 질환으로부터 굳이 아이를 보호해야 할 필요가 없기 때문에 아이에 대한 이득이라는 측면에서 봐도 이 백신이 가지는 부작용은 용인될 수가 없다. 백신의 부작용에는 말초 신경을 얼얼하게 하거나 무디게 만들고 통증을 일으키는 다발성 신경염과 관절염, 관절통이 있다. 이런 증상은 보통 일시적이지만 몇 개월간 지속되기도 하고 백신 접종을 받은 후 2개월이 지나서야 나타나기도 한다. 그 시차 때문에 부모들은 백신 접종을 받은 아이에게 나타난 이런 증상의 원인을 파악조차 못할 수도 있다.

풍진 백신의 더 큰 위험은 예비 엄마들에게서 풍진에 대한 자연적인 면역력으로 보호받을 기회를 박탈해 버릴 수도 있다는 점이다. 예방 접종은 어렸을 때 풍진을 막음으로써 여성들이 가임기 동안에 풍진에 걸릴 위험을 실질적으로 증가시킨다. 이 문제에 대해서 나와 공감하는 의사들이 많다. 코네티컷주에서는 저명한 전염병학자 두 명이 이끄는 의사 집단이 법적으로 필수적인 예방 접종 목록에서 풍진을 없애는 데 실제로 성공했다.

어린 시절에 풍진 예방 접종을 받은 여성들에게 사춘기에 실시한 혈액 검사에서 면역력이 있다는 증거가 드러나지 않았다는 사실이 수많은 연구 결과 증명되었다. 풍진과 홍역과 유행성 이하선염에 대한 예방 접종을 따로따로든, 또는 함께든 맞은 아이들을 대상으로 조사한 결과 백신이 효과를 발휘하지 못한 비율이 높다는 사실을 밝힌 다른 연구들도 있었다. 마지막으로 백신에 의해 생긴 면역력이 풍진을 앓아서 자연적으로 생긴 면역만큼 효과적이고 오래 지속되는가라는 중요한 질문에 대한 답은 아직 나와 있지 않다. 풍진 백신을 맞은 지 겨우 4~5년밖에 되지 않은 아이들의 상당수에서 혈액 검사 결과 면역력이 있다는 증거가 발견되지 않았다.

그 결과가 가지는 의미는 명백할 뿐만 아니라 무서운 것이다. 어렸을 때 앓는 풍진은 위협이 되지 못할뿐더러 일단 걸렸던 사람에게 자연적인 면역력을 주기 때문에 어른이 되어서도 풍진에 걸리지 않는다. 의사들이 풍진 예방 접종을 시작하기 전에는 전체 어른의 85퍼센트 정도가 풍진에 자연적인 면역력이 있었던 것으로 추산된다.

오늘날은 예방 접종 때문에 여성들의 대다수가 자연 면역을 얻을 기회가 없다. 백신으로 생긴 면역이 사라지면 그들은 임신했을 때 풍진에 걸려서 태어나지 않은 아기가 상해를 입게 될지도 모른다.

나는 회의적인 사람이기 때문에 사람들이 진짜로 생각하고 있는 것을 알려면 그들이 하는 말이 아니라 행동을 지켜봐야 한다고 항상 믿어왔다. 풍진의 가장 큰 위험이 아이들에게가 아니라 태어나지 않은 태아에게 있다면, 임신한 여성들에게 담당 산부인과 의사들이 풍진을 전염시키는 일이 확실히 생기지 않도록 함으로써 예비 엄마들을 풍진으로부터 보호해야만 한다. 그러나《미국 의학 학회 저널*Journal of the American Medical Association*》에 보고된 캘리포니아 조사에서는 전체 산부인과 의사의 90퍼센트 이상이 백신 접종을 거부했다. 의사 자신들이 백신을 맞기를 두려워하는데 도대체 왜 법에서는 당신과 다른 부모들은 의사들이 아이에게 백신을 접종하도록 허락해야 한다고 강제하는 것일까?

백일해

백일해pertussis는 감염된 사람에 의해서 공기를 통해 전염되는, 극도로 전염력이 강한 박테리아성 질환이다. 잠복기는 7~14일이다. 초기 증상은 콧물이 흐르고, 재채기를 하고, 나른해지고, 식욕이 없어지고, 눈에 눈물이 고이거나, 어떤 때는 약하게 열이 오르기도 하는 등 보통 감기와 구별하기 힘들다.

병이 진행되면서 환자는 밤에 심한 기침을 하게 된다. 이후에는 낮에도 기침이 나타난다. 최초의 증상이 나타난 지 1주일에서 10일 이내에 기침은 발작성을 띠게 된다. 숨을 쉴 때마다 아이가 몇십 번씩 기침할 수도 있으며, 안색은 푸르스름하거나 자줏빛을 띠며 어두워진다. 매번 기침 발작은 씩씩거리며 숨을 들이쉬면서 끝나는데, 백일해라는 이름은 그래서 생겼을 것이다.* 백일해에는 종종 구토 증상이 나타나기도 한다.

백일해는 어느 연령대도 걸릴 수 있지만 전체 환자의 절반 이상은 2살 이하의 아이들이다. 특히 유아들에게서는 심각하거나 심지어 생명을 위협할 수도 있는 질환이다. 감염된 사람은 초기 증상이 나타난 시점부터 1개월 후까지 병을 전염시킬 수 있으므

---

* 백일해를 가리키는 영어는 'whooping cough'인데, 씩씩거리는whooping 기침cough이라는 말이다.

로 격리해야 한다. 특히 다른 아이들과는 접촉하지 않도록 한다.

아이가 백일해에 걸려도 의사가 할 수 있는 구체적인 치료는 없다. 잘 쉬게 하고 지속적으로 위안과 위로를 해주는 것 외에는 부모가 특별히 집에서 적용해 볼 수 있는 방법도 없다. 기침 억제제를 가끔 사용하기도 하지만 그다지 도움이 되지 않으며, 나로서는 권하지 않는다. 하지만 아주 어린 유아가 백일해에 걸렸을 경우에는 병원 치료가 필요할 수도 있으니 반드시 의사와 상의하도록 한다. 아기들에게 가장 위협이 되는 것은 기침으로 인한 기력의 고갈과 폐렴이다. 유아들의 경우에는 심지어 기침 발작이 너무 심해서 갈비뼈에 금이 가는 경우도 있다.

백일해 예방 접종은 디프테리아diphtheria, 파상풍tetanus 백신과 함께 DPT 접종으로 맞는다. 몇십 년 동안 사용되어 오긴 했지만 이 백신은 모든 예방 접종 중에서도 가장 논란의 여지가 있는 것이다. 그 효용에 대한 의심이 지속적으로 제기되고 있으며 이 백신에 수반되는, 아이에게 상해를 초래할 가능성이 있는 부작용이 이득을 능가할 수도 있다는 내 우려를 함께하는 의사들이 많다.

스코틀랜드의 글래스고 대학교에 있는 지역 의료 담당 부서장인 고든 스튜어트Gordon T. Stewart 박사는 백일해 백신을 매우 강력하게 비판하는 사람들 가운데 하나다. 그는 자신이 1974년 이전에는 백일해 접종을 지지했지만, 그 후 백신을 맞은 아이들에게서 백일해가 발병하는 사례를 목격하기 시작했다고 말했다.

스튜어트 박사는 이렇게 말한다.

"지금 글래스고 지역에서 백일해에 걸리는 환자의 30퍼센트 정도가 백신을 맞았던 사람이다. 그래서 나는 백일해 백신이 그렇게 효력이 있는 것은 아니라고 믿게 되었다."

다른 감염성 질환들과 마찬가지로 백일해도 백신이 사용되기 전에 이미 사망률이 감소하기 시작했다. 백신이 도입된 것은 1936년에 이르러서였지만 사망률은 1900년, 또는 그 이전부터 지속적으로 줄어들고 있었다. 스튜어트 박사에 의하면 "백신이 사용되기 이전에 이미 백일해 사망률은 80퍼센트가 줄었다". 스튜어트 박사는 백일해를 통제하는 데는 백신이 아니라 아마도 병에 걸릴 가능성이 있는 사람들의 생활 환경을 개선하는 것이 가장 중요한 요소라는 내 주장과 의견을 같이하고 있다.

의료 분야에 종사하는 다른 이들은 자기들이 신봉하는 백신에 의문을 제기하는 사람들에게 호의적이지 않다. 1982년에 나는 NBC 텔레비전에서 방송된 백일해 백신에 대한 논쟁을 다룬 1시간짜리 다큐멘터리에 출연해서 "(백신으로 인한) 위험은 의사들이 인정할 의향이 있는 것보다 훨씬 크다"고 말했다. 1982년 7월 《미국 의학 학회 저널》에서는 그 프로그램에 대해 격렬하게 공격하면서, 백일해 백신을 중상모략하기 위해서 NBC에서 믿을 수 없는 '전문가들'을 일부러 골랐으며 그들에게 정당하지 않은 자격을 부여했다고 비난했다. 또한 계속해서 내 자격을 공격했다.

오랫동안 자기방어를 하는 데만도 과도하게 많은 예산을 사용해야 했던 미국 의학 학회의 주장에 맞서 나 자신을 변호해야겠다는 생각은 전혀 들지 않는다. 그러나《미국 의학 학회 저널》이 같은 호에서 백일해 백신의 위험을 언급해야만 했던 부분을 읽어보는 것도 유익할 것이다. 그들이 언급해야만 했던 글을 인용하고 백일해 백신의 사용에 대해 의문을 제기한 내 행동이 과연 부적절한 것이었는지에 관한 판단은 당신에게 맡기도록 하겠다. 우선《미국 의학 학회 저널》은 이렇게 말하고 있다.

물론 보건 전문가들에게는 DPT의 위험은 전혀 새로운 것이 아니다. P(백일해)가 1940년대 말에 추가되기 오래전부터 접종되어 온 D(디프테리아)와 T(파상풍) 백신의 요소는 거의 위험이 없다고 여겨지는, 부분적으로 정제된 변성 독소다. DPT 0.5밀리리터당 4유닛의 백일해 방어 항원인 전체 세포 P 요소는 **상대적으로 정제되어 있지 않은 독성 물질이라고 보편적으로 인정된다. 그래서 더 안전한 타입의 출현을 기대하고 있다**(굵은 글씨로 강조한 것은 나다).

DPT 예방 접종은 도입되자마자 널리 보급되었지만 1948년에 실시되었던 바이엘과 몰의 백신 관련 뇌염 연구를 필두로 하여 심한 부작용이 여러 차례 보고되었다. 이러한 반응의 발생률은 아직 확고하게 밝혀지지는 않았다. 백신에 관계된 발작은 그 자체로는 드물긴 하지만 두뇌 손상이나 발작의 후유증에 비하면 상대적으로 상당히 흔하게 생기는 편이다.

이 부분을 보면 미국 의학 학회에서도 백일해 백신이 유해하며 무서운 부작용이 따를 수 있다는 것을 부인하지 않고 있다는 사실이 분명하게 드러난다. 그들이 우려하는 것은 미디어의 관심 때문에 백신을 맞을 사람들이 위험성을 알게 된다는 사실이다!
의사가 환자와 예방 접종의 위험에 관한 지식을 공유하는 것이 적절치 못한 행동이라면, 나는 그런 죄목에 유죄다. 백일해 백신의 흔한 부작용 가운데《미국 의학 학회 저널》에서 인정하고 있는 것은 발열, 울부짖는 발작, 쇼크에 빠진 것과 유사한 상태, 붓거나 빨개지거나 아픈 국소적인 피부 영향이다. 그보다는 덜 흔하게 나타나지만 더 심각한 부작용도 있다. 경련과 지적 장애를 초래하는 영구적인 두뇌 손상이 그것이다. 백일해 백신은 또한 영아 돌연사 증후군과도 연결되었다. 테네시주의 소아 예방 접종 프로그램이 보급되던 1978~1979년, 정기적인 DPT 예방 접종이 시행된 뒤 곧 영아 돌연사 증후군이 8건 보고되었다.
백일해 예방 접종을 받은 사람 중에서 병에 걸리지 않은 사람의 비율은 50~80퍼센트까지 변동하는 것으로 추산된다.《미국 의학 학회 저널》에 따르면 미국에서 발생하는 전체 백일해 환자는 매년 1천~3천 명 사이고, 사망자는 매년 5~20명이다.

내 질문은 이렇다. 질병 자체가 이렇게 흔치 않은 데다가, 그 효력도 의심이 가는 백신을 맞히기 위해 매년 아이들 몇백만 명을 백신의 잠재적인 위험에 노출시키는 것이 과연 말이 될까?

디프테리아

우리 할머니들이 어렸을 무렵에는 디프테리아가 소아 질환 가운데서도 유독 무서운 것 중 하나였지만 이제는 거의 사라졌다. 1980년에 미국에서 디프테리아 발병이 보고된 사례는 5건에 불과했다. 의사들은 대부분 디프테리아의 발생률이 낮아진 것이 DPT 예방 접종 덕분이라고 주장하지만, 백신이 사용되기 전에 이미 디프테리아 발병이 줄기 시작했다는 충분한 증거가 있다.

디프테리아는 아주 전염력이 강한 박테리아성 질환인데, 감염된 사람의 기침과 재채기를 통해서나 그들이 만진 물건을 만져서 감염된다. 디프테리아의 잠복기는 2~5일 정도고, 초기 증상은 인후염, 두통, 구역질, 기침, 그리고 37.7~40도에 이르는 고열이다. 병이 진행되면 편도선과 목구멍에서 지저분한 흰색 덩어리가 관찰되기도 한다. 그러면 목구멍과 후두가 부어올라서 음식물을 삼키기가 힘들어지고, 심한 경우에는 호흡이 곤란해져 환자가 사망할 수도 있다. 디프테리아에 걸리면 병원에서 치료를 받아야 하는데, 페니실린이나 에리트로마이신 같은 항생제로 치료한다.

현재 당신의 아이가 디프테리아에 걸릴 확률은 코브라에게 물릴 확률과 비슷하다고 보면 된다. 그러나 아이들 몇백만 명이 2개월, 4개월, 6개월, 18개월째에 반복적으로 예방 접종을 받고, 학교에 들어갈 때 또다시 주사를 맞는다. 십몇 년 이상 디프테리아의 발병이 극히 드물었기에, 예방 접종으로 주사를 맞은 아이가 맞지 않은 아이보다 더 건강하게 지내는 건 아니라는 증거가 있음에도 말이다. 1969년에 시카고에서 디프테리아가 발생했을 때, 시 공중보건국은 환자 16명 가운데 4명이 완전하게 예방 접종을 받았으며 5명은 백신을 1번 이상 맞았다고 보고했다. 이 5명 가운데 2명은 완전한 면역력이 있다는 증거를 보여주었다. 3명이 사망한 다른 발병 사례에 대한 보고서에서는 죽은 사람들 가운데 1명과 보균자 23명 가운데 14명이 완전하게 예방 접종을 받았다는 사실이 드러났다.

이런 이야기는 디프테리아나 한때 흔했던 소아 질환을 예방 접종으로 없앨 수 있다는 주장을 무너뜨린다. 예방 접종이 그런 신뢰를 받을 만한 가치가 있다면, 접종을 지지하는 사람들은 이런 사실을 어떻게 설명할 것인가? 감염성 질환 예방 접종을 법으로 강제하는 주는 약 절반 정도밖에 되지 않으며, 접종을 받은 아이의 비율은 주마다 다르다. 따라서 의료 서비스를 제한적으로밖에 이용할 수 없고 소아과 의사가 거의 없는 지역에 사는 몇십만(어쩌면 몇백만) 명의 아이들은 감염성 질환에 대한 예방 접종을 받지 못하므로 그런 질병들에 취약해야 한다. 하지만 어떤 방향으로 조사해 보아도 감염성 질환의 발생률은 주 정부에서 집단 예방 접종을 법으로 명령하는지 여부와는 관계가 없다.

디프테리아가 극히 드물게 발생하며 현대에는 효과가 좋은 항생제 치료법을 사용할 수 있다는 사실, 그리고 의심스러운 백신의 효과와 매년 백신을 접종하는 데 들어가는 몇백만 달러의 비용과 디프테리아나 다른 백신으로 인해 생길 수 있는 유해하고 장기적인 영향 등을 모두 고려하는 관점에서 보면, 디프테리아에 대한 집단 예방 접종을 계속하는 것은 변호의 여지가 없다고 생각한다. 디프테리아 백신에 심각하게 위험한 영향이 있다고 알려진 적이 없다는 사실은 나도 인정한다. 하지만 그것이 위험이 없다는 의미는 아니다. 이 백신이 사용된 지 반세기가 지났지만 백신이 유발할 수 있는 장기적인 영향에 관해서는 어떤 연구도 실시된 적이 없다!

수두

수두는 소아 질환 가운데 내가 가장 좋아하는 것이다. 우선은 상대적으로 무해한 질환이기 때문이고, 둘째로 수두는 백신을 출시한 제약 회사가 없는 몇 안 되는 질병 중 하나이기 때문이다. 하지만 두 번째 이유는 오래가지 못할지도 모르겠다. 이 책을 쓰는 중에도 수두 백신이 곧 나올 것이라는 보고가 있었다.*

수두는 전염성이 있는 바이러스성 감염이며, 아이들에게 매우 흔하다. 처음에는 보통 미열과 두통, 등의 통증, 그리고 식욕 상실 등의 징후가 나타난다.

1~2일 정도 지나면 조그맣고 빨간 반점이 나타나고, 몇 시간 이내에 반점이 커져서 수포로 변한다. 마지막으로 1~2주 안에 벗겨져서 떨어지는 딱지가 생긴다. 이 과정에서 심한 가려움증이 생기기 때문에 염증 부위를 긁지 않도록 아이에게 주의시켜야 한다. 가려움을 덜어주기 위해서 칼라민 로션을 발라주거나 옥수수 전분 목욕을 시켜줄 수 있다.

수두에 걸렸다고 병원에 가야 할 필요는 없다. 환자는 푹 쉬고, 열로 인해 탈수 증상이 생기는 것을 방지할 수 있도록 수분을 많이 섭취해야 한다. 수두의 잠복기는 2~3주로, 발진이 생긴 후 2일째부터 2주 동안 전염될 수 있다. 이 기간에는 다른 사람들에게 병을 옮기지 않도록 아이를 격리해야 한다.

---

* 미국은 1995년부터 유아에게 수두 백신 기본 접종을 시작했으며, 한국에서는 수두 백신이 1988년 도입되었고 2005년부터 국가 필수 예방 접종에 포함되었다. (편집자 주)

성홍열

성홍열 역시 한때는 공포의 대상이었지만 오늘날에는 거의 사라진 질환의 한 예다. 백신이 개발되었더라면 의사들은 의심할 여지 없이 성홍열을 없애야 한다며 접종을 해댔을 것이다. 백신이 없기 때문에 의사들은 페니실린을 믿는다. 항생제가 처음 출현하기 이전에 성홍열이 이미 사라지고 있었다는 사실에도 불구하고 말이다. 다른 질환들과 마찬가지로 성홍열의 발병률이 낮아진 진짜 원인은 아마도 생활 환경이 개선되고 영양 상태가 좋아졌기 때문이라고 생각된다.

성홍열이라는 이름은 이 병에 걸리면 전신이 빨간 반점으로 뒤덮이기 때문에 붙었다. 성홍열은 연쇄상 구균 감염 때문에 생기며, 초기 증상은 구토와 두통, 목 림프절의 부종, 38.3~40.5도에 이르는 고열이다. 보통 2~8살 아이들이 이 병에 걸린다. 뒤따르는 발진은 약 1주일 안에 사라지기 시작한다. 성홍열에 걸릴 가능성도 별로 없지만, 아이가 실제로 걸렸다고 해도 당황할 필요는 없다. 인후염보다 위험할 것이 없기 때문이다. 성홍열은 저절로 사라질 것이다. 하지만 아이를 의사에게 데려가면 실제로는 필요하지 않은 항생제를 처방해 줄 가능성이 높다.

뇌수막염

현대 의료에서 오싹해지는 모순 가운데 하나가, 의사들이 치료가 필요하지 않은 질병은 과도하게 치료하면서도 정작 자기들이 제공해야 하는 모든 기술이 필요한 뇌수막염 같은 병에 대한 진단은 놓쳐버리는 경향이 있다는 사실이다. 뇌수막염은 뇌와 척수를 덮고 있는 막에 염증이 생기는 질환이며, 수막염이라고도 불린다. 목이 뻣뻣해지거나(언제나 그런 것은 아니다) 지속적인 두통, 구토, 발열 등의 증상이 있으며, 유아는 경련을 일으킬 수 있다. 박테리아와 바이러스, 그리고 곰팡이 감염이 이 병을 일으키기도 한다. 박테리아 종 가운데 1가지가 특히 전염력이 강한데, 이 종은 뇌척수액뿐만 아니라 목구멍에서도 발견된다.

뇌수막염은 치료가 가능하지만 조기 진단이 필수적이다. 아이의 행동이 심하게 변했다고 엄마들이 말하는데 의사가 그 의견을 받아들이지 않아서 뇌수막염 진단을 놓치는 일이 종종 있다. 또 아이의 목이 뻣뻣해지지 않았다는 이유로 뇌수막염이 있을 가능성을 심각하게 고려하지 않아서 진단을 놓치는 의사도 많이 있다.

뇌수막염 진단이 제대로 내려지지 않고 적절한 치료를 받지 못할 경우, 지적 장애와 사망이라는 결과가 생길 수 있다. 3~4일 이상 이유 없이 열이 오르면서 무기력해지고, 구토를 하고, **날카**

롭고 새된 소리로 울고, (어쩌면) 목이 뻣뻣한 경우에는 뇌수막염을 의심해 보아야 한다. 이런 증상들 가운데 일부는 독감 때문에 생기기도 한다. 마지막 두 증상, 특히 날카롭고 새된 소리로 우는 증상으로 뇌수막염을 구별할 수 있다. 아이가 이런 증상을 보이면 의사에게 척추 천자 검사 등 적절한 검사를 해달라고 요구하라. 그런 경우 의사가 한두 번의 시도에서 척추관을 발견하지 못하면 그만 됐다고 하고 다른 의사에게 가도록 하라.

항생제는 이 무서운 질환의 사망률을 95퍼센트에서 5퍼센트로 낮췄다. 그렇기 때문에 뇌수막염의 정확한 조기 진단은 생사가 달린 문제다.

결핵

부모는 의사가 아이에게 실시하는 검사에서 올바른 결과가 나올 것이라고 가정할 권리가 있고 실제로 부모 대부분이 그렇게 믿는다. 그러나 여러 의학 검사 절차 가운데서도 투베르쿨린 피부 검사는 분명히 그에 해당하지 않는 경우다. 심지어 회원들이 정기적으로 사용하는 처치에 관해 부정적인 소견을 밝히는 경우가 거의 없는 미국 소아과 학회마저도 이 검사에 비판적인 정책 성명을 냈다.

최근에 실시된 여러 연구 결과는 결핵에 대한 일부 집단검사의 민감성에 의혹을 던지고 있다. 실제로 생물 제제국局에서 구성한 위원단에서는 제조 회사에 각각의 생산분을 양성 환자 50명에게 검사해서, 시판되는 약이 실제 결핵에 걸린 모든 사람을 알아낼 만큼 효능이 있는지 확인하라고 권고하고 있다. 그러나 이런 연구들 가운데 다수는 무작위 이중 맹검법double-blind test으로 실시되지 않았으며, 연구와 동시에 실시한 피부 검사를 포함하는 경우가 많기 때문에 검사 판독이 어렵다.

이 성명서는 "결핵 집단검사는 완벽하지 않다. 그러므로 의사들은 일부 잘못된 음성 반응과 양성 반응이 나올 가능성을 염두에 두어야 한다"고 결론을 짓는다.

요약해서 말하자면 이렇다. 투베르쿨린 검사에서 음성 반응이 나왔어도 당신의 아이는 결핵에 걸렸을 수 있다. 또는 아이가 결핵에 걸렸다는 것을 뜻하는 양성 피부 검사 결과가 나와도 실제로는 걸리지 않았을 수도 있다. 당신의 아이에게 이런 일이 일어난다면 아이가 불필요하고도 위험한 흉부 방사선 검사를 받게 되리라는 것은 거의 확실하다. 그런 다음 의사는 '결핵이 진전되는 것을 막기 위해서' 이소니아지드isoniazid* 같이 위험한 약을

---

* 1차 항결핵제

몇 달 또는 몇 년간 아이에게 먹일 것이다. 심지어 미국 의학 학회에서조차도 의사들이 이소니아지드를 무차별적으로 과다 처방하고 있다고 인정한다. 실로 수치스러운 행위다. 이소니아지드에는 신경계, 소화계, 혈액, 골수, 피부, 그리고 내분비샘에 영향을 미치는 부작용이 아주 많기 때문이다. 또한 간과하지 말아야 할 것은, 좀처럼 없어지지 않는 감염성 질환에 대한 두려움 때문에 당신의 아이가 이웃에서 따돌림을 당할 위험이다.

나는 투베르쿨린 피부 검사 양성 반응이 가져올 수 있는 잠재적인 결과가 결핵 자체로 인한 위협보다 더욱 위험하다고 확신한다. 나는 부모들이 아이가 결핵에 걸린 누군가와 가까이하고 있다는 사실을 구체적으로 알지 않는 한 검사를 거부해야 한다고 믿는다.

영아 돌연사 증후군

어느 날 아침 일어나 보니 침대에 아기가 죽어 있는 것을 발견하게 될지도 모른다는 무서운 가능성은 많은 부모들의 마음속에 잠재되어 있다. 의학에서는 아직도 영아 돌연사 증후군의 원인을 정확하게 규명하지 못했지만, 연구자들 사이에서 가장 그럴 듯하다고 받아들여지는 설명은 중추 신경계가 침범당해서 호흡이라는 불수의 운동이 억제되었을 가능성이다.

논리적인 설명이긴 하다. 하지만 그런 설명으로는 중추 신경계에 기능 부전을 일으킨 것은 무엇인가라는 의문이 여전히 남는다. 의료계에 종사하는 다른 이들도 공감하는 의견인데, 내게는 매년 미국에서만 1만 명의 아이들이 사망하는 영아 돌연사 증후군이 정기적으로 아이들에게 접종되는 예방 백신과 관계가 있지 않을까 의심스럽다. 백일해 백신이 범인이라는 추정이 가장 그럴듯하지만, 1가지 또는 그 이상의 다른 백신이 더 있을 수도 있다.

네바다주립대학 의대의 윌리엄 토치William Torch 박사는 DPT 주사가 영아 돌연사 증후군의 원인일 수 있음을 시사하는 보고서를 내놓았다. 그는 영아 돌연사 증후군으로 죽은 아이들 103명 가운데 3분의 2가 죽기 전 3주 이내에 DPT 백신 예방 접종을 받았다는 사실을 발견했다. 그는 그것이 단순한 우연의 일치가 아니라고 주장하면서 "인과 관계가 연상된다"고 결론지었다. 또한 앞서 언급했던 테네시주의 예방 접종 프로그램과 관련된 기록도 있다. 그 사례의 경우 미국 공중위생국장이 개입한 백신 제조 회사에서는 같이 생산된 백신 중에서 사용되지 않은 것을 모두 회수했다.

더욱 최근인 1983년에는 UCLA 의대의 소아과와 로스앤젤레스 보건국에서 145명의 영아 돌연사 증후군 희생자를 대상으로 한 다른 불안한 연구 결과를 보고했다. 이 145명 중 53명이 죽기 직전에 DPT 백신을 접종받았다. 27명은 접종을 받은 지 28일 안에 죽었고 17명은 DPT 주사를 맞은 지 1주일 이내에 죽었으며 6명은 24시간 이내에 사망했다. 연구자들은 이런 발견이 DPT 주사와 영아 돌연사 증후군 사이에 "있을 법한 연관을 더 깊이 입증한다"고 결론을 내렸다.

영아 돌연사 증후군에 대해서 걱정하는 예비 엄마들은 이 질환과 다른 심각한 질환을 피하기 위해 모유 수유의 중요성을 유념해야 할 것이다. 모유를 먹는 아이들에게는 알레르기, 호흡기 질환, 위염, 저칼슘혈증hypocalcemia*, 비만, 다발성 경화증, 그리고 영아 돌연사 증후군이 덜 일어난다. 영아 돌연사 증후군을 다룬 과학 문헌에 관한 한 연구에서는 "모유 수유는 영아 돌연사 증후군으로 가는 경로를 막아주는 공통의 장애물로 볼 수 있다"는 결론을 내렸다.

---

* 혈액의 칼슘 농도가 지나치게 낮아 일어나는 질환으로 경련과 근육 수축 등의 증상이 있다.

소아마비

1940년대를 살면서 철제 호흡 보조 장치를 단 아이들의 사진을 본 적이 있고, 이 무서운 질환으로 인해 휠체어에 묶여서 다른 사람에게 소아마비를 옮길지도 모른다는 공포 때문에 공중 벤치에 앉는 것이 금지되었던 미국 대통령을 보았던 사람이라면, 그 당시 만연하던 두려움을 잊을 수 없을 것이다. 오늘날 소아마비는 거의 존재하지 않는 병이다. 하지만 그런 두려움 가운데 상당 부분이 현재까지도 지속되고 있으며, 흔히들 소아마비가 없어진 것은 예방 접종 덕분이라고 믿는다. 백신을 홍보한 정력적인 캠페인을 생각하면 그리 놀랄 만한 일은 아니다. 그러나 소아마비가 사라진 것이 백신 덕분이라는, 과학적으로 믿을 만한 증거는 어디에도 없다. 앞서 말한 것처럼 소아마비 역시 백신이 이렇게 보편적으로 사용되지 않은 다른 곳들에서도 사라졌다.

지금 이 세대의 부모들이 중요하게 알아두어야 할 사실은 현재 존재하는 소아마비 사례의 대부분이 소아마비를 예방하기 위해 집단으로 실시하는 접종 때문임을 뒷받침하는 증거가 존재한다는 것이다. 소아마비의 사백신killed virus을 개발한 조너스 소크 박사는 1977년 9월 다른 과학자들과 함께 그 사실을 증언했다. 그는 1970년대 초반부터 미국에서 발병한, 얼마 되지 않는 소아마비 사례의 대부분이 미국에서 표준으로 사용되는 소아마비 생백신의 부산물이라고 말했다. 핀란드와 스웨덴에서는 10년 이상 소아마비가 발생하지 않았는데, 그 국가들에서는 거의 사백신만 이용하고 있다.*

한편, 면역학자들 사이에서는 사백신 대 생백신의 상대적인 위험에 관해서도 논쟁이 진행 중이다. 사백신을 지지하는 사람들은 때때로 소아마비가 나타나는 원인은 백신에 살아 있는 바이러스가 존재하기 때문이라고 주장한다. 생백신을 지지하는 사람들은 사백신은 적절한 보호력을 제공하지 못하며 백신 접종을 받은 사람들에게 실질적으로 그 병에 걸릴 가능성을 높인다고 주장한다.

이번 경우는 내가 기분 좋게 중립을 지킬 수 있는 몇 안 되는 기회다. 나는 두 주장이 모두 맞기 때문에 어떤 종류든 백신을 접종하면 아이가 소아마비에 걸릴 가능성이 없어지는 것이 아니라 오히려 늘어난다고 믿는다. 요약해서 말하자면, 당신의 아이가 소아마비에 걸리지 않도록 보호하는 가장 효과적인 방법은 백신을 절대로 접종받지 않도록 하는 것으로 보인다!

---

* 백신은 병원균이 살아 있는지 죽어 있는지에 따라 사백신과 생백신으로 분류된다. 사백신의 경우 살아 있는 균이나 바이러스가 없기 때문에 안정성이 높다는 것이 장점이지만 가격이 비싸고 면역 형성력이 약하다. 생백신은 사백신에 비해 가격이 싸고 면역 기간이 상대적으로 길지만 드물게 백신이 돌연변이를 일으켜 오히려 병을 유발하는 경우도 있다.

전염성 백혈구 증가증

전염성 백혈구 증가증의 증상은 일반적인 감기나 독감과 비슷하다. 그렇기 때문에 이 병이 조기에 의심되거나 진단을 받게 될 가능성은 그다지 높지 않다. 전염성 백혈구 증가증에 걸리는 사람은 보통 아이나 청소년이다. 아이가 이 병에 걸리면 열이 오르고 분비샘들이 부어오르며, 인후염, 쇠약, 피로 등의 증상을 보인다. 병이 진행됨에 따라서 복통, 구역질, 두통, 가슴 통증, 기침, 그리고 몇 가지 덜 흔한 증상이 함께 나타나기도 한다.

아이가 이런 증상을 보이는데 일반적인 감기 기간 이상으로 오래 지속된다면, 병원에 가보아야 한다. 백혈구 증가증이 의심스러우면 의사는 혈액 검사를 지시할 것이다. 혈액 검사 결과가 항상 정확하지는 않지만, 보통은 그 검사를 통해 백혈구 증가증을 확인할 수 있다. 전염성 백혈구 증가증은 보통 1주일에서 3주일 이내에 자연히 소멸되나 심한 경우에는 몇 주일이나 몇 달도 끌 수 있다.

백혈구 증가증이 초기에 감기 같은 다른 질환과 구별되지 않는다는 사실 때문에 마음을 졸일 필요는 없다. 이 병에는 특별한 약물 치료법이 없기 때문이다. 어떤 경우든 당신이 아이에게 언제나 해줄 수 있는 것, 즉 충분한 휴식과 수분 섭취가 바로 적절한 치료법이다. 백혈구 증가증에 프레드니손 같은 부신 스테로이드를 처방하는 의사도 있지만 나는 극도로 심각한 경우가 아니라면 그런 약물은 지양해야 한다고 생각한다. 17장에서 설명했던 것처럼 스테로이드 호르몬에는 심각한 부작용이 따르기 때문이다.

20

병원에서
병에 걸린다

병원에서 아이가 접하는 질병과
정서적인 상처

　이 책을 쓰는 동안 내내 나는 당신에게 병원 치료가 필요한 질환을 파악하는 데 도움을 주고, 치료되는 질병 그 자체보다 더욱 위험할 수도 있는 치료법에 대해 경각심을 일깨우고자 했다. 마지막으로 충고 한마디를 덧붙여야겠다. **아이의 상태가 너무 심해서 생명이 위험하지 않은 한 병원에 입원하도록 허락해서는 안 된다.**

　소아 질환들은 상대적으로 입원이 필요한 경우가 적지만, 많은 아이가 단순히 의사의 편의(와 아마도 더 큰 이윤)를 위해 불필요하게 병원에 입원한다. 대부분의 질병과 사고로 인한 부상은 입원하지 않아도 응급실과 의사의 진료실, 그리고 외래 환자 클리닉에 입원했을 때만큼이나 효과적으로 치료할 수 있다. 그리고 대개 아이는 집에서 더 안전하고 나은 보살핌을 받을 수 있게 마련이다.

의학적인 치료를 구하는 사람, 특히 그 결과로 입원한 환자에게 생기는 특이하고 중요한 질병이 2가지 있다. 어쩌면 당신은 그중 하나도 들어본 적이 없을지도 모르겠다. 의사들이 환자 앞에서는 그 이름을 거의 사용하지 않기 때문이다. 왜일까? 왜냐하면 의원성이라는 말은 의사의 부주의로 인해 생기는 병이나 부상에 적용하는 용어이고, 병원성이라는 말은 환자들이 병원에서 얻게 되는 감염을 설명하는 용어이기 때문이다. 아이의 입원을 허용할 경우 2가지 모두 아이에게는 심각한 위험이 된다.

해마다 병원에 오는 미국인 가운데 200만 명이 한 질병을 치료하러 왔다가 다른 질병에 걸리는 결과를 얻는다. 병원에서 걸리는 질병 때문에 사망하는 수는 그중 2만 명 정도에 달한다. 병원성 감염 질환에 걸리는 숫자는 전체 병원 환자의 5퍼센트에 맞먹는다. 달리 표현하자면 당신의 아이가 어떤 질병에 걸려서 병원에 갔을 때 퇴원하기 전에 다른 병에 걸릴 확률이 20분의 1이라는 것이다. 게다가 퇴원하기도 전에 병원에서 걸린 질환 때문에 죽게 될 가능성이 실제로 존재한다. 아이가 생명이 위험한 상황 때문에 입원했다면 그런 위험도 받아들일 수 있을 것이다. 그러나 입원이 필수적인 상황이 아니라면 최대한 기피해야 할 위험임이 분명하다.

부모들이 읽는 매체에서는 이런 위험이 거의 다루어지지 않지만, 의사들은 자기들의 의학 잡지에 실린 보고서를 통해서 잘 알고 있다. 1978년《미국 의학 학회 저널》에 그런 보고서 하나가 실린 적이 있는데, 병원성 감염으로 인한 비용과 사망률에 대해서 다음과 같이 언급하고 있다.

병원성 균혈증(박테리아성 혈액 감염)으로 인한 과다 병원비와 사망률을 확인하기 위해서, 병원성 균혈증에 걸린 병원 환자와 같은 조건의 걸리지 않은 환자 대조군을 이용했다. 병원성 균혈증에 걸린 환자들의 사망률은 동일한 초기 진단을 받았던 동수의 대조군과 비교했을 때 14배 높았다. 균혈증 환자와 대조군 81쌍을 토대로 비용을 항목별로 분석해 본 결과, 병원성 균혈증에 걸린 환자들은 직접적인 병원 비용으로만 평균 약 3600달러를 더 지출하는 것으로 밝혀졌다.

병원에서 얻는 감염으로 인해 환자들은 평균적으로 14일 더 입원하게 된다. 오늘날 하루가 다르게 치솟는 병원비를 생각하면 그 3600달러가 어쩌면 2배나 3배로 뛰어올랐을지도 모르겠다.

병원에서 걸리는 호흡기 질환

병원 소아과 분야에서 6년 전에 실시한 한 연구에서는 **아이들이 병원에 있는 동안 호흡기 질환에 걸리는 비율이 6명 중에 1명꼴**인 것으로 드러났다. 또한 입원한 아이들 사이에 전염병이 유행하는 사례도 셀 수 없이 많다. 예를 들면 1979년에는 플로리다주의 한 병원 신생아실에서 뇌수막염이 발생해서, 2명이 죽고 3명이 영구적인 마비나 두뇌 손상을 입었다. 플로리다의 사례나 대부분의 다른 전염병 사례를 추적한 결과, 병이 발생한 원인은 **의료 관계자가 손을 씻지 않았기 때문**이었다!

헝가리 의사인 이그나즈 제멜바이스Ignaz Semmelweis가 산모들이 '산욕열'에 감염되어 죽는 이유가 의대 학생들이 손을 씻지 않았기 때문이라는 사실을 발견한 지 1세기가 넘게 흘렀다. 동료 의사들은 거의 제멜바이스의 발견을 받아들이지 않았고, 그는 세상에서 잊혔다가 마침내 요양원에서 숨을 거두었다. 그가 죽은 것은 어쩌면 병원에서 옮겨온 감염 때문이었을지도 모르겠다. 그런데 지금까지도 제멜바이스의 주장을 받아들이지 못한 사람들이 많은 것을 보면 의료 종사자들은 배우는 게 참 더딘 모양이다.

1981년 개인 병원과 의대 계열의 수련 병원에 있는 중환자실을 대상으로 2개월 넘게 연구가 실시되었다. 연구자들은 의사와 간호사, 다른 종사자들의 손 씻는 습관을 관찰했다. 새로운 환자를 진료할 때마다 손을 씻는 의료 종사자들의 비율은 대학 병원의 경우 겨우 41퍼센트였고, 개인 병원에서는 28퍼센트에 불과했다. 이 규칙을 가장 심하게 위반한 것은 바로 의사였다. 손을 씻는 의사는 대학 병원에서 28퍼센트, 그리고 개인 병원에서 14퍼센트밖에 되지 않았다.

이 사실을 강조하는 이유는 대부분의 사람이 갖고 있는, 병원은 위생적인 장소고 실질적으로 살균이 된, 아이를 위한 피신처라는 막연한 믿음에서 당신이 깨어나기를 바라기 때문이다. 실상은 여러 연구 결과가 보여주듯이 병원 관계자들의 위생 실천은 때때로 혐오스러울 정도고, 아마도 당신이 사는 지역에서 가장 병균이 우글우글한 곳이 병원일 것이다. 피할 수 없다면 적어도 알고는 있어야 한다. 그리고 아이를 위해서 적절하고 위생적인 예방 조치를 요구해야 한다.

병원에는 또한 의원성 질환의 위협도 상존한다. 의료 과실 소송에 관한 정당하지 못한 두려움과 여태까지 받아온 훈련과 본능에 몰린 의사들은 진단과 치료의 가치가 애매할 때조차도 자기들이 동원할 수 있는 모든 의료 기술을 사용하기 때문이다. 의사가 하는 모든 행위는 아이에게 위험을 더한다. 의사가 아이에게 주사를 찌를 때마다 감염 미생물이 몸 안으로 침투할 수 있는 새로운 경로가 열린다. 의사가 처방하는 모든 약은 유해한 부작용을 낳는다. 의사가 지시하는 모든 엑스레이 촬영은 나중에 아이에게 방사선이 유발하는 손상을 입힐 가능성을 지니고 있다.

병원에서 걸리는 의원성 질환은 1가지 문제만을 낳는 것이 아니라는 연구 결과가 셀 수 없이 많다. 그런 연구 가운데 하나는 대학 병원에서 일반 의료 서비스를 받은 환자 815명을 대상으로 실시되었다. 환자 중에서 3분의 1 이상(36퍼센트)이 의사가 그들에게 실시한 처치로 인해 생긴 병증을 가지고 있었다. 환자 총 165명이 의사 때문에 생긴 병을 1가지 가지고 있었고, 2가지에서 일곱 가지나 되는 사람들도 125명이나 되었다. 그 증상에는 심장과 폐 합병증, 감염이나 염증, 소화기 문제, 신경계 손상, 알레르기 반응, 출혈, 그리고 신진대사 합병증 등이 있었다.

적어도 20년 동안이나 다른 연구들에서도 유사한 결과가 보고되어 왔다. 대학 병원에 입원한 환자 1천 명을 대상으로 8개월에 걸쳐 실시된 1963년 연구에서는, 입원 기간에 전체 대상의 20퍼센트가 의원성 질환에 걸렸다는 사실이 밝혀졌다. 그들 가운데 51퍼센트에서는 약물 복용 때문에 합병증이 생겼고, 24퍼센트는 진단 절차, 또는 치료 처치로 인한 영향이었다. 원래 있었던 합병증과 간호 실수, 그리고 불행한 수술 결과와 관련된 질환은 이 연구에서 배제되었다. 그것까지 포함했더라면 놀라 자빠질 만한 수치였을 것이다.

입원 때문에 받는 정서적인 충격

어린아이들의 입원에 따르는 해악은 신체적인 위험뿐만이 아닙니다. 정신적인 영향이나 감정적인 영향도 그에 못지않을 정도로 손상을 입히는 결과를 낳을 수 있다. 어린아이들에게는 얼마 동안이 되었든 엄마와 가족과 떨어져 있어야 한다는 것만으로도 상처가 남는 경험을 하게 된다. 가족과의 분리가 병원이라는 무서운 분위기를 가진 배경과 합쳐지면 아이 대부분에게 입원은 끔찍한 일이 된다.

그런 경험으로 인한 감정적이고 정신적인 상해를 모든 아이가 금방 털어버릴 수 있는 것은 아니다. 1979년 11월, 미국 소아과 학회 저널인 《소아과학》에서 언급되었던 것처럼 오랫동안 영향이 남아 있을 가능성도 상당하다.

아주 어린 아이가 입원해야만 할 때에는 그 경험으로 인해 해로운 영향을 받을 수 있다. 여러 건의 연구에서 행동 장애, 퇴행 발달, 회복 지연, 그리고 그와 유사한 종류의 영향을 미친다는 것이 증명되었다. 영국에서 실시된 연구 2건에서는 5살 이전에 1주일 이상 병원에 입원하거나 짧은 기간의 입원을 반복하는 것이 10살 무렵과 사춘기로 넘어갈 때 행동 장애의 발생 비율 상승과 관계가 있다는 충격적인 증거를 제시한다.

이 장에서 나는 입원을 허락할 경우 아이가 직면하게 될 위험에 관해 당신의 경각심을 일깨우고자 했다. 그 외에도 당신은 아이의 소아과 의사가 입원을 권한다면 어떻게 대처해야 할지 알아두어야 한다. 그런 때가 오면 어떻게 해야 할까?

우선, 진료실이나 외래 환자 시설, 또는 가정에서는 할 수 없는 어떤 치료를 계획하고 있는지 당신이 납득할 수 있게 설명해달라고 요청하라. 24시간 끊임없이 정밀한 의학적인 감시를 필요로 하는, 생명이 위험한 상황을 제외하면 외래 환자 시설에서 하지 못할 진단 절차는 거의 없으며 충분한 지식과 정보를 가진 부모가 집에서 다루지 못할 질환도 거의 없다.

둘째로, 입원이 수술 때문이라면 그 수술이 정말로 필요한지, 그리고 외래 환자 시설에서 수술하고 집에서 사후 조리를 할 수는 없는지 확인하라. 앞서 다른 장들에서 이야기한 것처럼 아이들에게 하는 수술 대부분은 불필요하고, 언급한 수술 대부분은 아이를 입원시키지 않고도 안전하고 적절하게 실시할 수 있다. 왜 1가지 질환 때문에 아이를 입원시켜서 다른 질병에 걸리게 할 위험을 무릅쓰는가?

셋째, 만약 입원이 불가피하다면 단 1시간이라도 아이가 홀로 있게 하지 말라. 당신이 같이 있을 수 없다면, 아이에게 친숙하고 관심을 가진 사람이 가까이에 있게 하라. 아이가 받게 될 치료와 투약에 관한 정보에 정통해져서 의료 관계자들이 혹시 실수를 저지르지는 않는지 매처럼 날카롭게 지켜보라. 그들도 사람이기 때문에 오류를 저지를 수 있으며 가끔은 아이를 괴롭힐 수도 있다. 닥칠지도 모르는 위험에서 아이를 보호하는 임무는 당신에게 달려 있다. 의사들이나 간호사들에게 주눅 들지 말라. 아이가 받는 치료와 투약에 대한 정보를 요구하고 위험과 부작용에 대해 질문하라. 위생적으로 치료하는지 주의를 기울이고 의사에게 아이를 가능한 한 빨리 퇴원시켜달라고 지속적으로 요청하라.

  병원 관계자들에게 성가신 방해꾼이라고 여겨지는 것에 대해서 걱정하지 말라. 덕분에 그들이 당신과 아이를 집에 보내버리고 싶어 안달이 나게 된다면 그것도 유익한 반응이다!

21

내 아이를 위한 훌륭한 의사 고르기

유능하고 양심적인 병원을 구별하는 기준

이제 불필요하거나 부적절한 병원 치료를 받을 경우 아이가 직면하게 되는 해악에 대해 알게 되었으니, 아마도 당신은 어떻게 하면 양심적인 의사를 찾아서 위험을 최소화할 수 있는지 궁금할 것이다. 아이에게 치료가 필요하면 적절하게 치료를 해주고 그렇지 않을 경우 솔직하게 말해줄 의사를 어떻게 알아낼 수 있을까?

그것은 그리 쉬운 일이 아니다. 의사들이 원래 비윤리적이거나 무능하기 때문이라기보다는 그들이 교육받고 일하는 시스템 때문이다. 내가 앞서 언급했던 것들을 요약하자면 다음과 같은 사항을 반드시 염두에 두어야 한다.

1. 의사들은 자기들이 훈련받은 대로 행동한다. 아이들이 걸리는 질환

대부분은 몸이 가지고 있는 고유의 자연 방어 시스템으로 치유되지만, 소아과 의사들은 자연에게 시간을 주도록 훈련받지 않는다. 그들은 개입하도록 훈련받았다. 그리고 모든 개입은 아이에게 닥치는 위험을 수반한다.

2. '부서지지 않은 것은 고치지 않는' 양심적인 기술자들과는 달리, 대부분의 의사는 병원에 아이를 데려온 부모에게 당신의 아이에게는 의학적인 치료가 필요하지 않다고 말한다면 진찰비를 정당화하기가 곤란하다. 그들은 자기들이 멋대로 감지한 부모의 기대에 부응해서 필요하지 않은 약이나 정확한 결과가 나오지 않는 검사를 처방하고, 그럼으로써 아이는 거의 모든 약과 많은 진단 절차를 동반한 위험을 맞닥뜨리게 된다.

3. 이 책에서는 거의 주의를 기울이지 않았지만, 의사들은 재정을 확보할 필요가 있다. 특히 이제 막 일을 시작한 의사들은 다른 직종에 종사하는 사람들보다 부담이 큰 상태다. 의사들은 대부분 엄청난 의대 교육 비용과 병원을 차리는 데 들어간 비용 때문에, 빚이라는 무거운 부담을 지고 경력을 시작한다. 그들은 처음부터 병원을 유지하는 데 들어가는 큰 비용을 지탱해야 한다. 그러니 의사들에게는 아이에게 필요하지 않은 서비스를 제공해 수입을 늘리려는 강력한, 일부 경우 저항할 수 없는 동기가 있다.

4. 이러한 재정적 동기는 의사들 사이에서 경쟁이 증가하는 현상과 결합한다. 의사들은 매년 의대에서 기록적인 숫자로 쏟아져 나온다. 그들 대부분이 진료하고 싶어 하는 지역에서는 이제 의사의 수요와 공급이 맞지 않는다. 관계 의료 당국에서는 1990년까지 소아과 의사 7500명이 잉여로 배출될 것이라고 예상한다. 환자 수가 점차 감소함에도 불구하고 수입을 유지하려면 의사는 지금 있는 각 환자에 제공하는 서비스 숫자를 늘리는 수밖에 없다. 이런 동기는 앞으로 계속, 더욱 강화될 것이다.

이는 내가 가장 자주 질문을 받는 문제를 끌어낸다.
"아이를 걱정하는 부모로서, 우리 아이를 효과적으로 치료하면서도 과다 치료하지 않는 양심적인 의사는 어떻게 골라야 할까요?"

딱 들어맞는 안성맞춤의 답변이 존재하지 않는 난처한 질문이다. 의사를 찾는 사람들에게 해줄 수 있는 무난한 조언은 지역 의료 단체에 문의하라는 것이다. 그들은 당신 집 근처 소아과 의사 목록을 건네줄 것이다. 하지만 그것만으로는 그들이 제값을 하는 의사인지 알 길이 없다. 미국 의학 학회에서는 회원의 실력을 측정하지 않기 때문이다. 그런 목록을 작성하는 정도는 전화번호부를 손가락으로 넘기는 것만으로도 할 수 있다.

나는 당신의 친구들에게 그들이 이용한 적이 있는 의사들이나 집단 진료 병원에 대해 묻는 것으로 조사를 시작하라고 제안하고 싶다. 친구 다수가 가는 병원을 고르라. 그렇다고 해서 과잉 의료 행위를 하지 않는 유능하고 친절한 의사를 만난다는 보장은 없지만 적어도 가능성은 높여줄 것이다.

일단 의사를 고른 다음에는, 그가 아이와 함께 있는 동안 이 책에서 읽은 내용을 염두에 두고 그의 행동을 주의 깊게 관찰하도록 한다. 선택한 의사가 당신에게 맞는 사람인지 확인하기 위해 지켜보아야 할 사항 몇 가지는 다음과 같다.

- 처음으로 방문했을 때 의사가 충분히 시간을 들여 아이의 과거 병력을 완전하게 청취하고 철저하게 검진하는가?
- 이번과 그다음 방문에서 의사가 아이의 신체적인 상태와 감정적인 상태에 대한 당신의 관찰 내용을 이끌어 내려 하는가? 그것이야말로 유능한 의사들이 경시하지 않는 필수 불가결한 부분이다.
- 의사가 질문을 던진 다음 당신이 말하는 것에 귀를 기울이는가? 그렇지 않은 의사도 많다.
- 의사가 당신의 질문에 기꺼이, 친절하게, 철저하게 대답하는가? 아니면 질문을 무시하고 당신의 입을 다물게 하는가?
- 의사가 아이에게 따뜻하게 말을 건네고 곧 아이의 신뢰와 호의를 받게 되는가?

* 의사가 항상 처방전을 건네주는가? 아니면 아이에게 어떤 치료도 필요하지 않다는 것을 알 때는 그것을 인정할 만큼 솔직한가?
* 자신이 처방하는 약물과 예방 접종의 부작용과 해악을 철저하게 설명해 주는가?
* 당신의 방문을 형식적인 약 장사 행위로 치부하는가? 아니면 진짜 관심을 보이고 아이의 건강을 유지하는 방법에 대해 조언을 해주는가?
* 당신이 질문을 던졌을 때 "잘 모르겠습니다만"이라고 말할 수 있을 만큼 정직한가?
* 응급 상황이 생겨서 당신이 전화해야만 했을 때 즉각적으로 반응하는가?

맨 처음의 시도로 당신에게 맞는 훌륭한 의사를 찾을 수 있었다면 행운이라고 여겨야 할 것이다. 처음으로 방문한 의사가 앞의 기준에 하나라도 미달하거든 당신의 생각을 그에게 전하라. 그가 훌륭한 의사라면 당신의 솔직함을 존중하고 당신의 필요를 충족하주기 위해 노력할 것이다. 그렇지 않다면 다른 의사를 찾아 다시 시도해 보라. 훌륭한 의사를 발견하기 전에는 디오게네스처럼 좌절하게 될 수도 있다. 그러나 당신의 아이에게는 최고로 유능한 의학적 도움을 확보하는 데 필요한 어떤 노력도 들일 가치가 있다.

그래도 아이의 건강을 지키는 데 1차적인 장본인은 의사가 아니라 바로 당신임을 유념해야 한다. 훌륭한 의사는 아이가 심하게 아플 때 도움이 되어줄 것이다. 하지만 당신은 아이가 잘 지내도록 만들 수 있고, 또 그렇게 해야 할 책임이 있다.

옮긴이의 말

지금 11살인 큰조카 녀석은 활동적이다. 어느 정도였냐 하면 초등학교 1학년 때 조카의 담임 선생님이 오빠 부부에게 조카가 과다 행동 장애나 주의력 결핍 장애가 있는 것 같다며, 전문 기관에서 진찰을 받아보고 특수 교육을 시키는 것이 어떻겠냐고 권한 적도 있을 정도다. 솔직히 고백하면 나로서도 가끔 그런 의심이 들 만큼 조카는 '지나치게' 극성맞았다. 담임 선생님으로서는 수업 시간에 가만히 있지 않는다거나 친구들과 사이좋게 지내지 못하고 툭탁거리는 조카가 부담스럽기도 했을 것이다.

다행스럽게도 지금 조카는 학교에 잘 적응해서 다니고 있지만, 가끔 그때 그 담임 선생님의 충고를 받아들여서 특수 교육을 받게 했다면 어땠을까 생각해 보면 안도의 한숨만 나올 뿐이다(물론 특수 교육과 전문적인 도움이 필요한 아이들이 있고, 적절한 교육이 실제로 그런 아이들의 상태를 개선하는 데 도움이 된다는 것을 반박하려는 것이 아니다). 사실 부모인 오빠로서야 정말로 심각한 문제였겠지만, 나로서는 당시 오빠의 이야기를 들었을 때 그다지 깊게 생각하지 않았다.

이 책을 번역하면서 나는 그때 이야기를 진지하게 돌이켜보지 않을 수 없었다. 만일 그때 진찰을 받았다면 어떤 결과가 나왔을까? 멘델존 박사가 책 중간에 제시한 몇 가지 기준에 따르면 신체적으로 활동적이고 가만히 앉아 있지 못하며 지시에 잘 따르지 않았던 내 조카는 심각한 '과다 행동 장애' 환자였다. 진정제 약물을 처방받거나 특수 교육 기관에 맡겼다면 어떻게 되었을까? 다행히도 지금은 상상만이 가능하지만, 아마도 지금과는 사뭇 다른 모습이 되지 않았을까? 생각만으로도 몸이 오싹해진다.

저자인 로버트 멘델존 박사는 1951년 시카고 의대에서 학위를 받은 후 여러 의대에서 교수로 학생들을 가르치고, 일리노이주 의료면허위원회 위원장까지 역임했지만 스스로를 '의학의 이단자'로 여겼다. 그는 "질병에 대한 현대 의학의 치료가 효과가 있는 경우는 좀처럼 없으며, 그 치료는 치료하고자 하는 질병 자체보다 위험한 경우가 종종 있다"는 관점을 고수했으며, 수돗물 불소 첨가, 예방 접종, 유방암 집단검진 등에 반대하는 관점을 보였다. 전작인 《나는 현대 의학을 믿지 않는다》와 《여자들이 의사에게 어떻게 속고 있나》는 이미 문예출판사에서 우리나라에 소개한 바 있다.

  이 책은 거의 30년을 소아과 전문의로 일해온 저자가 감기와 독감, 알레르기, 소아 질환들, 시각과 청각 문제, 그리고 여타 응급 사고에 대처하고 집에서 부모들이 할 수 있는 치료법을 알기 쉽게 다루고 있다. 반드시 의사의 도움이 필요하고 병원에 가야 할 때도 있다. 하지만 멘델존 박사는 소아 질환의 경우 95퍼센트 정도는 일부러 병원에 가야 할 필요가 없다고 주장한다. 의사와 똑같은 정도로, 아니 더욱 세심하게 부모가 아이를 돌볼 수 있다는 것이다. 그는 모유 수유와 식품회사에서 가공하지 않은 천연 먹을거리로 엄마가 아이들에게 직접 음식을 준비하는 것이 아이에게 해줄 수 있는 미래를 위한 최선의 준비라고 말한다.

  사실 이 책의 내용을 그대로 따르기는 어려울지도 모른다. 나 자신의 건강 문제라면 모르지만 아이의 건강과 안녕이 내 선택에 달려 있다고 생각하면 그 선택은 더욱 어려워진다. 하지만 최소한 알고는 있어야 한다. 책에서 멘델존 박사가 가장 중점을 두고 있는 부분은 특히 예방 접종에 대한 장이다. 아마 대부분의 아이에게는 별다른 부작용이 나타나지 않을지 모른다. 그렇지만 분명한 것은 확률이 1퍼센트가 되었든, 혹은 0.001퍼센트가 되었든 내 아이에게 부작용이 일어날 가능성이 있다면 아무리 작은 수치라도 무시하기는 어렵다는 사실이다. 게다가 그것이 이미 사라진 질병의 '예방 접종' 때문에 생긴다면 부모는 도대체 누구에게 하소연해야 하는 걸까? 어쩌면 그런 일이 생겨도 원인이 무엇인지조차 모른다면? 아무도 알려주지 않는다면 우리가 직접 찾아 나설 수밖에 없다.

다시 한번 말하지만, 멘델존 박사는 절대로 병원에 가지 말라고 말하는 것이 아니다. 단지, 부모가 현명한 판단을 내려 꼭 필요한 경우에만 아이를 병원에 데려가라는 말이다. 그렇지 않은 경우라면 병균이 득실대고 무분별한 처치와 항생제가 난무하는 병원보다는 부모가 사랑으로 아이를 돌보는 것이 아이에게도 훨씬 유익하지 않을까? 그렇다면 어떻게 그런 판단을 내릴 수 있을까? 멘델존 박사는 책에서 병원에 가야 할 때를 판단하는 법을 친절하게 알려준다.

이 책이 미국에서 처음 나온 것은 20여 년 전이다. 하루가 다르게 변하는 의료계를 보면 분명히 오래된 책이라고 할 만하다. 하지만 책의 내용이 아직도 유효하다는 현실이 더욱 안타깝다. 아니, 우리나라에서 20년 전에 이런 책이 나왔더라면 오히려 거의 관심을 못 끌지 않았을까 싶다. 아이를 키우면서 가끔 지나가는 듯이 나오는 예방 접종이라든지, 알레르기, 천식 등등에 관련된 건강 뉴스에 관심을 기울였던 부모라면 책의 내용이 하나도 생소하지 않다는 사실에 놀랄지도 모른다.

내년 봄에 태어날 아가를 기다리고 있는 친구에게 꼭 1권 선물하고 싶은 책이다.

참고 도서

3장

'아기 정기 건강 검진'의 단점은 로체스터 대학교 소아과의 로버트 호이켈먼Robert A. Hoekelman 박사의 논평집과 그가 인용한《소아과학》1980년 12월호에서 논의했다.

4장

임신 중 영양 부족이 초래할 수 있는 해악에 대해서 더 알고 싶다면 1977년 랜덤 하우스에서 출판된 게일 브루어Gail Brewer와 톰 브루어Tom Brewer 박사의《모든 임신한 여성이 알아야만 하는 것: 음식과 임신에 대한 진실What Every Pregnant Woman Should Know:The Truth About Diets and Pregnancy》을 참고하도록 하라.

루이스 멜Lewis Mehl 박사의 '미국 내 가정 출산의 통계적 결과'에 대한 연구는 1976년에 출간된 데이비드 스튜어트David Stewart 박사의《안전한 대안적 출산Safe Alternatives in Childbirth》에서 찾아볼 수 있다.

진단 초음파의 안전과 효용에 대한 우려는 1982년 세계보건기구가 제네바에서 출간한 환경 보건 표준 보고서 22호 〈초음파〉에서 제기된 것이다. 또한 1983년 8월 2일 필립 보피Phillip M. Boffey가 〈뉴욕 타임스〉에 기고한 〈안전한 형태의 방사능이 새로운 걱정을 자아내고 있다〉라는 기사를 참고하라.

질산은 처치를 받은 유아에게 생기는 화학적 결막염은 머크, 샤프 & 돔 사가 출판한 《머크 매뉴얼Merck Manual》 14판에서 논의했다.

빌리루빈 램프에 노출된 유아에게 생길 수 있는 해악과 부작용은 메릴랜드주 베데스다에 있는 국립 소아 보건 인간 발달 연구소 National Institute of Child Health and Human Development의 과학 담당 국장 제임스 시드버리James Sidbury 박사가 1979년에 보고한 것이다. 또한 시드니 겔리스Sydney S. Gellis 박사가 편집한 《소아과학 연감Yearbook of Pediatrics》 1977년 판과 1978년 판에서도 논의되고 있다.

신생아를 헥사클로로펜으로 목욕시키는 짓의 어리석음은 미국 의학 학회의 피부 건강과 성형 위원회 의장인 카노프N. M. Kanof 박사에 의해 1972년 《미국 의학 학회 저널》 220호 409쪽에서 밝혀졌다. "정상적으로 태어난 신생아 피부 표면에 항박테리아 물질을 적용할 필요는 없는 것으로 보인다. 신생아실의 오염은 분만실과 설비와 종사자들(감염원)에게 항박테리아 물질을 사용함으로써 억제할 수 있다." **집에서 아기를 낳아야 할 또 다른 이유인 셈이다!**

반 둠J. M. Van Doorm 박사와 뮬러A. D. Muller 박사, 그리고 헴커H. C. Hemker 박사는 《랜싯The Lancet》 1977년 4월 17일자에서 신생아에 대한 비타민 K 투여의 효용을 평가 절하했다. "기존의 생각과는 달리 우리는 건강한 아기가 비타민 K 결핍증에 걸릴 가능성은 매우 낮다는 결론을 내렸다……. 신생아에게 비타민 K를 투여해야 할 이유를 발견하지 못했다……."

병원 신생아실에서 모유 수유에 조제분유를 보충 수유하는 행위의 부정적인 영향은 《소아과학 교과서Textbook of Pediatrics》 7판 117쪽에서 왈도 넬슨Waldo Nelson 박사가 설명하고 있다. "일상적인 체중 증가를 지나치게 강조하고 있다. 그릇된 이 목표를 따라잡기 위해 초기에 우유를 보충 수유한다면 모유 수유를 성공적으로 하려는 노력은 실패할 운명에 처하게 된다. 아기들에게는 보통 모유를 먹는 것보다는 병에 든 우유를 먹는 것이 더 쉽기 때문이다."

태어난 직후 엄마와 피부 접촉을 하는 것이 신생아를 복사 보온기에 넣는 것만큼, 또는 그 이상으로 효과적임을 보여주는 연구 결과가 많다. 힐Hill과 쉬롱크Shronk가 1979년 《산과학 저널Journal of Obstetrics》 9~10월호에 기고한 내용과 파딕J. Fardig이 1980년 《간호사/산파술 저널Journal of Nurse/Midwifery》 1~2월호에 기고한 〈신생아의 체온 조절을 활성화시키는 데에 있어서 피부 대 피부 접촉과 복사 보온기의 비교〉도 그 가운데 하나다.

5장

런던에 있는 퀸 엘리자베스 병원의 영양학자인 도널드 나이스미스Donald Naismith 박사와 존스 홉킨스 의대의 데이비드 페이지David M. Paige 박사를 비롯한 많은 이들이 유아 비만과 분유 수유의 관계에 주목했다. 유소아 비만과 성인 비만의 관계 역시 존스 홉킨스 학부에서 제출한 "비만 최신 정보"에서 시메온 마골리스Simeon Margolies 박사가 완전하게 다루고 광범위하게 기록했다.

임신 중 최적의 체중 증가와 그것이 모유 생산 능력에 미치는 영향에 대한 데이터는 밴더빌트 대학교의 조지 맨George V. Mann 박사가

1974년 《뉴잉글랜드 의학 저널New England Journal of Medicine》에서 논한 것이다.

병원에서 영양실조가 발생하는 것에 대해서는 여러 의학 잡지에서 널리 보고되어 왔다. 여기에서는 뉴욕주 파 로커웨이에 있는 페닌술라 병원 센터 소아과장인 마크 라이프맨Mark Raifman 박사가 보고한 연구와 일리노이주립대학의 의료 영양학 조교수인 메리 프라이스 모이샌드Mary Price-Moissand가 미국 공중 보건 협회의 연례 회의에서 보고한 연구 내용을 인용했다.

7장

발열성 경련 발작에 대해 더 심도 있는 정보를 알고 싶다면 버튼 슈미트Barton D. Schmitt 박사가 《미국 소아 질환 저널American Journal of Diseases of Children》 1980년 2월호에 기고한 기사와 《소아과학》 1978년 5월호에 캐런 넬슨Karin B. Nelson과 조너스 엘렌버그Jonas H. Ellenberg가 기고한 〈발열성 발작이 일어난 아이들의 예후〉를 참고하라.

발열성 발작을 피하기 위한 장기적인 약물 요법이 초래할 수 있는 결과에 대해서는 새뮤얼 리빙스턴Sammuel Livingston 박사 등이 1979년 4월 《소아과학 연보Pediatric Annals》에 게재한 〈약물 요법의 관리〉를 참고하라.

10장

메리 캐슬Mary Castle 박사와 캐서린 윌펫Catherine M. Wilfet 박사, 그리고 토머스 케이트Thomas R. Cate 박사와 쉬단 오스테라우트Suydan Osterhout 박사가 병원에서 항생제를 무차별적으로 사용하는 현상에 대해 보고한 〈듀크대학병원에서의 항생제 사용〉은 1977년 6월 27일

《미국 의학 학회 저널》에 게재되었다. 그러나 이것은 전 미국에 산재한 다양한 병원들을 대상으로 한 유사한 연구들 가운데 하나일 뿐이다.

〈소아에게서 상부 호흡기 감염을 치료하기 위한 항생제의 오용〉에 대한 더욱 자세한 정보는 1975년에 《임상의를 위한 소아과학 Pediatrics for the Clinician》에 게재된 버몬트 대학교 의대 임상 약학부의 보고서에 나와 있다.

11장

학교에 다니는 아이들 20퍼센트 정도에게 목구멍에 연쇄상 구균 박테리아가 있다는 것은 미국 소아과 학회 감염성 질환 위원회에서 펴낸 1982년 보고서 246페이지에 기록되어 있다.

12장

1981년 10월 24일 《랜싯》에는 귀의 감염을 치료하기 위한 고막 절개술과 항생제 사용에 대한 비판적인 연구가 게재되었다. 반 부켐 F. L. Van Buchem과 던크 J. H. M. Dunk, 그리고 밴트 호프 M. A. Van't Hof라는 세 명의 네덜란드 의사들이 실시한 이중 맹검 연구에 대한 기사가 실렸다.

《영국 의학 저널 British Medical Journal》에는 1981년 귀의 감염을 치료하기 위해 고막 절개술 튜브를 무차별적으로 사용하는 행위의 해악에 관한 연구가 게재되었다.

13장

아이들에 대한 부적절한 안경 처방을 비롯해서 소아과 진료에서 생길 수 있는 다른 결함의 데이터는 1974년 국립과학아카데미의 의학연구소에서 펴낸 데이비드 케스너 David M. Kessner와 캐롤린 코크 스노

Carolyn Kalk Snow, 그리고 제임스 싱어James Singer의 《아이들에 대한 의료 치료 평가: 대조적인 건강 상태Assessment of Medical Care for Children: Contrasts in Health Status》 3권에서 찾아볼 수 있다.

14장

베일러 대학교 의대의 스피라M. Spira는 1977년 7월 〈성형과 재건 수술Plastic and Reconstruction Surgery〉에서 여드름 때문에 생기는 흉터에 대한 피부 박리 치료의 실망스러운 결과를 보고했다.

아큐탄의 부작용 발생 통계는 1983년 7월 〈FDA 약물 게시판FDA Drug Bulletin〉에서 보고된 내용이다.

15장

필라델피아 제퍼슨 의대의 제프리 와이스Jeffrey Weiss 박사는 보행 소아과 협회Ambulatory Pediatrics Association에 신발을 위한 불필요한 비용 지출에 대한 데이터와 비싸지 않은 캔버스 천으로 만든 운동화가 기본적인 신발로 적당하다는 주장이 담긴 보고서를 제출했다.

16장

1977년 미시간 주립 대학교의 레이 헬퍼Ray E. Helfer와 토머스 슬로비스Thomas L. Slovis는 다섯 살 이하의 어린이들이 침대에서 떨어져 입는 부상에 대한 연구 결과를 보고했다. 전체의 80퍼센트는 부상을 입지 않았으며, 17퍼센트는 약간 멍이 들거나 긁혔다. 의학적인 치료가 필요할 만큼 심하게 뼈가 부러지거나 두개골 골절이 생긴 경우는 전체의 3퍼센트에 불과했다. 그리고 생명이 위험하거나 아이에게 영구적인 장애를 남긴 부상은 한 건도 없었다.

천식 때문에 스테로이드 치료를 받는 환자들에게 뼈 골절 발생률이 높다는 것은 콜로라도 주 덴버에 있는 국립 천식 센터의 앨런 아디노프Allen D. Adinoff 박사와 로저 홀리스터J. Roger Hollister 박사가 실시한 연구에서 보고되었다.

18장

1979년 미국 소아 정신과 서비스 협회American Association of Psychiatric Services for Children 회의에서는 매사추세츠주 소머빌과 케임브리지에서 청소년에 대한 심리학적 상담의 영향을 연구한 30년 동안의 연구 결과가 보고되었다. 드렉셀 대학교의 조앤 맥코드Joan McCord가 연구를 실시했다.

다운 증후군의 치료를 위한 영양학적 접근법에 대해 더 자세한 정보를 얻고 싶다면 지적 장애에 관한 2차 국제 대회(1961년 빈)의 회보에 게재된 헨리 터켈Henry Turkel 박사의 〈다운 증후군의 의학적 치료Medical Treatment of Mongolism〉와 1981년 1월 미국 국립과학아카데미 회보 70호에 실린 〈영양 보충 요법이 지적 장애 아동에게 도움이 될 수 있을까: 탐험적 연구Can nutritional supplements help mentally retarded children: An exploratory study〉를 참고하라.

19장

백신이 도입되기 이전에 이미 여러 질병의 발생률이 줄어들기 시작했다는 사실에 관한 더 자세한 기록은 리처드 모스코위츠 박사가 1983년 3월에 미국 동종요법연구소American Institute of Homeopathy의 〈저널〉에 기고한 〈예방 접종에 반하는 사례〉에서 찾아볼 수 있다. 여러 가지 중요한 연구를 참조했다.

백신이 면역 반응과 다른 면역 조직에 미치는 영향에 대해서는 1982년 펜실베이니아의 퀘이커타운에 있는 휴머니터리언 출판사에서 출간한 해럴드 버트램Harold E. Buttram 박사와 존 크리스 호프먼John Chriss Hoffman의 《백신 접종과 면역 기능 부진Vaccinations and Immune Malfunctions》에서 논의했다.

DPT 예방 주사와 영아 돌연사 증후군 사이에 존재하는 관계에 대한 로스앤젤레스 연구는 래리 배러프Larry Baraff 박사 등에 의해 실시되었으며, 1983년 1월 《소아과 감염성 질환Pediatric Infectious Disease》에서 보고되었다.

백일해 백신에 대한 비판은 고든 스튜어트Gordon T. Stewart 박사가 《랜싯》 1977년 1월호에 기고한 〈백일해 백신 접종: 효과 대 위험Vaccination Against Whooping Cough: Efficiency vs. Risks〉에 나와 있다. DPT 백신의 위험과 이득에 대한 더욱 자세한 논의는 1976년 4월에 출간된 애리조나 대학교 의대 빈센트 풀기니티Vincent A. Fulginiti 박사의 논문 〈소아과의 현안Current problems in Pediatrics〉에서 찾아볼 수 있다.

데이비드 번바움David A. Birnbaum 박사는 질병 예방이라는 측면에서 모유 수유의 가치에 대한 평론을 《계간 실험적 의료 기술Medical Trial Techni-que Quarterly》 1978년 봄호에 기고했다.

캘리포니아의 의료 종사자가 풍진 예방 백신을 기꺼워하지 않은 이야기에 대한 자세한 내용은 《미국 의학 학회 저널》 1981년 2월 20일자에 보고되었다.

테네시주에서 발생한, DPT 예방 주사를 접종한 후 영아 돌연사 증후군으로 인한 사망에 대한 고든 스튜어트 박사의 보고서는 1979년 8월 18일자 《랜싯》에 실렸다.

20장

병원에 입원해 있는 동안 걸리는 감염을 폭로하는 연구는 1977년 9월에 《소아과학》에 실린 〈소아과 병동의 병원 감염 바이러스성 호흡기 질환〉 기사와 1978년 11월 24일자 《미국 의학 학회 저널》에서 논의되었다.

병원 종사자들의 부주의한 손 씻기 습관은 1981년 6월 11일자 《뉴잉글랜드 의학 저널The New England Journal of Medicine》에 실린 〈병원 중환자실의 손 씻기 패턴〉이라는 연구의 주제다.

일반 참고 목록

'의학'의 단점에 관해 더욱 심도 있는 정보에 관심이 있다면 다음 책을 참고하라.

윌리엄 브로드William Broad와 니컬러스 웨이드Nicholas Wade 공저, 《진실의 배신자들: 과학의 전당에서 벌어진 사기와 기만Betrayers of the Truth: Fraud and Deceit in the Halls of Science》, 사이먼 앤드 슈스터 출판사, 1982년.

마틴 와이츠Martin Weitz 저, 《건강 쇼크: 쓸모없고 유해한 의학적 치료를 피하는 방법Health Shock: How to Avoid Ineffective and Hazardous Medical Treatment》, 프렌티스 홀 출판사, 1982년.

리처드 테일러Richard Taylor 저, 《통제할 수 없는 의학: 악성 기술의 해부Medicine Out of Control: The Anatomy of a Malignant Technology》, 선 북스 출판사, 1979년.

옮긴이 김세미
이화여대 정치외교학과를 졸업하고, 홍콩에 있는 무역회사에서 통번역사로 몇 년간 근무하다가 현재는 번역 활동에 전념하고 있다. 《나야, 엘로이즈 여기는 파리!》를 비롯한 엘로이즈 시리즈와, 멘델존 박사의 전작인 《여자들이 의사에게 어떻게 속고 있나》를 우리말로 옮겼다.

병원에 의지하지 않고 건강한 아이 키우기

1판 1쇄 발행 2005년 8월 25일
2판 1쇄 발행 2025년 10월 15일

지은이	로버트 S. 멘델존
옮긴이	김세미
펴낸곳	(주)문예출판사
펴낸이	전준배
편집	전하연 백수미 박해민
디자인	서혜진
영업·마케팅	하지승
경영관리	강단아 김영순
출판등록	2004. 02. 11. 제 2013-000357호
	(1966. 12. 2. 제 1 -134호)
주소	04001 서울시 마포구 월드컵북로 21
전화	02-393-5681
팩스	02-393-5685
홈페이지	www.moonye.com
블로그	blog.naver.com/imoonye
페이스북	www.facebook.com/moonyepublishing
이메일	info@moonye.com
ISBN	978-89-310-2595-8 (03510)

잘못 만든 책은 구입하신 서점에서 바꿔드립니다.

문예출판사® 상표등록 제 40-0833187호, 제 41-0200044호